Meine NORDPFADE

»Entreiß Dich, wenigstens vorübergehend, dem Treiben des Alltags:
Wandere – walle – wandle – wandle Dich.
Fleuch hinaus in den Wald, in seine Stille,
vielleicht auch in sein Toben im Windsturm:
Du wirst empfinden, wie ganz anders Dir zumute wird!«

Martin Stellmann

Lucia Gefken

Meine NORDPFADE

oder: Es muss ja nicht gleich der Jakobsweg sein

Mit 93 Abbildungen

EDITION TEMMEN

Inhalt

Traumlos durch den glitzernden Alltag

Prinzipiell habe ich meinen lebenslangen Berufswunsch erfüllt. Schon als Kind schrieb ich nämlich in die bunten Freundschaftsbücher auf die Frage »Was möchtest du später werden?« stets »Autorin« zwischen Diddl-Mäuse und Pony-Bilder. Und genau das bin ich heute. Rein faktisch verfasse und veröffentliche ich Texte und erhalte dafür Geld. Aber ob mein junges Ich damals an das Schreiben von Anleitungen gedacht hat? Wohl kaum. Enid Blyton, Schöpferin der »Hanni und Nanni«-Romane, das wollte ich. Stattdessen bin ich Technische Redakteurin, schreibe also hauptberuflich Betriebsanleitungen. Und bevor Fragen aufkommen: »Ja, sowas kann man studieren« und »Nein, nicht so wie die Anleitungen von Ikea«.

Ich bin gut in meinem Job. Strukturiertes Abarbeiten, stets gleiche und dadurch langweilige Formulierungen, auf Paragrafen herumreiten und Erbsen zählen – alles genau mein Ding. Und zwar so sehr, dass mir zusätzlich viele weitere Aufgaben übertragen wurden. Im Berufsalltag gehe ich zwischen Teamkoordination, Controlling, Marketing und Anleitungen unter. »Du hast nur eine Halbtagsstelle?!« Meiner Kollegin fällt vor Überraschung der Keks fast wieder aus dem Mund. In Teilzeit könne kein Mensch diese zahlreichen Aufgaben bearbeiten, sagt sie. Damit hat sie absolut Recht, und trotzdem verbiege ich mich jeden Tag aufs Neue, um es doch irgendwie hinzukriegen.

In meiner Freizeit kann ich mich zum Glück ausruhen, liege den ganzen Tag auf dem Sofa und chille, während eine Reinigungskraft meinen Haushalt auf Hochglanz hält. »M-A-M-A«, holt mich meine jüngere Tochter lautstark wieder auf den Boden der Tatsachen zurück. Ein schöner Traum mit dem Sofa und der Reinigungskraft, aber in Wahrheit widme ich meine Freizeit zwei Töchtern im Kindergarten- und Grundschulalter, die ebenso anstrengend und nervenaufreibend wie wunderbar sein können.

Und wer mit zwei Mädels (und einem Mann) im besten Bastelalter zusammenlebt, der weiß: Überall ist Glitzer. Ein fieses Zeug, das von gewissenlosen Mutterhassern in überdimensionalen Plastikbehältern verkauft wird, nur um am Ende in grobmotorische Kinderhände zu geraten. Wohl dosiert ist Glitzer schon schlimm. Als fingerdicker Haufen auf viel zu wenig Kleber ist er eine Katastrophe. Er verteilt sich als Wolke. Pinkfarbener Glitzernebel. Überall. Nicht nur einmal saß ich mit Glitzernase in Besprechungen und machte jeder Diskokugel Konkurrenz, mehrere Monate nach einem Bastelmarathon.

Daher putze ich in meiner »freien« Zeit das Inferno weg, so gut es geht, füttere Kaninchen und pflege selbst angebaute Erdbeeren, fahre Kinder zu Arztterminen und Handballturnieren, erkläre Mathehausaufgaben und küre den besten Hund der Paw Patrol, organisiere Kindergeburtstage und nähe Schmetterlingskostüme (und bestelle sie dann doch lieber im Internet), habe den Stundenplan und den Müllabfuhrkalender im Kopf … Die Liste ist endlos. Ich habe keine »mental load«, ich habe »mental overload«. Schon seit Jahren.

Zugegebenermaßen ist das meine eigene Schuld. Ich hätte meinen Mann im ersten Jahr mit Baby enger einbinden müssen. Stattdessen bin ich reingetappt in die klassische Mutterfalle: Weil ich in Elternzeit war, übernahm ich automatisch den Löwenanteil an Kinderspezialwissen. Würde ich meinen Mann fragen, welche Kleidergröße die Kinder haben, bekäme ich bloß ein ratloses Schulterzucken und vielleicht ein geratenes »Größe S?« zurück. Mein Mann ist auch nur in einer einzigen WhatsApp-Gruppe, die sich ausschließlich um die Kinder dreht, der offiziellen Gruppe des Kindergartens. Ich bin ebenfalls darin – zusätzlich zu den WhatsApp-Gruppen der Schule, der Kindergarten-Eltern und natürlich des Handball-Clubs der älteren Tochter. Ich bin da weder freiwillig noch gerne beigetreten. Vielmehr bin ich versehentlich hineingeraten, weil ich auf dem Anmeldeformular automatisch meine eigene Telefonnummer eingetragen hatte. Hätte mein Mann die Anmeldung ausgefüllt, wäre sicher seine Nummer hinterlegt. Hat er aber nicht.

Und so geht es mir wie vielen Mamas mit Ende Dreißig. Der Job läuft gut, der Alltag mit den Kindern hat sich eingespielt, und das Abenteuer Hausbau ist abgeschlossen. Ich habe meine »Schäfchen im Trockenen«, wie man so schön sagt. Eigentlich sollte ich glücklich sein. Aber durch die be-

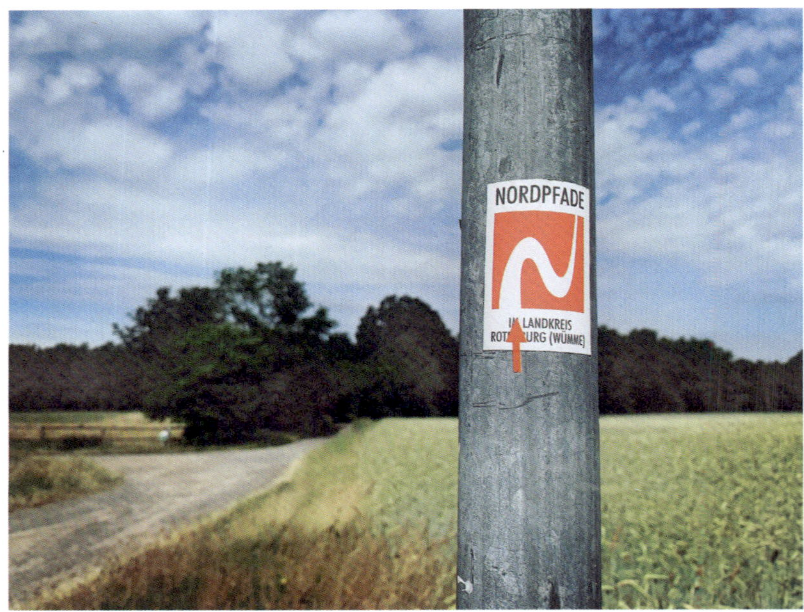

stehende Dreifachbelastung von Job, Kindern und Haushalt hetze ich seit Jahren von einem Termin zum nächsten und führe nicht enden wollende To-Do-Listen. Selbst Corona hat mir nicht die Langeweile gebracht, mit der viele zu kämpfen hatten. Schließlich musste ich auch noch einen unbezahlten Zweitjob als Lehrerin im eigenen Haus antreten und mir Sorgen um die Zukunft meiner Firma machen.

Der Alltag wird immer zäher. Pflichtbewusst, wie ich nun mal bin, funktioniere ich zwar den ganzen Tag lang, aber ich bin erschöpft und ernüchtert. Ist es wirklich sinnvoll, jeden Tag den Stunden hinterherzuhetzen? Was erwarte ich noch im Leben? Wovon träume ich? Nach »Erfolg«, »Eigenheim« und »Kinder« sind mir irgendwann die großen Ziele ausgegangen. Ich habe zwar keine Depressionen und keinen schlimmen Schicksalsschlag zu verkraften, doch Lebensfreude sieht anders aus.

Aber wie gewinnt man neue Lebensfreude? Andere haben es vorgemacht: Hape Kerkeling etwa pilgerte den Jakobsweg entlang, schlief in überfüllten Wanderunterkünften (oder versuchte es zumindest) und kam geerdet wieder. Cheryl Strayed lief den Pacific Crest Trail ab und entsorgte ihre Schuhe, um aus einer Lebenskrise zu entkommen. Lotta Lubkoll ging mit ihrem Esel Johnny über die Alpen, und Tony Hawks durchquerte mit einem Kühlschrank Irland (wobei er allerdings bloß eine Wette und vermutlich nicht seine Lebensfreude verloren hatte). Wandern und Reisen scheint das Allheilmittel zu sein.

Also packe ich meine Sachen, kündige meinen Job, lasse meine Familie zurück und mache mich auf den Weg: Einmal zu Fuß quer durch Kanada, anschließend mit dem Stand-up-Paddleboard über den Ozean nach Europa und am Ende ein fröhliches Aussteigerleben im Wald. Top Plan! Nur keiner, der zu mir passt. Denn meinen Job, meine Familie und mein kleines Dorf in Norddeutschland würde ich gern behalten. So radikal muss die Suche nach der Lebensfreude ja auch nicht sein.

Doch was dann? Gab es hier nicht irgendwo in der Nähe Wanderwege? Ein Blick ins Internet zeigt mir: 24 Nordpfade finden sich in meinem Landkreis Rotenburg (Wümme), praktisch vor meiner Haustür. Zwar keine Grenzerfahrung mit Nahtod-Erlebnissen, keine komplette Lebensumstellung und auch kein Wildnis-Abenteuer, aber das ist doch ein Anfang … Also: Sachen gepackt und raus in die Natur, ab jetzt wird gewandert. Und zwar alle 24 Nordpfade in einem Jahr – das wird ja wohl zu schaffen sein!

Übrigens ...

... in diesem Buch wird aus Gründen der besseren Lesbarkeit von der vom Touristikverband Landkreis Rotenburg (Wümme) e.V. verwendeten Schreibweise »NORDPFADE« abgewichen.

Die Nordpfade unterliegen ebenso wie die sie umgebende Landschaft der ständigen Veränderung durch Wind, Wetter und Menschenhand. Bei den Beschreibungen in diesem Buch handelt es sich daher um Momentaufnahmen von Orten, die sich seit Erscheinen der 1. Auflage des Buches verändert haben können. So wurden beispielsweise die Feldbahnschienen am Naturschutzgebiet Hemelsmoor (S. 20) zwischenzeitlich zurückgebaut, und auch die Maßnahmen zur Renaturierung des bisherigen Torfabbaugebiets im Stellingsmoor (S. 22) sind deutlich weiter vorangeschritten.

Ein paar praktische Hinweise

Geschwungenes »N« auf orangem Grund

Die 24 Nordpfade im Landkreis Rotenburg (Wümme) bieten ein ganz besonderes Wandererlebnis in der norddeutschen Tiefebene zwischen Bremen und Hamburg. Der kürzeste Nordpfad misst eine Länge von 5,2 km, der längste erstreckt sich auf stolze 32,5 km. Alle Nordpfade sind Rundwanderwege, die als Halbtages-, Tages- oder auch Mehrtageswanderungen angelegt sind, und können von in der Regel zwei Startpunkten aus in beide Richtungen gewandert werden. Entsprechend den Qualitätsanforderungen des Deutschen Wanderverbands verlaufen die Strecken zu 80 Prozent auf naturnahen und geschotterten Wegen. Die fünf Nordpfade »Hölzerbruch – Malse«, »Ostetal«, »Kempowskis Idylle«, »Kuhbach – Oste« und »Dör't Moor« führen seit 2016 sogar das Prädikat »Qualitätsweg Traumtour«.

Wanderführer & Co.

Alles Wissenswerte rund um die Nordpfade – von Beschreibungen der einzelnen Wanderrouten mit ihren Sehenswürdigkeiten über Einkehrmöglichkeiten bis hin zu aktuellen Wegstörungen – ist auf der Internetseite www.nordpfade.de des Touristikverbandes Landkreis Rotenburg (Wümme) e.V. zu finden. Wer unterwegs auf diese Informationen zugreifen möchte, kann die »nordwärts-App« nutzen. Sie kommt ganz ohne Download und Installation aus; einfach app.nordwaerts.de im Internetbrowser eingeben, dort stehen die Infos über die Nordpfade in einer für Mobilgeräte optimierten Form zur Verfügung.

Der Routenverlauf zu jeder der Touren kann übrigens auf der Nordpfade-Internetseite als »GPX Tracks« heruntergeladen und mit diversen Navigations-Apps auf dem Smartphone geöffnet werden. Zudem hat der Touristikverband die Nordpfade auch auf dem Outdoor-Routenplaner »komoot« bereitgestellt.

Wer es lieber klassisch mag, steckt sich den handlichen »Nordpfade Tourenbegleiter« in die Tasche. Auf knapp 100 Seiten enthält dieser prak-

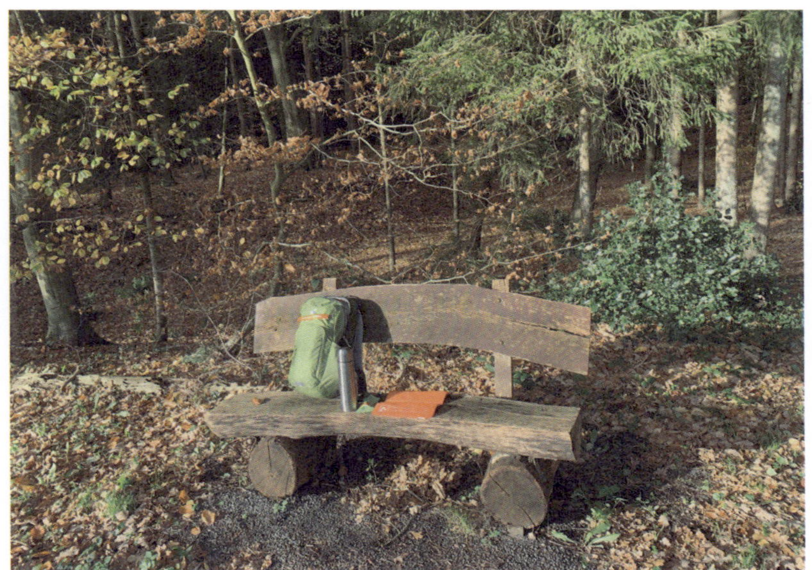

tische Wanderführer alle notwendigen Informationen zu den Wanderwegen, einschließlich Übersichtskarten und Höhenprofilen. Er kann kostenlos beim Touristikverband bezogen oder auch als Pdf-Datei heruntergeladen werden. Gleiches gilt für die »Nordpfade Übersichtskarte«, in der alle 24 Nordpfade im Überblick und mit allen wichtigen Infos in einer kompakten Karte dargestellt sind.

Für Ehrgeizige gibt es zudem den »Nordpfade Wanderpass«: Wer alle 24 Touren bezwingt, die Daten im Wanderpass festhält und entsprechende Beweis-Selfies dazu liefert, wird vom Touristikverband mit einer kleinen Überraschung belohnt und kann sich – so wie ich – in die »Hall of Nordpfade« aufnehmen lassen.

Zu diesem Buch

Die Materialien des Touristikverbandes sind äußerst umfassend und professionell gestaltet und daher uneingeschränkt zu empfehlen. Dieses Buch will sie deshalb auch nicht ersetzen, sondern vielmehr den Leserinnen und Lesern Lust darauf machen, die Nordpfade selbst zu erleben.

Es gibt keine vorgegebene Reihenfolge, in der man die Nordpfade wandern sollte; ich habe meist kurzfristig anhand der Entfernung, Länge und meiner verfügbaren Zeit entschieden, welche Tour ich mir als nächste vornehme. Die angegebenen Streckenlängen gelten immer nur für den eigentlichen Rundweg, ohne etwaige Zuwege, Abzweige oder Varianten. Für die Dauer wird in diesem Buch ein durchschnittliches Wandertempo von 3 km pro Stunde ohne Pausen zugrunde gelegt. Und der praktische QR-Code am Anfang jedes Kapitels führt direkt zu dem entsprechenden Nordpfad auf der Internetseite des Touristikverbandes. Im Text sind außerdem die landschaftlichen Highlights der jeweiligen Wanderung hervorgehoben und mit einem ❖ markiert; sie entsprechen den Wegpunkten, die im Nordpfade Tourenbegleiter sowie auf den Nordpfade-Infotafeln gekennzeichnet sind.

Die Nordpfade lassen sich mit der ganzen Familie wunderbar erleben, wobei es sich bei jüngeren Kindern anbietet, ein paar Spielideen für unterwegs in petto zu haben. Wer auf einen Kinderwagen oder auch auf persönliche Mobilitätshilfen angewiesen ist, für den bietet sich der Nordpfad »Wolfsgrund« an, der vollständig asphaltiert ist.

Nicht jedem Nordpfad werde ich übrigens in diesem Buch gerecht, weil ich schlicht die falsche Tageszeit, das falsche Wetter oder die falsche persönliche Stimmung erwischt habe. Allen Leserinnen und Lesern, die nach dieser Lektüre selbst Lust aufs Wandern haben, lege ich daher ans Herz, jedem Nordpfad eine faire Chance einzuräumen – ungeachtet meiner individuellen Grummeleien.

Übrigens: In diesem Buch gibt es keine Bildunterschriften, und das ist Absicht. Die Fotos sollen die landschaftliche Vielfalt der Wanderregion zwischen Hamburg und Bremen beispielhaft zeigen und Lust darauf machen, die Nordpfade eigenfüßig zu entdecken. Fast alle Aufnahmen sind während meiner Wanderungen entstanden; bei einigen Motiven hat mir jedoch das Team des Touristikverbandes Landkreis Rotenburg (Wümme) e.V. ausgeholfen, das dieses Buchprojekt dankenswerterweise von Beginn an mit Rat und Tat begleitet hat.

Meine sechs goldenen Wanderregeln

1\. *Respektiere die Natur!*
Schrecke möglichst keine Tiere auf und zerstöre keine Pflanzen. Dies gilt auch für Hunde, die du deshalb stets an der Leine führen solltest, Kinder und andere Begleiter. Achte immer sorgfältig darauf, dass du nicht versehentlich mit einer Zigarettenkippe oder einem Campingkocher die Landschaft in Brand setzt. In trockenen Monaten solltest du ganz auf sie verzichten.

2\. *Hinterlasse keine Spuren!*
Nimm insbesondere deinen Müll mit nach Hause. Ich habe immer eine kleine Tüte dabei, in der ich bei Gelegenheit auch den Abfall anderer mitnehme. Wenn du einen Hund dabei hast, sammle immer dessen Hinterlassenschaften ein.

3\. *Bleibe auf den gekennzeichneten Wegen!*
Dadurch betrittst du nicht versehentlich Naturschutzgebiete oder den privaten Grund und Boden anderer.

4\. *Respektiere Anwohner und Mitwanderer!*
Wenn dir andere Wanderer oder Anwohner begegnen, sei freundlich und höflich zu ihnen.

5\. *Respektiere die Arbeit der anderen!*
Demolierte Schilder, Wegweiser, Bänke oder Tische sind nicht nur ein Ärgernis für andere Wanderer. Ihr Austausch ist immer mit Kosten und großem zeitlichen Aufwand verbunden.

6\. *Überschätze dich nicht!*
Wähle Strecken, die du schaffst oder bei denen du zwischendurch aussteigen kannst. Achte auf Sonnen- und Insektenschutz, passende Kleidung und führe genug Flüssigkeit mit dir.

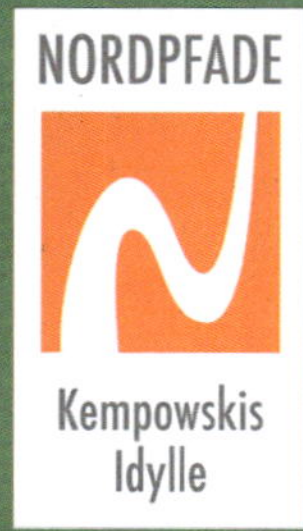

Strecke: 11,6 km

Dauer: ca. 4 Std.

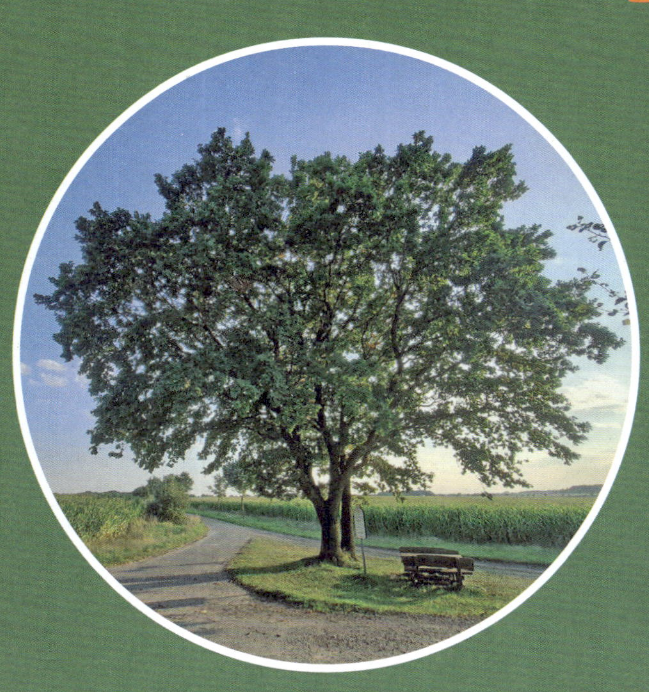

»Kempowskis Idylle« – Bahnschienen ins Nirgendwo

Startpunkt 1: 27404 Nartum, Nartumer Friedhof, Raiffeisenstraße

Heute ist ein großer Tag: Ich bewandere offiziell meinen ersten echten »Nordpfad« und werde mit etwas Glück die Erleuchtung finden. Seit Monaten nehme ich mir das Ablaufen der Wanderwege vor und schiebe es doch immer wieder vor mir her. Mal ist das Wetter zu schlecht, mal will ich »meine Familie nicht im Stich lassen«, mal muss ich noch einen Vortrag vorbereiten, mal Löcher in die Luft starren … Doch heute gibt es keine Ausrede. Heute gehe ich wandern!

Der Nordpfad »Kempowskis Idylle« startet in Nartum. Da das Dorf nur wenige Kilometer von meiner Haustür entfernt ist und ich möglichst klimaneutral wandern möchte, fahre ich sportlich mit dem Rad zum Startpunkt. Voller Motivation und Vorfreude, jedoch leicht angeschlagen durch einen schmerzhaft angeschwollenen Lymphknoten in der Leistengegend, lasse ich mir den Fahrtwind durch das helmbesetzte Haar wehen. An diesem Sonntagvormittag im Juni ist es leicht bewölkt und schwül-warm. Der Blick auf die Wetter-App zeigt, dass die angekündigten Regenschauer und Gewitter erst am Nachmittag einsetzen sollen. Da ich »nur« eine Route von 11,6 km vor mir habe, erwarte ich eine Rückkehr zur frühen Mittagszeit, also quasi in einer Stunde. Mein Optimismus ist bemerkenswert. Meine Selbstüberschätzung auch.

Ironischerweise startet die Route dort, wo in der Regel alles aufhört: beim ❖ **Nartumer Friedhof**. Hier angekommen, suche ich vergeblich einen Fahrradständer, stattdessen sind zahlreiche Autoparkplätze vorhanden. Ich stelle mein Rad ganz Dorfkind-like an einem Baum ab, kämpfe mit dem eingerosteten Fahrradschloss und mache erstmal ein Selfie mit der Infotafel zum Nordpfad. Schnell das Foto checken … Oh je, ein roter Streifen zieht sich quer über meine Stirn. Der Helm hat einen fetten Abdruck hinterlassen. So kann ich das Bild nicht posten. Nach fünf weiteren Versuchen habe ich ein halbwegs akzeptables Beweisfoto – nicht, dass jemand behauptet, ich würde lügen. Noch einen Blick auf den Verlauf der Strecke geworfen, dann mache ich mich in kurzer Hose und Sneakern auf den Weg. Das ❖ **Nartumer Großsteingrab** in unmittelbarer Nähe zum Friedhof habe ich dabei vor lauter Aufregung leider verpasst.

Zunächst verläuft der Weg entlang einer geteerten Straße, rechter Hand erstrecken sich Maisfelder. Der Mais ist hier kaum einen Meter hoch, so dass ich die Aussicht auf das grüne Panorama genießen kann. Die Felder linker Hand sind frisch umgepflügt, und zahlreiche schwarze Krähen landen lautstark krächzend auf dem braunen Acker. Dazu weht mir beste Landluft um die Nase: Gülleduft. Na super! Den Krähen scheint die olfaktorische Note nichts auszumachen. Ich fühle mich angesichts der gefiederten Tiere jedoch wie in einem Horrorfilm von Alfred Hitchcock und gehe möglichst unauffällig zügig weiter.

Schon nach kurzer Zeit ändert sich das Landschaftsbild und zum Glück auch der Geruch. Eine gewaltige (und nahezu krähenfreie) Eiche streckt ihre Äste ausladend über eine Picknickbank: Das muss die ❖ **Röhrbergeiche** sein. Der Weg gabelt sich an dieser Stelle. Ein Anflug von Panik kommt auf. Welchen Pfad muss ich wählen? Werde ich je wieder nach Hause finden, oder bin ich für immer verloren? Nach wenigen Schritten entdecke ich erleichtert die Nordpfade-Markierung. Ein kleiner roter Pfeil zeigt mir die richtige Richtung hinein in ein Waldgebiet, das ❖ **Steinfelder Holz**. Wow, ich bin positiv überrascht!

Die kühle Luft des Waldes tut gut, jedoch trachten mir jetzt zahlreiche Pferdebremsen nach meinem Leben. Als lebendige Bremsenblutbank bahne ich mir den Weg tiefer in den Wald. Zu der ungewohnten körperlichen Ertüchtigung des Wanderns kommt jetzt hektisches Um-mich-her-Schlagen. Langsam gerate ich ins Schwitzen. Eine kurze Pause am Wegesrand soll Abhilfe schaffen. Dabei schaue ich mich im Wald um.

Die Frühjahrsstürme haben hier sichtlich gewütet, und aktuell scheinen die umgefallenen Bäume mit größeren Maschinen aussortiert zu werden. Ich kann der Ironie der Situation nicht widerstehen und mache ein Foto von der Infotafel »Lebensraum Wald« vor zahlreichen umgekippten Nadelbäumen. Mir wurde bei der Verteilung der Lebenseinstellung schon früh ein extragroßes Stück Galgenhumor mitgegeben, davon zehre ich bis heute.

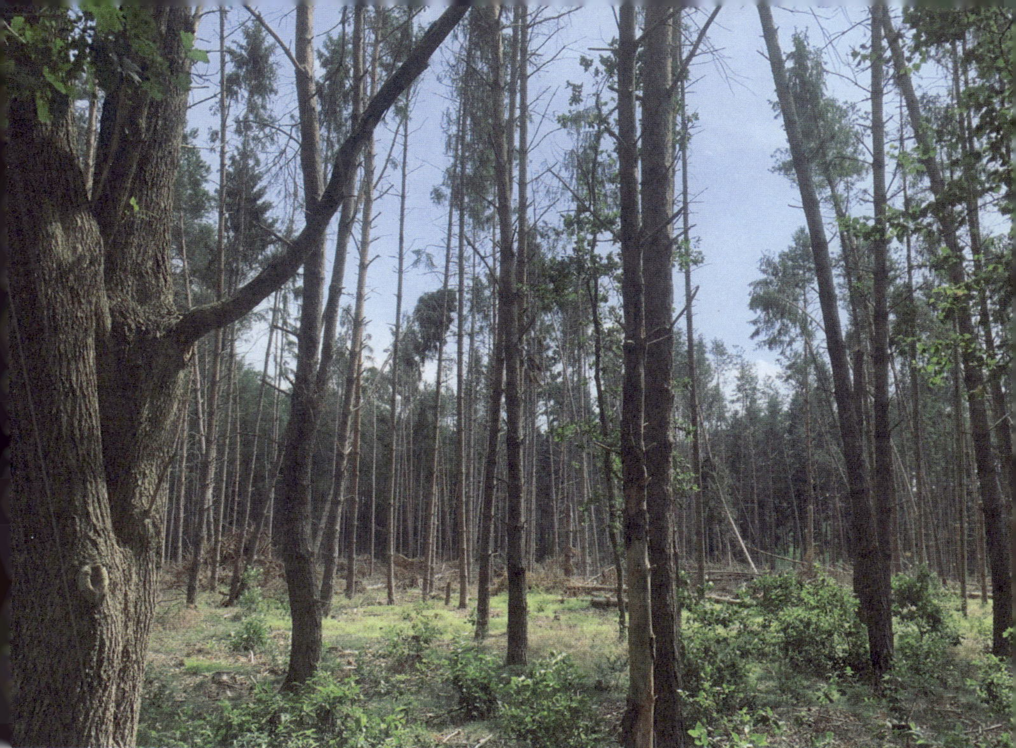

Trotzdem hoffe ich, dass der zuständige Förster in diesem Wald nicht länger auf schnellwachsende Monokulturen, sondern auf gesunde und überlebensfähige Mischwälder setzt, damit der nächste Sturm beim Domino-Spiel verliert. Ein kleines Stück weiter wird der Erfolg solcher Anpflanzungen sichtbar: Große Buchen strecken ihr Blätterdach in die Höhe, es wird richtig dunkel auf dem Weg. Hier scheinen alle Bäume den Sturm überlebt zu haben. Die Luft wird kühler und frischer, die Bremsen zum Glück weniger. Ich merke, wie die Verdunstungskälte der Blätter meine erhitzte Haut wie eine Klimaanlage abkühlt.

Leider ändert der Weg sich ebenfalls. Statt eines schotter- und rindenmulchbestreuten breiten Pfades liegt vor mir ein Dickicht aus meterhohem Gras, Kraut und Schlingpflanzen, durchsetzt mit Pfützen und Matsch. Höre ich da etwa Affen schreien? Der bislang idyllische Wald entwickelt sich zur grünen Hölle. Die feuchten Grashalme greifen mich an, streifen meine nackten Beine, saugen sich an mir fest. »Zeckenalarm«, denke ich und ärgere mich über meine kurze Hose. Alles kribbelt, kitzelt und klebt an mir. Auch wenn ich mich mit Zeckenspray eingesprüht habe, weiß ich, dass die kleinen Mistdinger trotzdem einen Platz auf meinem Körper finden werden, der ihnen gefällt. Heute Abend muss ich mich gründlich absuchen!

Der Dschungelweg wird zu meiner Erleichterung nach kurzer Zeit zu einem Feldweg. Jedes Mal, wenn ich an einer Kreuzung stehe, zeigt mir eine kleine Nordpfade-Markierung die richtige Richtung. »Wer sich hier verläuft, muss sich schon sehr dumm anstellen«, denke ich. Hauptsache, meine Arroganz wird mir auf diesem Weg nicht zum Verhängnis …

Da ich mich nicht besonders auf den Weg konzentrieren muss, schweifen meine Gedanken ab. »Habe ich die Rechnung für das Ferienhaus bezahlt?« – »War der Zahnarzttermin für die Kinder in der nächsten Woche?« – »Hatte ich die Anleitung schon an den Kunden geschickt?« Fast wäre ich vor lauter To-Dos an einem Schild vorbeigelaufen, das auf das ❖ **Steinfelder Großsteingrab** aufmerksam macht. Das ist gerade noch gut gegangen.

Ich finde Hünengräber faszinierend. Bei jedem, das ich bisher besucht habe, fühlte sich der Ort fast schon mystisch an. Und bei dem vor mir liegenden »Steinfelder Großsteingrab 2« kann sogar die Kammer (»des Schreckens«, ergänze ich in Gedanken) betreten werden. Sorgsame Restauratoren haben die dicke Findling-Steindecke mit zusätzlichen Betonsäulen abgestützt. Trotzdem traue ich mich nicht hineinzugehen. »Wanderin von Großsteingrab erschlagen«, ich sehe die Schlagzeile schon vor mir.

Als ich weitergehe, entdecke ich links am Baum ein blaues Schild. Ist das nicht das Zeichen des Jakobswegs? Tatsächlich, die gelbe Jakobsmuschel ziert das Schildchen. Ungewollt und ungeahnt wandere ich gerade einen winzigen Teil des Jakobswegs ab. Natürlich, dass der Jakobsweg auch durch Deutschland führt, war mir bekannt. Aber fast vor meiner Haustür entlang? Der spätere Blick ins schlaue Internet ergibt, dass ganz Deutschland von einem feinen Netz aus rund 30 Jakobswegen durchzogen ist. Ich sehe mich schon mit Pilgerstab in der Hand quer durch Europa ziehen, die schönsten Abenteuer erleben, dabei französisches Baguette und reichlich spanische Tapas verdrücken … »Moment. Eins nach dem anderen«, sage ich mir und setze meinen Weg fort.

Ein kurzer Blick auf die Uhr zeigt, dass ich meinen anfänglichen Optimismus über meine heutige Wanderung der Realität anpassen muss: Die erste Stunde ist um, und vor mir liegen weitere 7 km Wanderweg. Mittags zuhause zu sein, ist in meinem Schneckentempo nicht möglich. Ernüchtert stelle ich fest: Wenn ich noch langsamer gehe, läuft die Zeit rückwärts. Außerdem habe ich Hunger. Und mit leerem Bauch soll man nicht wandern. Erstes Wandergebot!

Ich laufe trotzdem noch ein Stück weiter, bis ich an eine schöne Picknickbank vor einem nahezu abgestorbenen Wald gelange. Dort setze ich mich mit dem Rücken zu den Baumleichen und schaue auf ein grünes Maisfeld. Ein paar Greifvögel fliegen am Himmel. Selbstverständlich habe ich keine Ahnung, ob es sich dabei um Bussarde, Rotmilane oder Adler handelt, aber einen Weißkopfseeadler kann ich kategorisch ausschließen. Während sich die besagten Vögel ihr Mittagessen mühsam auf dem Feld suchen, packe ich entspannt die Brotdose und den Eiskaffee aus und haue rein. Kaum kaue ich mit dicken Backen mein Brot, laufen ein paar junge Wanderer mit Hund und Baby in der Trage an mir vorbei. Mit Baby zu wandern, wäre mir im Leben nicht eingefallen – alleine schon, was man alles mitnehmen muss: Windeln, Brei, Feuchttücher, Wech-

Die Großsteingräber bei Steinfeld

Das aus gewaltigen Findlingen errichtete »Steinfelder Großsteingrab 2« stammt aus dem mittleren Neolithikum (3500–2800 v. Chr.) und erstreckt sich – abweichend von anderen Anlagen – in Nord-Südrichtung. Forschende gehen davon aus, dass es sich bei der Megalithanlage um eine Grabkammer aus der sogenannten Trichterbecherkultur handelt. In dieser Zeit gingen die einstigen Jäger und Sammler erstmals zu einer sesshaften, von der Landwirtschaft geprägten Lebensweise über.

Das Monument gehört zu einer Gruppe von mehreren Gräbern, von denen lediglich zwei erhalten geblieben sind: Das »Steinfelder Großsteingrab 1« liegt etwa 950 m weiter nördlich.

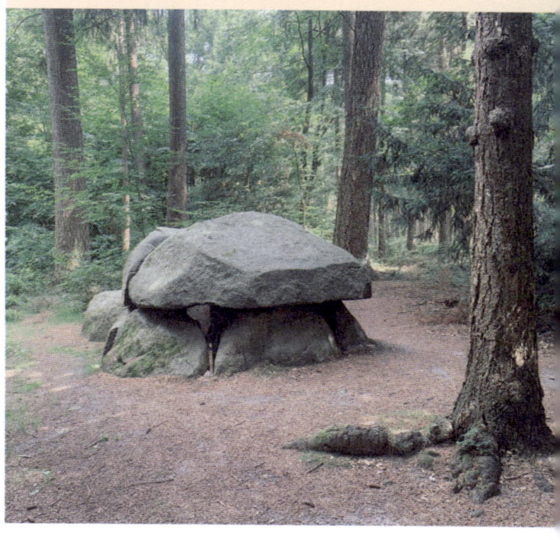

selklamotten, Spucktücher, Löffel … Mir tut schon beim Gedanken daran der Rücken weh.

Während ich über das Familienwandern sinniere, stelle ich enttäuscht fest, dass ich mein Essen bereits komplett verputzt habe. Wieso habe ich keinen Nachtisch dabei? Ein Stück Schokotorte wäre jetzt meine erste Wahl. Kekse wären auch okay. Gedanklich sabbere ich vor mich hin. Auch das Sofa für einen Mittagsschlaf fehlt mir. Aber hilft nichts. Schnell weiterlaufen.

Mein Weg führt an einem Steinhaufen entlang. »Mühsam gesammelte Steine, bei Interesse bitte melden«, steht auf einem Schild. Wanderer haben bereits Türmchen aus den mühsam gesammelten Steinen gebaut. Auch ich setze einen Stein auf einen Turm und freue mich. Diese Steinstapel habe ich in der Samaria-Schlucht auf Kreta zum ersten Mal gesehen. Mich erinnern sie an Trolle. Eine schöne Idee hier im Norden von Deutschland, die leider zerstört wird, wenn der Steinsammler den gewünschten Anruf eines Interessenten erhält. Also: nicht anrufen!

Nachdem ich ein großes, rundes Güllesilo passiert habe, begleitet mich links neben dem Weg, am Rande des ❖ **Naturschutzgebiets Hemelsmoor**, plötzlich eine Bahnschiene. Eine Bahnschiene? Hier im Nirgendwo und mitten im Wald? Woher kommen die zugewachsenen Schienen? Werden sie noch befahren? Regionalexpress und ICE schließe ich aufgrund der Gleisbreite aus. Eine Lore vielleicht? Sicher werden die Goonies hier gleich schreiend und im Affenzahn in einer Lorenbahn an mir vorbeischießen … Erwartungsvoll starre ich die Schienen an. Doch nichts passiert. Stattdessen stehe ich tatsächlich mitten im Wald an einem blitzblanken Andreaskreuz. Mein Weg führt mich (vermutlich) parallel an den Schienen entlang, doch ein Busch versperrt mir jede Sicht. Die Geisterschienen scheinen irgendwo zu enden oder abzubiegen, und ich bleibe erstaunt und ratlos zurück. Einige Tage später werde ich erfahren, dass die Schienen einer Feldbahn für den Torfabbau dienen. Ich muss also nicht dumm sterben.

Einige Minuten nach meinem Schienen-Mysterium erhalte ich einen beeindruckenden Blick in ein kleines Tal. Dies muss die ❖ **Sandkuhle Steinfelder Holz** sein, die mir auf Infotafeln versprochen wurde. Von dem Sandabbau, der hier einst stattgefunden hat, ist allerdings erstaunlich wenig

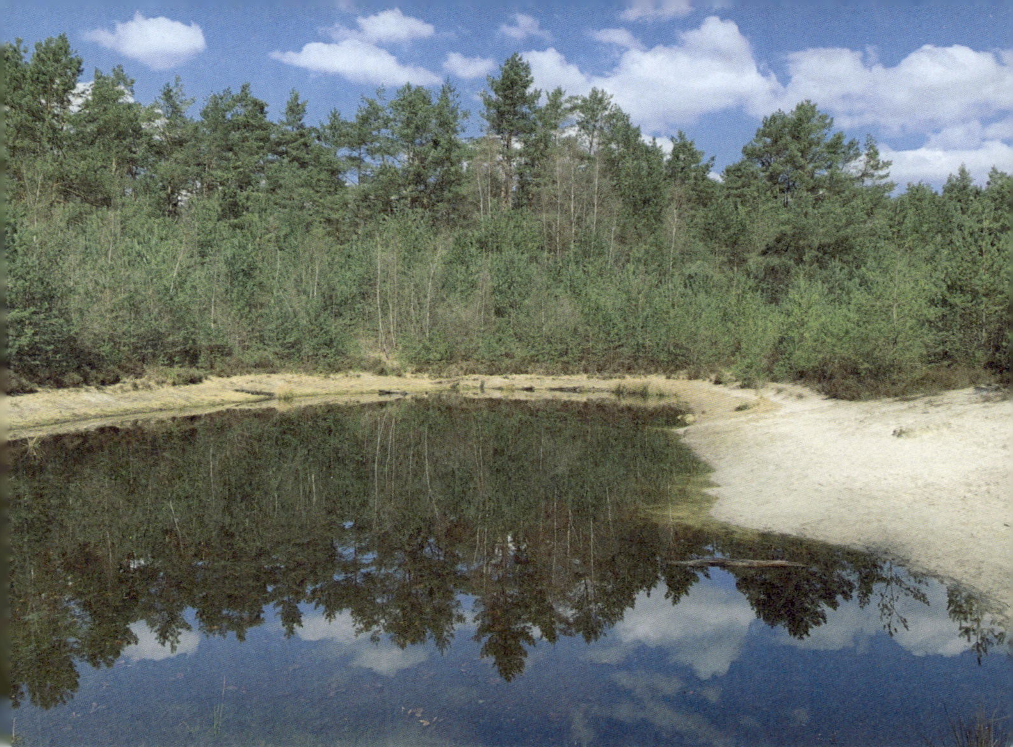

zu sehen; rund um den kleinen Teich in der Senke hat die Natur sich das Gebiet zurückerobert. Oberhalb der Kuhle lädt eine Bank zum Ausruhen und Genießen ein. Ich setze mich kurz hin und werde vom Anblick fast überwältigt. Die Natur steht richtig im Saft, alles ist grün und frisch. »So stelle ich mir ein Tal in Kanada vor«, denke ich. Ein kleines Stück Pseudo-Kanada ganz in meiner Nähe. Trotzdem kann mich der Anblick nur bedingt ablenken.

Mein Lymphknoten schmerzt immer noch, ich will was Süßes und bin knallmüde. Wie gerne würde ich mich hier ablegen und schlafen, aber ich habe Angst vor Ameisen und anderen Krabbeltieren im Ohr. Vielleicht kann mich mein Mann hier abholen? Die Versuchung, das Telefon herauszuholen und einen entsprechenden Hilferuf abzusetzen, ist groß. Mein Dickkopf ist zum Glück noch größer. Wenn ich hier nicht versacken und den angekündigten Regenschauer abbekommen möchte, muss ich aus den Puschen kommen. Also heiter weiter.

Zwischen den Bäumen kann ich einen Blick auf das Moorgebiet ❖ **Stellingsmoor** erhaschen. Ein (nahezu) rehgleicher Sprung über einen kleinen Graben, und ich stehe am Rande des sumpfigen, baumlosen Areals. Zu meiner Überraschung sehe ich in weiter Entfernung schwere Maschinen, die offensichtlich zum Abbau des Torfs eingesetzt werden. Ist das nicht inzwischen verboten? Ich bin ehrlich erstaunt. Hatte ich in einem NABU-Bericht nicht gelesen, wie wichtig unsere nassen Moore für den Klimaschutz sind? Schließlich speichern diese einzigartigen Ökosysteme überproportional viel Kohlenstoff und sorgen für einen stabilen Wasserhaushalt. Ein späterer Blick ins Internet wird zeigen: Hier wird tatsächlich noch Torf abgebaut, allerdings ist das Torfwerk im Gegenzug auch zur Renaturierung verpflichtet. Ein fader Beigeschmack bleibt.

Wie weit ist es eigentlich noch bis zum Ziel? Ich bin richtig platt. Schokolade! Wie gerne hätte ich jetzt Schokolode. Inzwischen kann ich der Schönheit der Natur nichts mehr abgewinnen. Ich bin müde, hungrig und quengelig. Ich möchte nach Hause. Meine endlosen To-Dos lassen mich auch nicht in Ruhe. Ein Wegweiser verspricht mir aufmunternd eine baldige Ankunft beim Ausgangspunkt. Meter für Meter schleppe ich mich weiter. Mein Kopf schleift gefühlt bei jedem Schritt unmotiviert auf dem Boden. Kurzzeitig überlege ich, ob Krabbeln eine attraktive Alternative wäre. Nein, fit bin ich heute wirklich nicht.

Bald komme ich wieder in Nartum an. Hier lasse ich das ❖ **Haus Kreienhoop**, das ehemalige Wohnhaus vom Herrn Kempowski, links liegen und schlängele mich durch die Straßen von Nartum. »Krempowskis Idylle«, schallt es immer wieder mantra-artig durch meinen Kopf. Mir scheint der Name mit einem »r« irgendwie vollkommener. Wer war das eigentlich, dieser K(r)empowski? Meine nachträgliche Recherche ergibt, dass ich bislang unter einer klaffenden Bildungslücke gelitten habe: Kempowski war Pädagoge, Archivar und vor allem ein mehrfach preisgekrönter Schriftsteller. Neben Kinderbüchern und zahlreichen Romanen war er vor allem bekannt für seine weitgehend autobiografische Buchreihe »Deutsche Chronik«, aus der zwei Romane auch verfilmt wurden, sowie für das zehnbändige Jahrhundertwerk »Das Echolot«. In diesem Werk hat er Tagebucheinträge, Briefe, autobiografische Erinnerungen und Fotos unterschiedlichster Menschen aus der Zeit des Zweiten Weltkriegs chronologisch geordnet und unkommentiert zu einer Collage zusammengestellt, um so die Vielfalt der Ereignisse und der unterschiedlichen Sichtweisen aufzuzeigen.

Kempowskis Promi-Status kann mich am besagten Wandertag trotzdem nicht zu seinem Wohnhaus ziehen. Dessen Besuch nehme ich mir lieber für ein anderes Mal vor, wenn ich nicht so erschöpft bin. Dafür bin ich die nach ihm benannte Wanderroute abgelaufen und freue mich, als ich den Friedhof sehe. Tatsächlich kann ich mir in meiner derzeitigen Verfassung keinen schöneren Ort als die letzte Ruhestätte vor meiner Nase vorstellen – ist der Friedhof doch ein klares Zeichen für das Ende meiner Wanderung. Vor lauter Wiedersehensfreude verpasse ich auch die angekündigte ❖ **Motormühle Nartum**, doch das kann ich in meinem Zustand gut verkraften.

Wie ich mit schweren Beinen und absolut erschöpft die Fahrradtour bis nach Hause bewältigen werde, steht auf einem anderen Blatt. Spoiler: Elegant oder gar sportlich war es nicht. Die Erleuchtung kam heute auch nicht über mich, aber so schnell werfe ich die Flinte nicht ins Korn. Eine schöne, wenn auch anstrengende Jungfern-Wanderung liegt hinter mir.

Fazit des Tages: Übermut kommt vor dem Fall.

Haus Kreienhoop

In Nartum steht das »Haus Kreienhoop«, Wohnsitz und Arbeitsstätte des Schriftstellers Walter Kempowski (1929–2007). In dem von ihm selbst entworfenen und gebauten Haus werden durch die »Kempowski Stiftung« regelmäßig Autorenlesungen, Literaturnachmittage und Musikabende organisiert. Auch das Gebäude selbst mit seinen Türmchen, Büchergängen, Pavillon und Innenhof kann bei Interesse besichtigt werden.

Weitere Infos: www.kempowski-stiftung.de

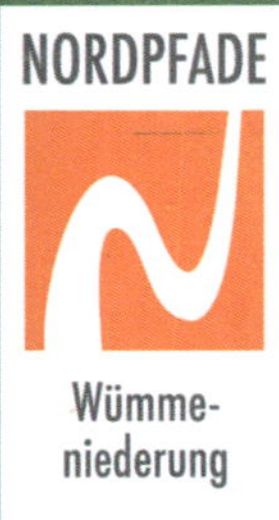

Gewanderte Variante:
Rundtour ab Everinghausen über Hellwege

Strecke: 13,5 km

Dauer: ca. 4 ½ Std.

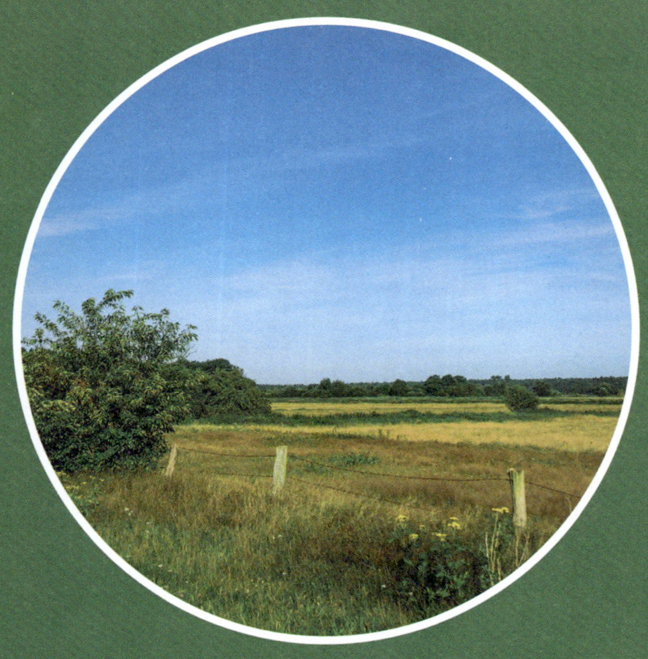

»Wümmeniederung«, Teil 1 – Mord in Fährhof

Startpunkt 3: 27367 Everinghausen, Everinghauser Dorfstraße 17

Meine Füße sinken in feinen, weißen Sand. Ich stehe auf einer hohen Düne und genieße den Ausblick. Nicht auf ein Meer, sondern auf die Felder und Wiesen, die sich rund um die Düne ausbreiten. Die ehemalige Wanderdüne Voßberge liegt zwischen Hellwege, Sottrum und Ottersberg, nur 15 Auto-Minuten von meinem Zuhause entfernt. Es ist 8.30 Uhr an einem Montagmorgen im August, und nach einer Woche Familienurlaub in Dänemark gönne ich mir einen Self-Care-Tag: keine Arbeit, kein Haushalt, keine Termine, und hier ist keine Menschenseele zu sehen. Das ist gut. Ich möchte heute meine Ruhe. Wo sich an Wochenenden zahlreiche Sonnenanbeter mit Strandtuch und Picknickkorb ausbreiten, ist so früh morgens unter der Woche jede Menge Platz für mich und meine Gedanken.

Also stapfe ich durch den weichen Sand und schaue mich um. Das ❖ **Naturschutzgebiet Voßberge** mit der Düne ist der Auftakt meiner heutigen Nordpfad-Route. Ich werde ein Teilstück des Nordpfads »Wümmeniederung« abwandern. Die 32,5 km lange Strecke führt entlang der Wümme bis Rotenburg und wieder zurück zum Naturschutzgebiet. Immer nah am Flusslauf, an Wiesen, Auen und bewaldeten Dünenzügen vorbei. Mir aber reicht für's Erste ein Teil der Strecke. Habe ich also bereits gelernt, mich nicht selbst zu überschätzen?

Die Sonne steht noch tief und wirft ihr zart-goldenes Licht auf kleine Büschel aus lila-blühendem Heidekraut, auf karge und bizarr geformte Kiefern und den besagten feinen Sand. Ich zücke meine Spiegelreflexkamera, die ich heute in der Hoffnung auf schöne Motive eingepackt habe, und kann mich nicht satt sehen. Mein Bauch kribbelt vor Freude und Glück. Ich nehme mir einige Minuten Zeit, fotografiere Spinnennetze im Gegenlicht und krauche dazu mit hochgestrecktem Po auf dem Boden herum. Sicherlich ein toller Anblick. Besser als jeder »herabschauende Hund« beim Yoga. Nach der Fotosession verstaue ich die kiloschwere Kamera wieder im Rucksack und laufe los.

Mein Weg verläuft zunächst an einer Weide entlang. Ein Schild informiert mich über die Haltung der hier lebenden Mütterkühe und deren Kälber. Bei der Mutterkuhhaltung darf das Kalb – anders als bei den konventionellen Milchviehbetrieben – monatelang bei seiner Mama bleiben. Artgerechte Tierhaltung, die mir gefällt. Heute sehe ich leider weder Mütter noch Kälber auf der Weide. Vielleicht sind sie gerade wandern?

Nach einer Weile stehe ich verloren auf einer Kreuzung und weiß nicht weiter. Keine Nordpfade-Markierung zu sehen, nur Bäume und Sandwege. Hätte ich vielleicht irgendwo abbiegen müssen? Statt mich auf das Wandern zu konzentrieren, habe ich mir die ewig langen Sprachnachrichten meiner Freundin angehört und dabei meinen Weg aus den Augen verloren … Also Smartphone weg und Route suchen. Ab jetzt achte ich auf den Weg und biege intuitiv nach rechts ab. Nach wenigen Metern werde ich mit der Nordpfade-Markierung belohnt.

Der Pfad führt mich zwischen satten, frisch gemähten Wiesen über einen Graben, bis ich direkt an der Wümme stehe, die ich zwar durch die dichten Büsche nicht sehen, dafür aber leise plätschern hören kann. Links erstrecken sich die Wümmewiesen, rechts verläuft der Fluss, und ich bin mittendrin. Am Wegesrand stehen bunte Wildblumen, Bienen summen durch die Luft, Vögel zwitschern.

Als ich die ❖ **Brücke am Wümmebogen** erreiche, an welcher der Nordpfad vorbeiführt, kann ich endlich einen direkten Blick auf den Fluss werfen. Bäume und Büsche wachsen hier mit ihrem dichten Blattwerk bis knapp über das braun-grünliche Wasser. Besonders tief scheint die Wümme in diesem Sommer nicht zu sein, an vielen Stellen durchbricht grasartiges Gewächs die Wasseroberfläche. Direkt am Wanderweg entdecke ich Infotafeln, die mich über die hiesige Flora und Fauna aufklären. Die Wiesen ermöglichen einen weiten Blick. Es riecht nach frisch gemähtem Gras und nasser Erde. Eigentlich ein perfekter Wanderweg …

Ich bin jedoch abgelenkt, meine Gedanken schweifen zu unserem Haus. Im Kopf erstelle ich Einkaufslisten für Möbel und bauliche Veränderungen, die ich so gerne haben möchte, aber eigentlich nicht brauche. Unser Haus ist nicht zu groß und nicht zu klein. Wir haben weder stylische Designer-

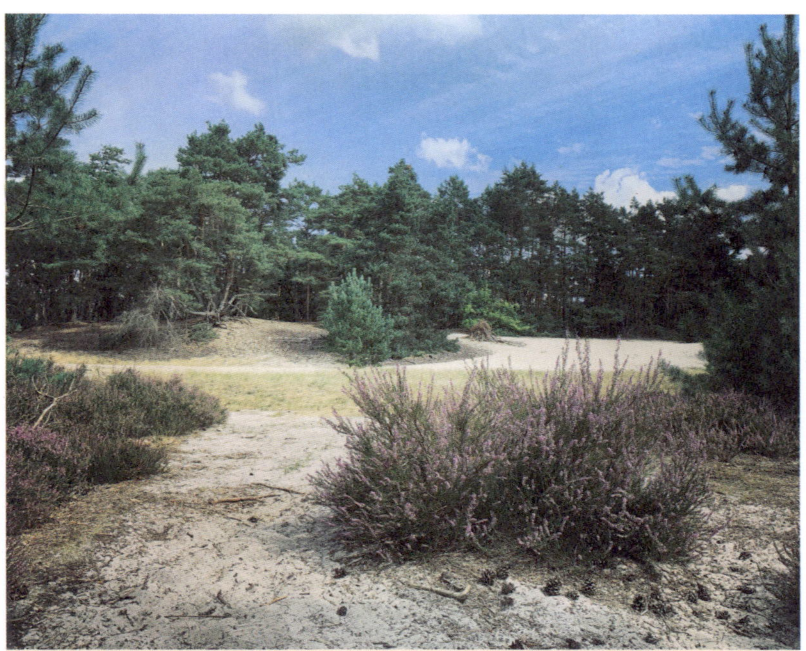

Die norddeutschen Wanderdünen

Gegen Ende der letzten Kaltzeit, vor etwa 10.000 Jahren, entstanden durch Auswehung von Sand aus Flussterrassen in ganz Norddeutschland Binnendünen, die sich durch Windeinflüsse laufend verlagerten: die sogenannten Wanderdünen. Mit zunehmender Erwärmung des Klimas wurden sie jedoch immer mehr von Vegetation überzogen, und es begannen bodenbildende Prozesse.

Insbesondere seit Mitte des 19. Jahrhunderts wurden die Dünen zudem durch Aufforstung, Umwandlung in Ackerland, Überbau und Sandabtragung weitgehend zerstört, so dass heute nur noch sehr wenige und kleine Dünengebiete mit der typischen Vegetation wie Heide und Magerrassen sowie offenem Sand existieren.

Aus diesem Grunde wurde die ca. 48 ha umfassende Landschaft der Wanderdüne Voßberge bereits 1935 unter Naturschutz gestellt und ist damit das älteste Naturschutzgebiet (NSG) des Landkreises Rotenburg (Wümme). Sie beherbergt diverse seltenere Tierarten, darunter Eidechsen, Blindschleichen und Kreuzottern, aber auch Wildbienen, Wegwespen und Libellen. Im Jahr 2020 ging das ehemalige NSG Voßberge in dem neu geschaffenen NSG »Wümmeniederung mit Rodau, Wiedau und Trochelbach« auf.

Möbel noch übermäßig große Räume. Unser Heim ist vor allem eins: praktisch. Trotzdem überfallt mich regelmäßig die Habgier nach mehr. Besonders, wenn ich Menschen in Wohnungen besuche, welche dem »Schöner-Wohnen«-Magazin entsprungen sein könnten. Dann möchte ich neue Möbel, neue Böden, neue Durchbrüche und Anbauten. Und sofort schlägt das schlechte Gewissen zu. Brauchen wir das? Ist es nachhaltig? Der grüne Engel kommt und haut dem Designer-Möbel-Teufel eins auf die Nuss. Ich stehe fassungslos zwischen beiden und fühle mich von meinen eigenen Ansprüchen zerrissen. Und genau so einen Moment durchlebe ich gerade auf meiner Auszeit-Wanderung. Mir zeigt das: Die Konsumgesellschaft hat mich fest im Griff. Und auch heute scheinen sich Engelchen und Teufelchen um ihr Recht zu prügeln und mir meinen Tag vermiesen zu wollen.

Während der Auseinandersetzung der beiden Streithähne verlasse ich die naturnahen Wege: Ich habe ❖ **Hellwege** erreicht. Der Nordpfad führt quer durch den Ort an der gut befahrenen *Dorfstraße* entlang, was mir nicht wirklich behagt. Ich habe das Gefühl, die Autofahrer schauen mich mit meiner Wanderausrüstung schief an. Außerdem habe ich – nach über 2-stündiger Wanderung und gut 5 km Wegstrecke – ziemlichen Hunger und brauche eine Pausenbank. Aber die einzigen Bänke, die ich entdecken kann, befinden sich in einer Bushaltestelle direkt an der Straße. Dort will ich nicht sitzen. Ich überlege kurz, ob ich bei der »Igelbäckerei Holste« oder bei »Prüser's Gasthof« einen Stopp einlegen soll, doch ich würde lieber von Natur umgeben mein eigens für diese Wanderung zubereitetes Picknick verzehren. Also gehe ich weiter.

An hübschen Wohnhäusern vorbei wandere ich auf dem *Vieweg* weiter durch Hellwege, bis ich vor einer Entscheidung stehe: Weiter geradeaus dem Nordpfad folgen, oder links auf den *Schleusenweg* abbiegen und den Rückweg antreten? Der Hunger und erste Erschöpfungsanzeichen nehmen mir die Entscheidung ab. Ich beschließe, meine Wanderung über die Wümme-Schleuse abzukürzen und so den Rückweg zur Voßberger Düne anzutreten. Von einer Brücke aus erhasche ich einen Blick auf den an der Schleuse schnell entlangrauschenden Fluss, ehe ich über eine Wiese direkt in Richtung Fährhof laufe.

Hier lasse ich die Wümme hinter mir und finde mich auf der Straße *Kleiner Fährhof* zwischen Wohn- und Ferienhäusern der kleinen Siedlung wieder. Rechts taucht plötzlich ein fragwürdig aussehender Typ in meinem Blickfeld auf. Er lehnt lässig an einem weiß-rostigen Kombi und raucht seine Zigarette. Außer uns ist weit und breit kein Mensch zu sehen. Adrenalin schießt ein, mein Kopfkino startet. Gerade, als ich dem Typen den Rücken zukehre, greift er mich plötzlich von hinten an, haut mir seinen Baseballschläger über die Rübe, zerrt meinen bewusstlosen Körper in sein Auto und zerlegt mich in mundgerechte Häppchen. In Wahrheit passiert selbstverständlich Folgendes: gar nichts. Immerhin hat der Konsum-Engel-Streit durch diese Ablenkung ein jähes Ende gefunden. Mein Hunger jedoch nicht.

Nach einiger Zeit entdecke ich zu meiner Erleichterung links einen hübschen See. »Was für ein idyllisches Plätzchen, genau richtig für eine Pause«, denke ich enthusiastisch. Meine Vorfreude steigt ins Unermessliche – und wird unsanft durch zahlreiche Verbotsschilder gebremst: »Privatbesitz. Angeln ver-

Die Wümme

Die Wümme entspringt in der Lüneburger Heide und wird auf ihrem Verlauf von zahlreichen Nebenflüssen gespeist. Nach rund 122 km vereinigt sie sich in Ritterhude bei Bremen mit der Hamme zum Fluss Lesum und mündet schließlich in die Weser.

Im Winter stehen die Wümmewiesen häufig wochenlang unter Wasser. Die temporäre Seenlandschaft wird dann von zahlreichen Vögeln als Rast- und Brutplatz genutzt und steht seit den 1980er Jahren unter Naturschutz.

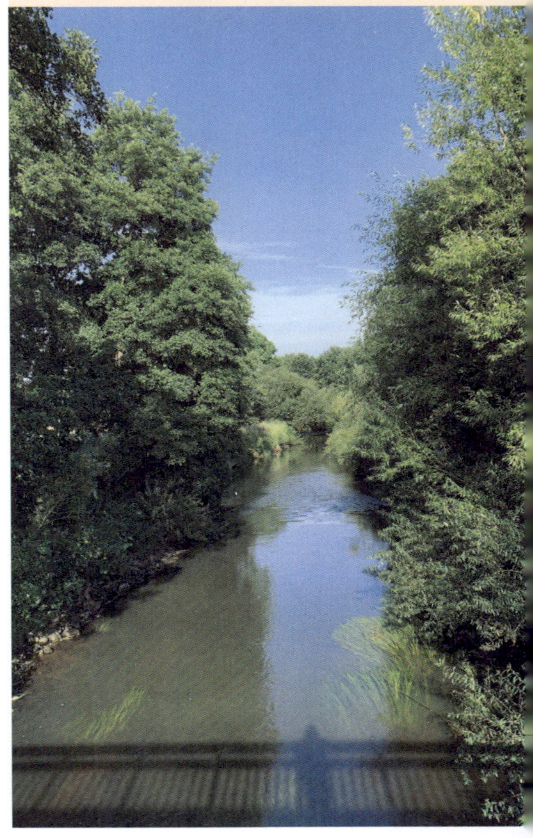

boten. Baden verboten. Betreten des Grundstücks verboten.« Im Ernst? Irgendwie typisch deutsch. Ich ziehe enttäuscht weiter. Dabei komme ich im ❖ **Großen Fährhof** am imposanten Grundstück des Gestüts »Fährhof« mit seinen hübschen Fachwerkhäusern vorbei, ehe ich in einem kleinen Waldstück verschwinde. Hier finde ich endlich eine Bank: alt, morsch und leider im Besitz von zahlreichen hochgewachsenen Brennnesseln und Dornen. Also weiterhin keine Pause für die erschöpfte Wanderin. Ich trinke meinen Eiskaffee (umweltgerecht zuhause zusammengerührt und in eine Glasflasche gefüllt) folglich im Gehen.

Gerade habe ich den letzten Schluck im Mund, da entdecke ich zur Rechten erneut einen See. Wunderschön, umgeben von Bäumen und Büschen. Und von Verbotsschildern. »Privatbesitz. Angeln & Baden verboten« und »Das Abpflücken und Mitnehmen von Pflanzen ist verboten«. Da an diesem See aber das Betreten nicht verboten scheint und einige kleine Holzbänke am Ufer aufgestellt wurden, wage ich es: Ich setze mich an das sandige Ufer, packe meine Pausenmahlzeit aus und erwarte insgeheim eine SEK-Mannschaft, die mich zu Boden wirft und in Handschellen abführt. Aber nichts passiert. Ich traue mich sogar zu atmen.

Meine kriminelle Ader auslebend, vertilge ich das Mittagessen, bestehend aus Käsestulle und Tomaten. Danach mache ich ein paar Fotos mit der inzwischen endlos schweren Spiegelreflexkamera, sehe den zahlreichen Fischen und Libellen zu und kann mich entspannen. Was für ein schönes Stück privater Erde. Der blaue Himmel spiegelt sich im Wasser. Der Wind weht leise durch die Bäume, die Sonne scheint mir ins Gesicht, und ich genieße die Ruhe.

Nach der Pause am See bin ich erholt, richtig tiefenentspannt und satt. Fast ärgere ich mich, dass ich schon auf dem Rückweg bin, aber ich genieße ihn trotzdem. Die Strecke schlängelt sich von Bäumen umsäumt durch die Landschaft und wird immer sandiger. Der weiße Boden unter meinen Füßen gibt bei jedem Schritt nach. Dies dürften schon wieder die ersten Ausläufer der vor mir liegenden Düne sein.

Auf den linker Hand liegenden Wümmewiesen erblicke ich einen Graureiher und zwei dicke Feldhasen. Ein schönes Fotomotiv! Doch wo zum

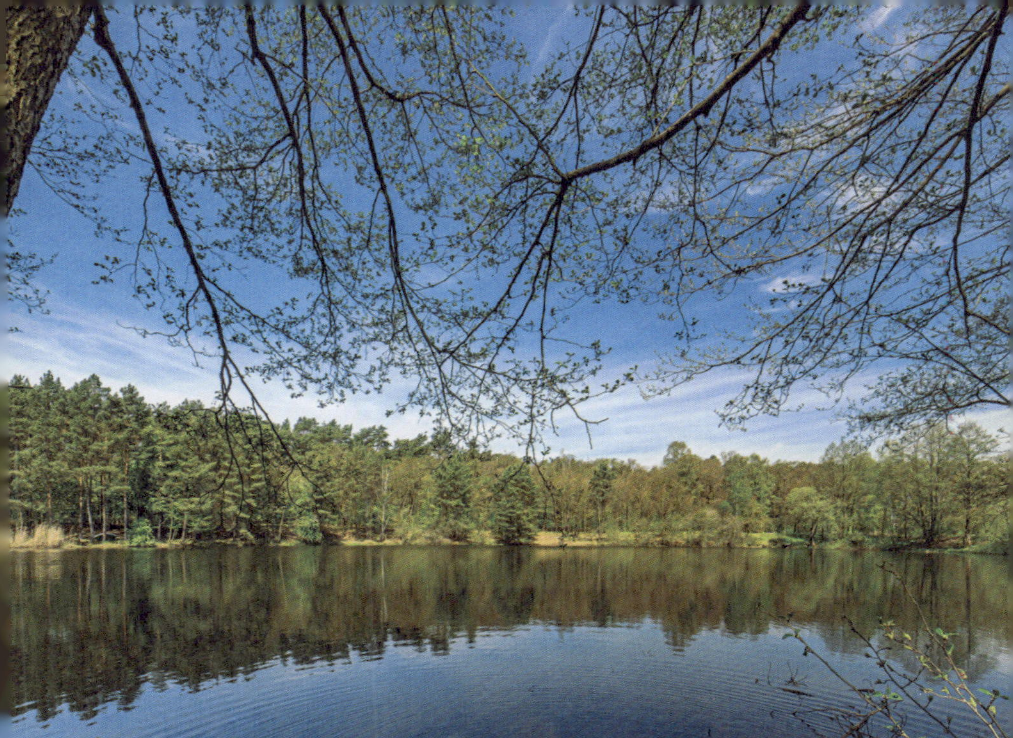

Teufel ist meine Kamera? Ich durchwühle meinen Rucksack. Panisch überlege ich, wo sie sein könnte. Als letztes hatte ich sie am See in der Hand. Oh Mann! Ich habe meine Spiegelreflexkamera – mein Heiligtum – mutterseelenalleine am See liegen lassen! Hoffentlich kommt keiner und nimmt sie mit. Ich schicke ein Stoßgebet gen Himmel und laufe los. Im Schweinsgalopp durch den Sand immer Richtung See.

Nach einem Kilometer erreiche ich keuchend den Ort des Geschehens. »Nicki?« Ich rufe meine Kamera und hoffe fast, sie antwortet mir. Ein dicker Kloß macht sich im Hals breit. »Wo bist du?« Ein kleines Stück unterhalb meines Pausenplatzes sehe ich etwas Schwarzes im Gras: Meine Kamera! Überglücklich rette ich das gute Stück, drücke es an mich und gebe ihm einen dicken Kuss. Puh. Glück gehabt!

Auf den Schreck brauche ich erstmal eine Pause zum Luftholen. Ein zweites Mal mache ich es mir mit noch leicht wackeligen Beinen am See gemütlich, trinke Wasser und esse einen Schokomüsliriegel. Zucker beruhigt meine Nerven. Die Kamera ist aber schon tief unten im Rucksack verstaut. Nicht, dass ich sie hier liegen lasse …

Jetzt aber los. Rückweg, die Zweite! Wieder angekommen an der Stelle, wo die Feldhasen waren (die inzwischen nicht mehr da sind), gehe ich ohne Foto von Meister Lampe weiter und lasse meinen Gedanken freien Lauf. Früher bin ich dem guten Meister mit den langen Löffeln wesentlich häufiger auf meinen Streifzügen durch die Natur begegnet. Was zum einen daran lag, dass ich als Kind häufiger draußen herumschwirrte, zum anderen aber daran, dass der Feldhase heute schlicht seltener vorkommt. Er findet kaum noch geeigneten Lebensraum für sich und seinen Nachwuchs.

Gedanklich bei den Problemen unserer heutigen Zeit, stehe ich nach einer überraschend kurzen Zeit wieder am Rande der Wanderdüne ❖ **Voßberge**. Ich entscheide mich gegen den ausgeschilderten Nordpfad und biege vorzeitig in das Dünengebiet ab. Diesen Weg kenne ich von vorherigen Ausflügen mit den Kindern und genieße den schmalen Pfad, der sich durch das Waldgebiet schlängelt. Das dichte Blätterdach bildet hier einen dunklen Gang durch die Dünenausläufer. Dann öffnet sich der Wald, und der Sand der Dünen erstreckt sich vor mir wie ein großer Gletscher. Rechter Hand haben offensichtlich Kinder kleine Holzhütten gebaut.

Ich schwelge in Erinnerungen an eine Zeit, in der ich selbst als kleines Mädchen im Wald unterwegs war und Höhlen und Baumhäuser aus Ästen baute, in der Regel mit mehreren Freunden. Wir verließen morgens das Haus und kamen erst zum Abendbrot wieder heim. Unsere Eltern hatten nur eine vage Ahnung, wo wir uns den ganzen Tag herumgetrieben hatten. Wir waren einfach frei.

Wehmütig muss ich an meine Kinder denken, denen diese Freiheit zum Teil fehlt. Heute wird bei frei streunenden Kindern von überfürsorglichen Nachbarn schnell das Jugendamt alarmiert. Zumal die meisten Kinder so durchgeplant sind, dass sie kaum Zeit zum Streunern haben. Ich bin dennoch dankbar, dass meine Kinder gemeinsam mit ihren Freunden auf Feldern und Wiesen in der Nähe vom Wohnhaus herumstreichen und sich inzwischen auch trauen, bei Dunkelheit mit Taschenlampe die Nacht zu erkunden.

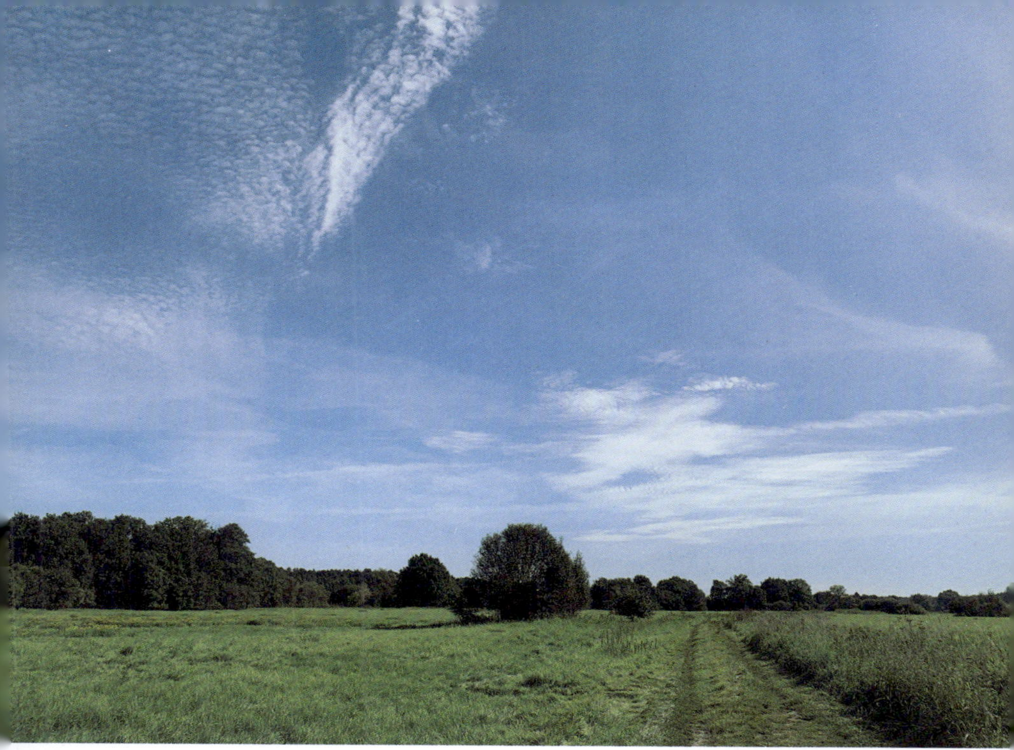

Nach kurzer Zeit bin ich wieder an meinem Ausgangspunkt in Everinghausen angelangt. Diesmal hätte ich trotz meiner kleinen Joggingeinheit mehr Kilometer geschafft, aber statt mich zu ärgern, freue ich mich über meine kleine Auszeit. Grinsend schaue ich mich noch einmal um und nehme Abschied vom heutigen Wandertag, erleichtert und froh, meine Kamera sicher im Rucksack zu wissen.

Zum Abschluss meines Wanderintermezzos zelte ich – mit den Kindern im Garten. Natürlich nach einer heißen Dusche. Das Aufwecken übernimmt am Ende nicht der Wecker, sondern die Luftmatratze, die während der Nacht leise weinend ihre Luft verloren hat.

Fazit des Tages: Mehr Achtsamkeit spart Kilometer.

Strecke: 19,5 km

Dauer: ca. 6 ½ Std.

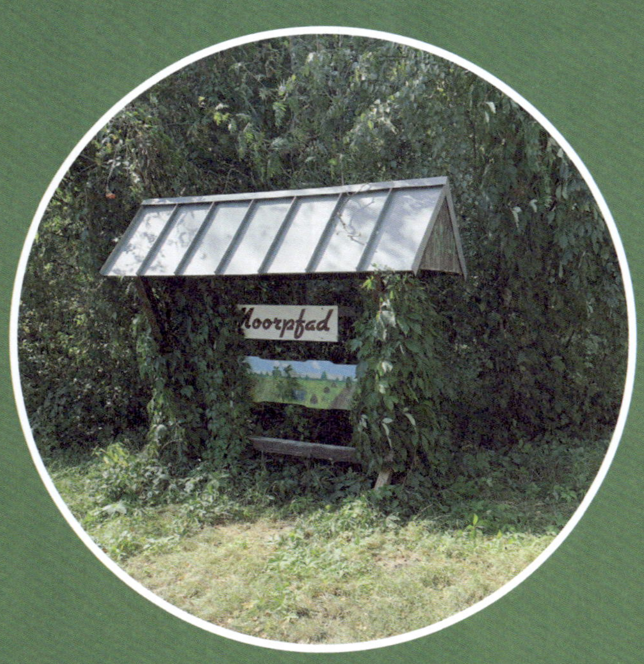

»Tarmstedter Moor« – Friss Staub, Baby

Startpunkt 2: 27412 Tarmstedt, Schützenhaus Dickes Holz, L 133

Heute, an einem Samstag Ende August, bin ich nicht allein. Meine Mama begleitet mich auf dem Nordpfad »Tarmstedter Moor«. Uns stehen knapp 20 km bevor, und wir freuen uns wie Bolle auf den Tag. Laut Tourenbegleiter benötigen wir 6,5 Stunden für den Rundweg. Mein Übermut ist wieder erwacht und steckt meine Mutter direkt an: »Wir schaffen den sicher in fünf Stunden.« Challenge accepted. Schon die Vorbereitungen zuhause sind ein großes Vergnügen. Meine Mama hat einen neuen Wanderrucksack, in den sie gefühlt ihren kompletten Hausstand eingepackt hat. Wir scherzen, dass wir mit dem Inhalt mehrere Wochen in der Wildnis überleben könnten. Der Blick auf unsere Snacks untermauert die Theorie: Mit Energy Balls, zwei Sorten Müsliriegeln, Buttermilch, Eiskaffee, Schokoladen-Croissants, Knusperbrot, einem kompletten Brie-Käse (kein Witz) und jeder Menge Wasser können wir mindestens zwei weitere Wanderer mitversorgen. Alles findet in Mamas überdimensioniertem Rucksack Platz – nebst Regenhose, Regenjacke, Wechselpullover (trotz Dürresommer), Socken und einem Sitzkissen. Tatsächlich könnten wir problemlos auch noch Zelt und Schlafsäcke in ihrem »Ein-Tages-Wanderrucksack« unterbringen, wenn wir wollten.

Derart gut ausgestattet, beginnt unsere Route beim ❖ **Schützenhaus Dickes Holz** in Tarmstedt. Schnell noch die obligatorischen Selfies vor der Nordpfade-Infotafel aufnehmen, und dann geht's los Richtung Norden durchs ❖ **Dicke Holz**. Ein wunderschöner Wald, in dem überwiegend imposante Buchen ihre grünen Baumkronen über uns ausstrecken. Wir genießen die kühle, klare Luft und die malerische Strecke über Waldboden und Sandwege. Angeregt unterhalten wir uns. Vor Jahren hatten meine Mama und ich am Megamarsch in Bremen teilgenommen mit dem Ziel, die 50 km in 12 Stunden vollzumachen. Rückblickend waren wir damals ein bisschen größenwahnsinnig und nicht wirklich auf so einen Extrem-Trek vorbereitet – und scheiterten kläglich und wenig überraschend nach 30 km. Im nächsten Jahr wollen wir unseren zweiten Megamarsch-Versuch starten. Wäre ja gelacht, wenn wir das nicht schaffen. Quasi als Training laufen wir heute die knapp 20 km dieses Nordpfads – natürlich in Rekordzeit. Spoiler: Die Realität wird uns auch heute einholen und schamlos auslachen.

Bereits nach einer halben Stunde stehen wir vor Bahnschienen, die mitten durch den Wald laufen. Schon wieder? Ich habe ein Déjà-vu. Das Schild »Privatweg – Bahnübergang – Nur für Berechtigte« lässt uns ratlos innehalten. Sind wir noch auf dem Nordpfad, oder haben wir eine Abzweigung verpasst? Sollte der Wanderweg etwa auf einer illegalen Strecke angelegt worden sein? Wir laufen ein paar Meter zurück und sehen eindeutig die Nordpfade-Markierung, die uns per Pfeil über den Privatweg schickt. Also: Zwo, eins, Risiko und rüber. Wir halten die Luft an und warten, ob Sirenen ertönen oder Polizeibeamte aus dem Gebüsch springen, doch nichts passiert. Nochmal dem Teufel von der Schippe gesprungen, setzen wir unseren Weg fort, vorbei an mächtigen Buchen und knorrigen Eichen.

Wir sinnieren wieder über das Leben, bis ein Wespennest unsere Aufmerksamkeit erregt. Die fleißigen Tierchen haben einen Vogelnistkasten zweckentfremdet und die wettergeschützte Stelle unter dem dichten Eichenblätterdach vollkommen ausgenutzt. Dazu haben sie den Nistkasten nach unten hin weiter ausgebaut – vermutlich fehlte der Boden des Häuschens bereits. In das Einflug-Loch haben sie ihren eigenen Ein- oder Ausgang eingepasst. Weiter unten haben sie eine zweite Öffnung gelassen. Ob das der Notausgang ist? Respekt jedenfalls an die Baumeister. Wirklich eine kreative Nutzung. Und hier im Wald stören die kleinen Insekten keinen. Upcycling by nature – meine Mama und ich sind beeindruckt.

Als wir bald darauf das Dicke Holz hinter uns lassen und einen Blick auf bewirtschaftete Felder werfen, kommt uns eine Französische Bulldogge entgegen. Der dicke Hund hüpft freudig auf uns zu. Dass dieses Tier harmlos ist, erkennt man auf den ersten Blick. »Der tut nichts«, kommt uns der Besitzer erklärend entgegen. »Ja, nee, ist klar«, denke ich. Prinzipiell traue ich Hundebesitzern mit solchen Aussagen nicht, aber da diesem Hund die Verspieltheit aus den Augen springt, lasse ich ihn gerne schnüffeln.

Bald darauf gelangen wir in ein weiteres Waldgebiet, das ❖ **Ortholz**. Als wir die *Hepstedter Straße* überqueren, die das Ortholz durchkreuzt, entde-

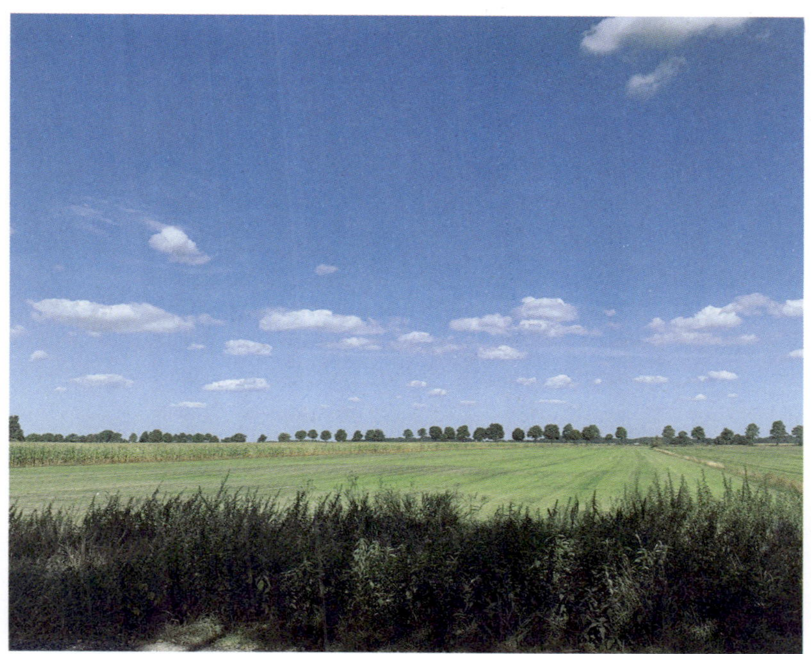

cken wir allerlei Müll am Straßen- und Waldrand. Der Anblick lässt uns angeregt über die Frechheit und den Egoismus einiger Mitbürger diskutieren. Die Zeit verfliegt dabei in Windeseile, bis sich unsere Mägen lautstark in die Diskussion einbringen. Dazu sei gesagt, dass meine Mama und ich die wohl lautesten Mägen der Welt haben. Unter Seismologen herrscht die Theorie, dass sie die häufigste Ursache von Erdbeben sind. Doch die Geräuschkulisse ist nicht das Schlimmste. Wir leiden schnell an Unterzuckergrummel. Wenn wir nicht innerhalb kurzer Zeit nach dem Erdbebenknurren unserer Bäuche Nahrung einfüllen, kann es für alle Umstehenden im Umkreis von einem Kilometer richtig ungemütlich werden.

»Da vorne kommt ein Baggersee, da können wir sicher Pause machen«, kläre ich meine Mama mit dem Tourenbegleiter gestikulierend auf. Unsere Schritte werden länger, wir rennen schon fast in Vorfreude auf das Festmahl, welches wir inzwischen seit 1 Stunde und knapp 4 km auf unseren Rücken mitschleppen. Doch beim See angekommen, ist dieser mal wieder »Privatbesitz«. Um das zu untermauern, wurde der ❖ **Baggersee im Ortholz** großzügig eingezäunt. An einer Stelle ist der Zaun allerdings bis zum Boden heruntergedrückt … Sollen wir es wagen und hier trotzdem eine Pause einlegen? Wir schauen uns an. Und sind am Ende doch zu feige.

Eine weitere halbe Stunde später und fast dem Hungertod geweiht, finden wir an einem Schotterweg endlich eine Bank. Der Ausblick auf die weite Landschaft ist ein Genuss. Die kilometerlange Wiese vor uns ist frisch gemäht und erscheint jetzt dunkel- und hellgrün gestreift, und jenseits davon bildet eine entfernte Baumreihe einen perfekten Übergang zum blauen Himmel, über den sich schmucke kleine Wölkchen schieben. Endlich können wir unsere Mahlzeit auspacken. Zwischen uns stehen alle Leckereien, die wir zuhause sorgfältig eingepackt haben.

Gerade wollen wir vom Käse abbeißen, als ein VW Golf angefahren kommt. Wir blicken uns panisch an. Nicht der Golf macht uns Sorgen, sondern vielmehr die meterhohe Staubwolke, die hinter ihm auf dem ausgetrockneten Schotterweg aufwirbelt. Das Auto rast an uns vorbei, und wir sind minutenlang in der Staubwolke verschwunden. Wir sehen nichts, können nur mühevoll atmen und warten, bis sich alles lichtet. Schlimmer als jede Glitzerexplosion. Und dann entdecken wir das eigentliche Übel: Wir sind von oben bis unten grau. Und unser Essen leider auch. Just haben wir alles wieder hergerichtet und halbwegs gesäubert, fährt das Auto erneut an uns vorbei, diesmal aus der anderen Richtung, aber wieder gefolgt von einer großen Staubwolke. Zähneknirschend warten wir auf freie Sicht und entstauben erneut sowohl uns als auch das Essen.

Endlich können wir unsere köstliche Brotzeit in all ihrer Vielfalt genießen. Danach sind wir erstmal zum Platzen vollgestopft, freuen uns aber auf die nächsten Kilometer und machen uns wieder auf den Weg. Beim Aufstehen von der Bank hinterlassen wir zwei frauenförmige Abdrücke im Staub.

Nach 2 Stunden Wanderzeit und ungefähr 8 km erreichen wir das Tarmstedter Moor, nach dem dieser Nordpfad benannt wurde, und folgen dem hier angelegten ❖ **Moorpfad Tarmstedt**. Einige andere Wanderer genießen ihre Pause an den zahlreichen Sitzmöglichkeiten – im Gegensatz zu uns vollkommen staubfrei. Infotafeln klären uns über die Arbeit im Moor zur

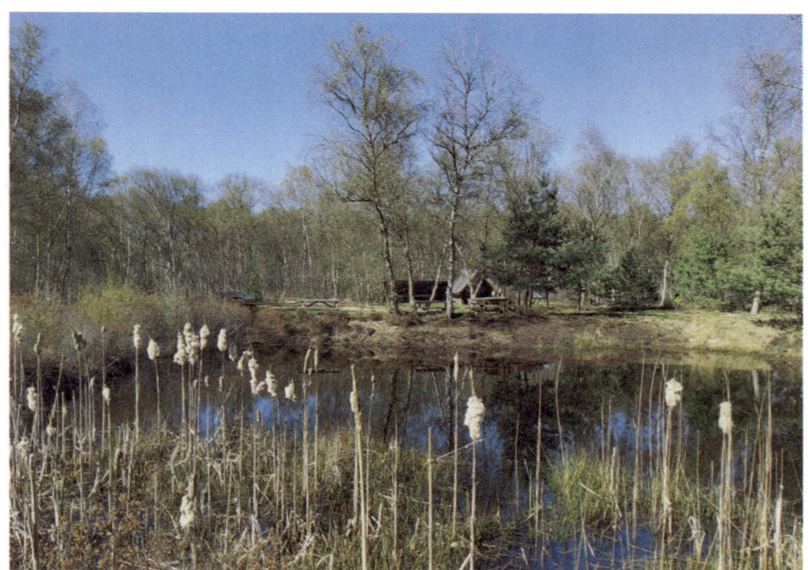

Der Tarmstedter Moorlehrpfad

Der im Tarmstedter Moor liegende Moorlehrpfad und das zugehörige rund 2 ha große Gebiet wurden Ende der 1990er Jahre von ehrenamtlichen Helfern des Verkehrsvereins Tarmstedt angelegt. Hier erfahren Besucher, wie die Moorbauern des 18. Jahrhunderts mühsam den Schwarztorf abgebaut haben. Neben den entsprechenden Gerätschaften finden sich zahlreiche Infotafeln über das Leben mit dem und im Moor. Auch zur Flora und Fauna gibt es viele Infos. Herzstück des Areals ist der malerisch gelegene Moorsee, an dem Bänke und Tische zum gemütlichen Picknick einladen.

Zeit der Moorkolonisation und des Torfabbaus auf. Hier steht auch eine alte Transport-Lore, und an einem ehemaligen Schafstall hängen Moorschuhe für Pferde. Mit den Schuhen – einer Art Brett – sanken die Pferde im feuchten Moor nicht so tief ein und konnten Lasten so besser abtransportieren. Außerdem entdecken wir überall Heidekraut, Wollgras und Binsen.

Während wir uns umschauen, fällt unser Blick auf einen nahezu ausgetrockneten Tümpel. Ob das hier der für diesen Nordpfad angekündigte Moorsee ist? Ein Abgleich mit dem Bild im Tourenbegleiter zeigt: Die Umgebung scheint die gleiche zu sein, nur ist außer einer kleinen Pfütze kein Wasser mehr zu sehen. Alles weggetrocknet. Das ist heftig. Und leider in den letzten Jahren keine Seltenheit.

Die Maisfelder, an denen wir im Anschluss vorbeiwandern, geben ein ähnlich trauriges Bild ab. Total vertrocknet. Relativ wortkarg und nachdenklich verlassen wir das ❖ **Tarmstedter Moor** und wandern durch Wäldchen und über Feldwege weiter in Richtung der Ortsmitte von Tarmstedt. Auf dem Weg dorthin legen wir noch eine Pause an einer idyllisch gelegenen und staubfreien Bank ein, um ein paar Müsliriegel zu verputzen. Ganz gemäß der Devise: »Alles, was wir im Bauch haben, müssen wir nicht mehr auf dem Rücken schleppen.«

Tarmstedt kenne ich bereits von der »Tarmstedter Ausstellung«, der größten Landwirtschaftsmesse in Norddeutschland, die wir regelmäßig mit der ganzen Familie besuchen. Doch als wir auf der *Rothensteiner Straße* das ❖ **Rathaus in Tarmstedt** passieren, können wir den Weg vor lauter Schildern nicht mehr finden. Zunächst wandern wir einem Nordpfade-Wegweiser nach, der uns zum Busbahnhof schicken möchte. Der andere Wegweiser will mit uns zur Ortsmitte. Wir wollen weder das eine noch das andere. Ratlos stehen wir an der Kreuzung und wissen nicht weiter.

An der *Hauptstraße* zeigt meine Mama zur Ortsmitte und drückt den Ampelknopf, um die Straße zu überqueren. »Da gehen wir jetzt lang.« Ich vermute den richtigen Weg jedoch auf der rechten Seite und möchte lieber dort nach weiteren Schildern schauen. »Los, die Ampel ist jetzt grün, alle Autos mussten anhalten, lass uns rüber«, fordert Mama, aber ich habe mich umgedreht und laufe schon in die andere Richtung. Da ich den Dickkopf meines Papas geerbt habe, folgt meine Mutter mir artig und wird nach wenigen Schritten mit dem richtigen Nordpfade-Wegweiser belohnt. Wir haben jetzt nach etwas mehr als 3 Stunden ungefähr 13 km und damit über die Hälfte der Strecke hinter uns gebracht.

Ein kleiner Schlenker führt uns durch die Straßen von Tarmstedt, zunächst entlang der *Hauptstraße* und *Bremer Landstraße*, an der wir auf das ❖ **Jan-Reiners-Eck** treffen – ein Denkmal für die Kleinbahn »Jan Reiners«, die Tarmstedt ab 1900 mit der Großstadt Bremen verband. Anschließend gelangen wir über den *Richtweg* in eine Neubausiedlung. Ein bisschen neidisch bewundern wir die perfekt angelegten Gärten. Kein Vergleich zu unseren eigenen »naturnahen« grünen Oasen zuhause, wo die Pflanzen nahezu antiautoritär wachsen dürfen.

Nachdem wir das Tarmstedter »Stadtleben« hinter uns gelassen haben, wandern wir wieder durch die grün-braune Landschaft in Richtung des Campingplatzes ❖ **Rethbergsee**. Am Wegesrand hat die Samtgemeinde Tarmstedt in regelmäßigen Abständen Schilder mit Lebensweisheiten angebracht. Am besten gefällt mir eine von ihnen, die dazu einlädt, die Details in meiner Umgebung wahrzunehmen. Sie ermahnt mich, diesen Tag bewusst zu genießen; mich an der Zeit mit meiner Mama zu erfreuen, die mich unerschütterlich begleitet und sich meine Sorgen und Nöte anhört. Die sich für die kleinen Dinge begeistern kann und mit einer gehörigen Portion Humor über die großen und kleinen Steine des Lebens klettert. Nicht jeder kann mit seiner gesunden Mutter durch die Landschaft wandern und über die Geheimnisse der Kindererziehung philosophieren. Ich weiß mein Glück zu schätzen!

Weniger bewegend ist der Anblick des Campingplatzes, der uns das typische Camper-Leben in bester Manier vor Augen hält. Dicht an dicht stehen die Wohnwagen, umgeben von Zwergen-Kolonien und fein säuberlich gestutzten Hecken. Wir können dem Trend nicht allzu viel abgewinnen und gehen zügig weiter, denn wir haben eine Mission zu erfüllen: Wir suchen eine Bank für unseren nächsten Pausensnack. Während zu Beginn der Wanderung gefühlt alle 500 m eine Rastmöglichkeit am Wegesrand

Die Jan-Reiners-Bahn

Die Kleinbahn Bremen–Tarmstedt, nach ihrem Ideengeber und starken Befürworter im Volksmund liebevoll »Jan-Reiners-Bahn« genannt, trug nach ihrer Eröffnung im Jahr 1900 ganz erheblich zur wirtschaftlichen Erschließung der Moorgebiete nördlich von Bremen bei. Neben dem Transport von Torf und anderen Rohstoffen beförderte die Schmalspurbahn enorme Mengen von Ausflüglern zwischen Großstadt und Land.

Infolge der Kriege und der Entwicklung paralleler Omnibuslinien gingen die Einnahmen der Jan-Reiners-Bahn jedoch immer mehr zurück, bis ihr Betrieb 1956 schließlich eingestellt wurde. Heute erinnert das »Jan-Reiners-Eck« in Tarmstedt, angelegt an einer ehemaligen Straßenquerung der Trasse, mit einem alten Schienenstrang, Wartehäuschen und Infotafeln an die Eisenbahn.

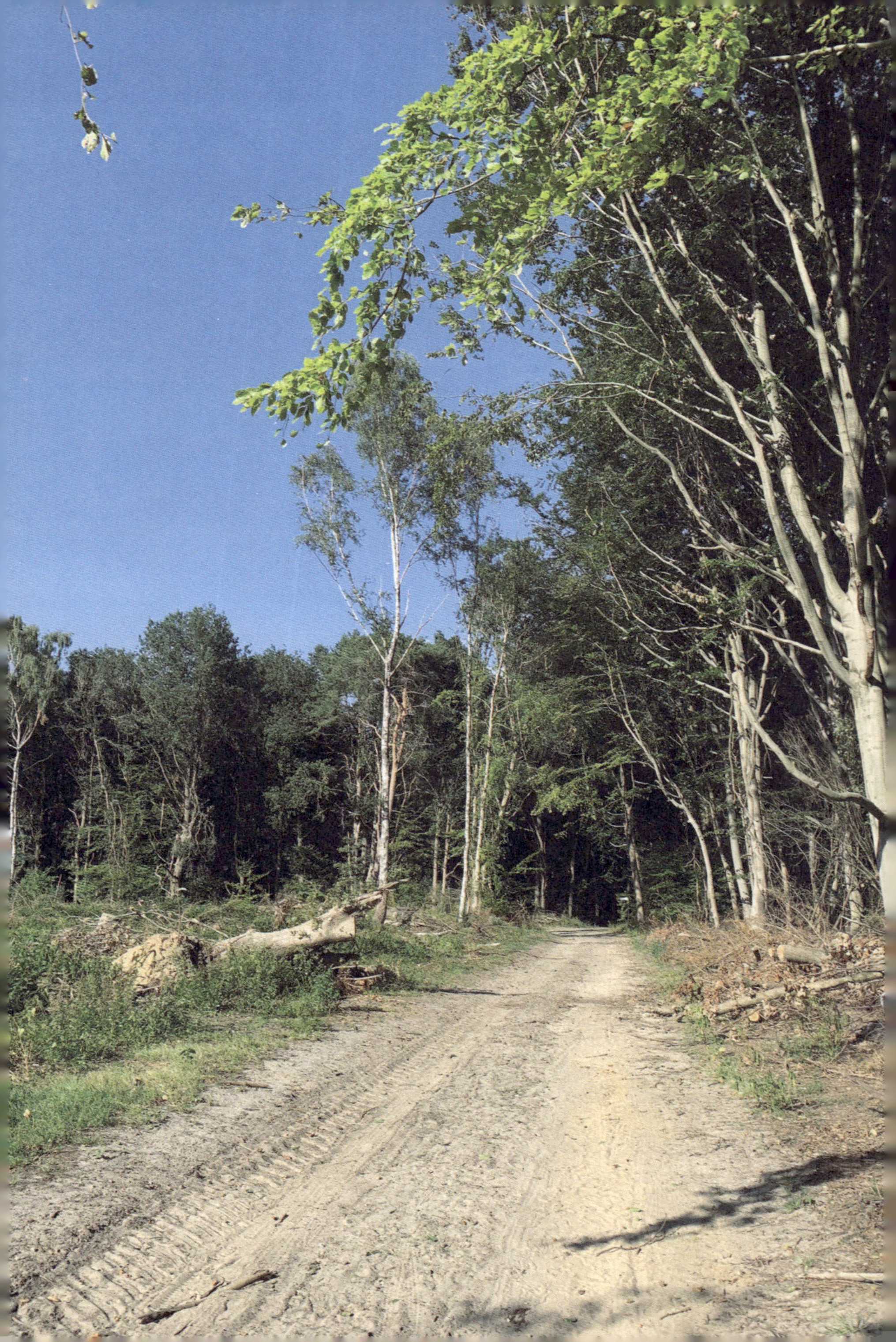

stand, finden wir jetzt, wo wir dringend pausieren müssten, wieder keine einzige.

Der Weg wird für uns langsam beschwerlich, und eine Pause könnte wahre Wunder bewirken. Wir schleppen uns voran und hoffen nach jeder Kurve, das Gesuchte zu finden. Und da, in weiter Ferne, steht sie. Mitten in der Sonne, aber besser als nichts: Unsere Bank. Bei Energy Balls und Knusperbrot genießen wir die Wärme und Ruhe. Bis zum Schützenhaus Dickes Holz, an dem wir heute losgegangen sind, dürfte es nicht mehr weit sein. Das ist auch gut so, denn unsere Beine wissen genau, dass sie schon rund 17 km hinter sich haben. Und ein Blick auf die Uhr zeigt: wir sind seit 5 Stunden unterwegs. Rekordzeit geht anders.

Mit einiger Kraftanstrengung raffen wir uns wieder auf. Endspurt. Wir wandern durch die Mischwälder von ❖ **Wendloh**. Einige der Bäume laden uns direkt zum Klettern ein, doch darauf können wir nur resigniert den Kopf schütteln. Unsere Beine wollen gerade nicht klettern. Da sind sie sich einig. Das letzte Stück des Weges wird anstrengend. Die Rucksäcke schmerzen auf den Schultern, unsere Körper sind erschöpft. Doch wir ermuntern uns gegenseitig, lenken einander ab und sprechen uns Mut zu. Nach 6 Stunden, und damit immerhin eine halbe Stunde schneller als die Infotafel für diesen Nordpfad vermuten ließ, erreichen wir das Schützenhaus und damit unseren Ausgangspunkt.

Eine grobe Hochrechnung ergibt, dass wir in unserem Tempo 40 km in 12 Stunden schaffen würden – 10 km zu wenig, um die Megamarsch-Anforderungen zu erfüllen. Erschwerend kommt hinzu, dass wir auf den heutigen 20 km drei Pausen einlegen mussten – beim Megamarsch gibt es die jedoch nur alle 10 km. Also sind wir derzeit zu langsam und zu verfressen. Trotzdem sind wir mit unserer heutigen Leistung zufrieden.

Im Einklang mit der Gesamtsituation und wieder ein Stück verbundener, fahren wir gemeinsam nach Hause, da warten schon zwei Kinder sehnsüchtig auf Oma und Mama.

Fazit des Tages: Zu zweit und mit einem großen Stück staubfreien Käse macht Wandern viel mehr Spaß.

Strecke: 9,6 km

Dauer: ca. 3 ¼ Std.

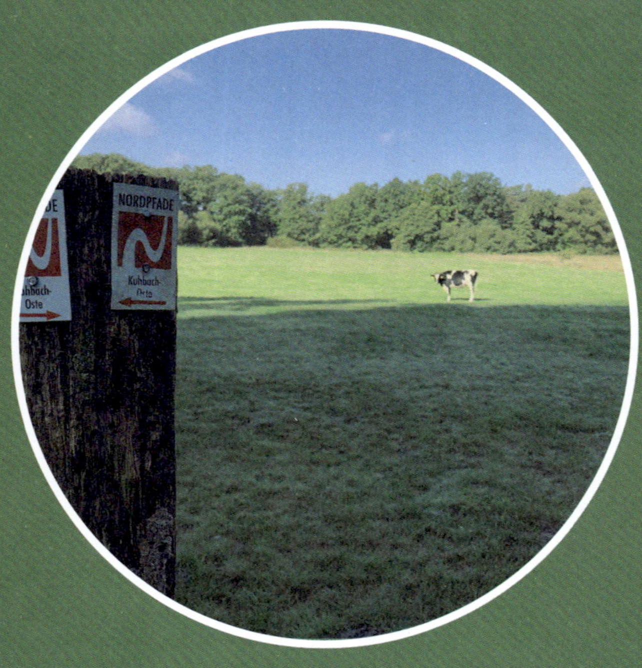

»Kuhbach – Oste« – Bruchlandung ins Glück

Startpunkt 2: 27419 Groß Meckelsen, Parkplatz Kuhbachbrücke, K 126

Ich bin voll im Verzug. Von dem geplanten Wanderjahr sind bereits vier Monate vergangen, und ich bin erst drei Nordpfade gewandert. In Worten: drei! Bei 24 Nordpfaden und zwölf Monaten hätte ich zwei Touren pro Monat abreißen müssen. Und jetzt sowas. Wie konnte das passieren? Die schönste Sommerzeit habe ich kaum ausgenutzt. Jetzt ist es Herbst, Ende September, und ich stehe hier früh morgens halb erfroren am Ortsrand von Groß Meckelsen, um den 9,6 km langen Nordpfad »Kuhbach – Oste« zu wandern. Mir ist saukalt, ich bin müde und möchte wieder ins Bett. Das nass-nebelige Wetter passt zu meiner Stimmung.

Noch vor einigen Wochen lief alles wie geschmiert (abgesehen von meiner miserablen Wanderbilanz). Die Kinder waren glücklich, die Arbeit machte Spaß, ich war voller Hoffnung und Ziele. Doch seit kurzem geht nichts mehr. Laufend kranke Kinder, ich bin ständig müde und würde mich am liebsten schlafend in eine Höhle zurückziehen, und auf der Arbeit machen zahlreiche kleine Ärgernisse mein Leben unnötig schwer. Liegt es am Wetter, habe ich nur ein kleines Tief, oder ist der sommerliche Optimismus dem Winter-Blues gewichen? Höchste Zeit, den inneren Schweinehund zu überwinden, mich warm einzupacken und loszuwandern.

Schon nach wenigen Minuten befinde ich mich im feinsten Mischwald hier im ❖ **Ostetal**, laufe noch halb schlafend die kleinen Hügel auf dem Weg hinauf und hinab. Links neben mir schlängelt sich die Oste unterhalb des Weges leise plätschernd entlang. Die Uferböschung fällt steil ab, was mich aber nicht davon abhalten kann, direkt hinunterzukraxeln, um einen besseren Blick auf das Flüsschen zu erhalten. Kaum habe ich einen Fuß auf den feuchten Abhang gesetzt, gerate ich ins Rutschen. Ehe ich mich versehe, sitze ich auf dem Hosenboden und rodele gegen meinen Willen laut kreischend dem Fluss entgegen. Kurz vor dem unfreiwilligen Badeabenteuer bei gefühlt sibirischer Kälte kann ich mich mit beherztem Griff an ein dürres Bäumchen retten. Rücklings liege ich auf dem Abhang, mit den Füßen beinahe im Fluss, den Blick gen Himmel gerichtet, krampfhaft am Baum festgekrallt. Atmen, altes Mädchen. Ein. Aus. Nur noch einen kleinen Moment verweilen. Ich bleibe in der unbequemen Stellung liegen und mache zunächst eine Bestandsaufnahme meines Körpers: alles noch dran. Smartphone? Sicher in der Tasche. Rucksack? Definitiv unter mir. Weiteratmen.

Langsam verlagert sich meine Konzentration auf meine Umgebung. Der Fluss plätschert, unterbrochen von Eicheln und Bucheckern, die mit lauten Glucksgeräuschen ins Wasser fallen. Einige Vögel zwitschern, und plötzlich wird das Grau des Nebels an vereinzelten Stellen von Sonnenschein durchbrochen. Die goldenen Strahlen bahnen sich den Weg durch die Blätter und setzen sich auf meine Nase. Kurz schließe ich die Augen und genieße. Dann wird mir meine Rutschpartie erst richtig bewusst, und in die Stille des Waldes bricht mein lautes Lachen. Meine Slapstick-Einlage hat mich aus dem grummeligen Trott geworfen und besser als jeder Koffein-Kick funktioniert. Jetzt bin ich wach und habe plötzlich richtig Lust auf diese Wanderung. Einige Wochen später wird mich ein Mitarbeiter des Touristikverbandes darüber informieren, dass besagte Uferböschung auch »OsteSTEILkante« genannt wird und die steilste Böschung aller Nordpfade ist.

Nachdem ich mich vom Waldboden befreit habe und das steile Ufer unfallfrei wieder hochgeklettert bin, setze ich meinen Weg fort. Und ich kann jeden Moment genießen. Der Pfad hat mich bereits nach einer halben Stunde voll in seinem Bann. Die Kombination aus Sonne und Nebel mitten in diesem wunderschönen Wald lässt den Ort magisch wirken.

Fast erwarte ich tanzende Feen und Elfen. Am liebsten würde ich mir selbst ein weißes Spitzenkleid anziehen und mit Blumenkranz im Haar auf den Lichtungen tanzen. Ob Bilbo Beutlin gleich um die Ecke biegt? An zahlreichen Stellen bleibe ich stehen, mache Fotos und genieße den Ausblick. Die schlechte Laune der vergangenen Wochen – alles wie weggeblasen. Mich durchströmt ein Gefühl der Dankbarkeit.

Mein Weg führt über die *Landstraße L 142* weiter an Feldern vorbei in Richtung Erholungsgebiet Kuhmühlen, bis ich sie plötzlich sehe: Bahnschienen. Natürlich! Wieso stehe ich auf jedem Nordpfad an Bahnschienen? Langsam glaube ich an eine allgemeine Verschwörung. Arbeitet der

Touristikverband vielleicht mit der Bahn zusammen? Im Gegensatz zu den bisherigen eher kleinen Feldbahn-Schienen scheinen diese hier aber ausgewachsene Schienen für »echte« Züge zu sein. Später werde ich in Erfahrung bringen, dass es sich hierbei um die Trasse der 1917 eröffneten privaten Wilstedt-Zeven-Tostedter Eisenbahn handelt; ein Teil der Strecke ist inzwischen stillgelegt, aber der hiesige Abschnitt Zeven–Tostedt wird noch immer für den Güterverkehr genutzt. Mein Weg führt diesmal jedenfalls nicht über die Gleise, sondern an ihnen entlang, bis ich wieder in einem Waldgebiet verschwinde.

Langsam brauche ich eine Bank, ich habe Hunger. Ich bin jetzt rund 45 Min. unterwegs, die ersten 3 km liegen hinter mir und mein Frühstück wartet im Rucksack auf mich. Aber eine trockene Sitzgelegenheit zu finden, scheint mir aufgrund der hohen Luftfeuchtigkeit utopisch. Der Waldweg wird hier schmaler und schlängelt sich zwischen Buchen entlang. Auf einer Art Treppe aus Baumwurzeln, die aus dem Boden ragen, steige ich den geschwungenen Pfad mal auf, mal ab. Zu meiner Linken breitet sich der Mühlen-

Die Oste

Die Oste ist ein Nebenfluss der Elbe und entspringt nahe Tostedt. Mit einer Länge von rund 156 km schlängelt sich der Fluss durch die Landkreise Harburg, Rotenburg (Wümme), Stade und Cuxhaven und mündet schließlich in die Unterelbe.

Wer auf den Nordpfaden wandert, wird der Oste auf Dauer nicht entkommen. Der Fluss streift auf seinem Weg zur Elbe die fünf Nordpfade »Vörder See – Osteland«, »Ostetal«, »Zevener Geest«, »Kuhbach – Oste« und »Börde Sittensen«.

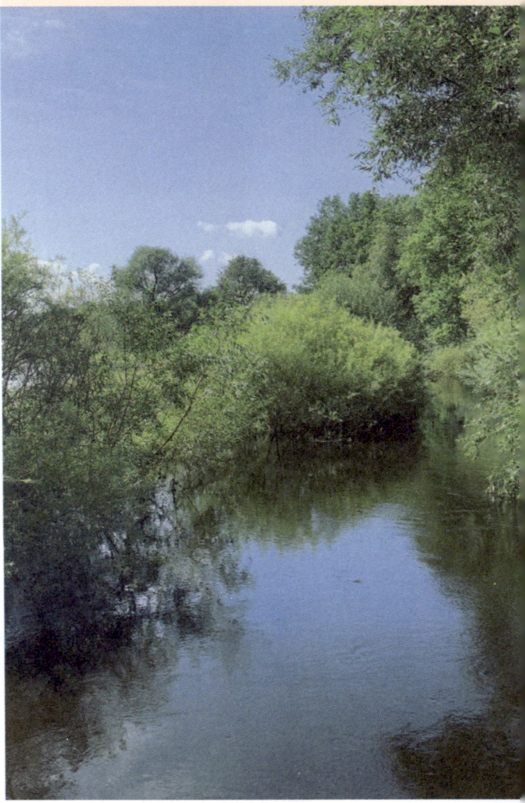

teich aus. Über und über mit sattgrüner Entengrütze überzogen und von vielen schnatternden Bewohnern besetzt, zieht die Mischung aus Wasser, Wald, Grün, Sonne und Nebel mich an. Und wie durch Magie wird plötzlich eine Bank von einem Bündel Sonnenstrahlen erhellt. Kein Witz. Zu meiner Überraschung ist die Bank sogar trocken, und so sitze ich glücklich kauend am wohl besten Frühstücksplatz der Welt.

Ich bin heute ohne Erwartungen losgelaufen und befinde mich plötzlich auf dem schönsten Weg meines Lebens. Zeit, einen Blick in den Tourenbegleiter zu werfen, der mir zeigt: Ich bin nicht die Einzige, die von dieser Route begeistert ist. Dieser Nordpfad wurde durch den Deutschen Wanderverband als »Qualitätsweg – Traumtour« ausgezeichnet. Ich freue mich auf die noch vor mir liegenden Kilometer und marschiere mit zwei Käsestullen im Bauch weiter.

Durch das ❖ **Erholungsgebiet Kuhmühlen** – welches seinem Namen alle Ehre macht, denn erholen kann ich mich hier definitiv – wandere ich über weichen Waldboden, an Buchen, Kiefern und Eichen entlang, über eine Brücke, die mich sicher über den Kuhbach bringt. Eine Abzweigung des Weges nahe dem ❖ **Hotel-Restaurant Schröder** führt vorbei an zwei Holzköpfen, Männlein und Weiblein, aus großen Baumstämmen geschnitzt – das sind »Die Liebenden« der Künstlerin Ragna Reusch. Die Gesichter der beiden sind detailliert ausgearbeitet und liebevoll bemalt. Am gegenüberliegenden Wegesrand befindet sich ein umgekippter weiterer Baumstamm. Blaue Schrift informiert mich, dass es sich hier um Totholz für Pilze und Insekten handelt. Super Sache, die vollkommen unterschätzten Pilze werden den dicken Holzstamm in den nächsten Jahren einnehmen und somit wiederum als Leckerbissen für Mensch und Tier zur Verfügung stehen.

Der Weg führt mich wieder tiefer in den ❖ **Kuhmühler Wald**. Von weitem höre ich Motorsägen. Mit jedem Schritt werden sie lauter. Mir wird mulmig. Vielleicht sollte ich umdrehen oder einen Alternativweg wählen? »Reiß dich zusammen«, schimpfe ich mich murmelnd aus und straffe die Schultern. Wenn ich schon sterben muss, dann als Heldin. Tapfer schreite ich den Geräuschen entgegen. Und plötzlich: Stille. Dafür steht auf dem Weg ein kleiner Transporter. Daneben ein älterer Mann. Ein jüngerer Kol-

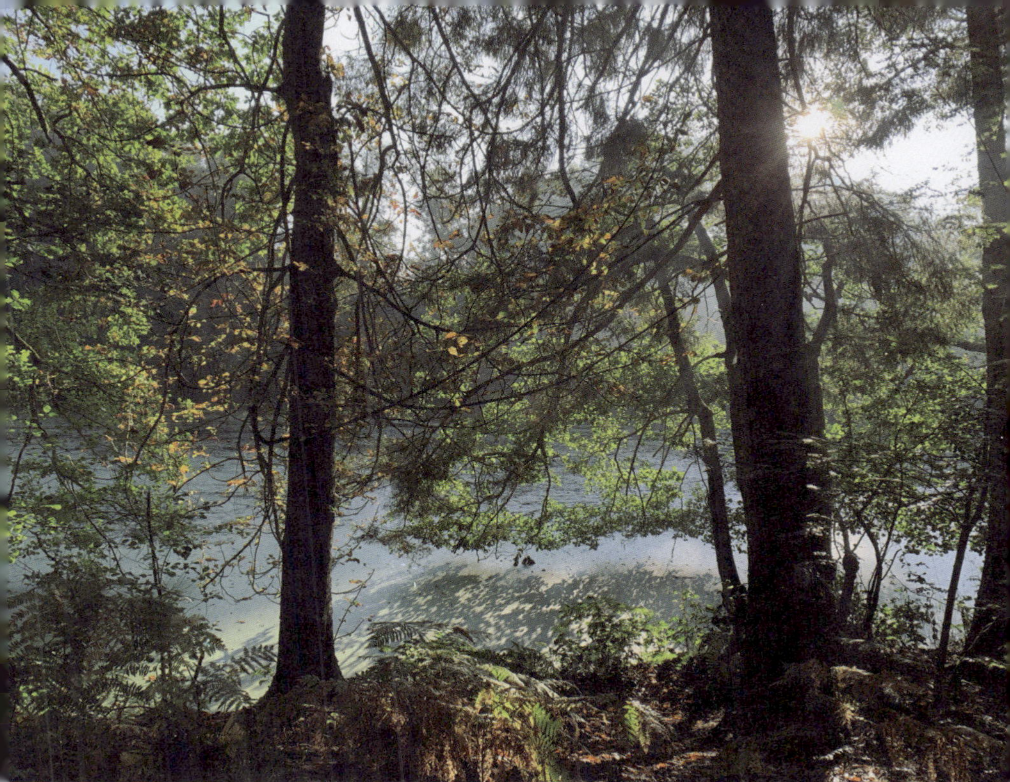

lege hockt auf einem Baumstumpf und packt gerade sein Frühstück aus. »Moin«, sage ich und ernte ein verschmitztes »Na, hilfst du uns heute?« – »Beim Frühstücken helfe ich euch gerne«, lache ich, und wir kommen ins Gespräch. Der ältere Waldarbeiter fragt mich, ob ich den Nordpfad wandere. Er habe beim Anlegen des Pfades mitgeholfen, und er berichtet, dass die Strecke ursprünglich noch länger werden sollte. Einige Landwirte hätten jedoch Angst vor der Zerstörungskraft der Wanderer gehabt. Ich kann es ihnen nicht verdenken, auch wenn die schöne Strecke gern extra lang sein dürfte. Mit einem dicken Lob für diesen Weg verabschiede ich mich von den Waldarbeitern.

Nach einiger Zeit verlasse ich das Waldgebiet und laufe an Feldern vorbei, die von mehreren schweren Treckern umgepflügt werden. Ich möchte ungern unmittelbar an denen vorbeigehen und passe mein Tempo so an, dass ich die Traktoren just dann passiere, wenn sie sich auf der anderen

Seite des Feldes befinden. Warum ich mich immer noch als Wanderin unwohl fühle, kann ich nicht sagen. In Begleitung eines Mitwanderers ist das kein Problem. Auch nicht als Spaziergängerin, also ohne Rucksack. Aber sobald ich allein mit Sack und Pack unterwegs bin, fühle ich mich weiterhin deplatziert. Wo wohl der offizielle Unterschied zwischen Spaziergang und Wanderung liegt? Sind es die Kilometer? Alles unter drei Kilometern ist als Spaziergang definiert, und alles darüber darf als Wanderung betitelt werden? Oder liegt es doch am Rucksack? Vielleicht sogar am Wanderstock? Bin ich ohne den nur eine schnöde Spaziergängerin? Spazierengehen klingt langweilig, bei Wanderern hat man sofort Bilder von Abenteurern im Kopf. Ich möchte zu der zweiten, coolen Gruppe gehören – aber nicht als solche erkannt werden. Quasi eine Undercover-Wanderin.

In Gedanken versunken, brauche ich nicht lange, bis ich wieder vor Bahnschienen stehe: Der Weg hat mich zurück zur Bahnstrecke Zeven–Tostedt geführt. Hier ist wieder einmal das Betreten für unberechtigte Personen verboten. Das Verbots-Schild wird jedoch durch einen Nordpfade-Aufkleber entwertet. Ich schaue links und rechts nach Zügen und quere – inzwischen völlig hemmungslos – die Bahnschienen. Echte Abenteurer dürfen auch mal Grenzen überschreiten!

An dem ❖ **Rastplatz unter den Eichen** gehe ich vorbei, eine Pause habe ich ja gerade erst gemacht. Der Weg führt mich ein zweites Mal über die Bahnstrecke und auch noch einmal zurück über die *Landstraße L 142*. Ich wandere an wunderschönen Wildblumenwiesen mit blauen Kornblumen, leuchtend orangen Ringelblumen und großen Sonnenblumen vorbei. Ein wenig Neid sticht mich. Wie oft schon habe ich hochmotiviert Saatmischungen ausgebracht, gegossen und gepflegt und höchstens zwei, drei mickrige Blüten zu Gesicht bekommen?

Weiter geht es am Wohngebebiet Groß Meckelsen vorbei und dann am Waldgebiet ❖ **Hohe Buchen** entlang. Auf den ersten Blick kann ich eher Nadelbäume als Buchen ausmachen, aber genaueres Hinsehen belehrt mich eines Besseren. Bis zu meinem Ausgangspunkt kann es jetzt nicht mehr weit sein, ich bin jetzt 2,5 Stunden unterwegs und über 8 km liegen hinter mir. Ich wandere weiter durch Waldgebiete und vorbei an Kuhweiden. Langsam erschließt sich mir der Name »Kuhbach« …

Vom Kinderzimmer in meinem Elternhaus aus konnte ich direkt auf eine Kuhweide schauen. Fast täglich war ich beim Nachbarn, habe die Tiere gefüttert, beim Melken geholfen oder die Geburt von Kälbern miterlebt. Kühe haben etwas Beruhigendes an sich. Jeder, der sich nachts mal in einen Kuhstall geschlichen hat, weiß, was ich meine. Und ebenso beruhigend finde ich auch diese Gegend.

Die Mühle am Kuhbach

Der 2,5 ha große Mühlenteich wurde bereits im frühen 13. Jahrhundert durch Aufstauung des Kuhbachs, eines Nebenflusses der Oste, angelegt, um hier eine Wassermühle zu errichten. Im Jahr 1456 erwarb die aus einem alten Rittergeschlecht stammende Familie Schulte von der Lühe die Mühle und ließ hier auch eine repräsentative Wasserburg erbauen. Letztere wurde im 19. Jahrhundert abgerissen, während der Betrieb der Mühle noch bis Ende der 1960er Jahre fortgesetzt wurde.

1986 erwarb schließlich der Architekt Gerhard Klindworth die zur Mühle gehörenden Fachwerkgebäude und restaurierte sie mit viel Bedacht und Liebe zum Detail. Heute ist darin das Hotel und Restaurant »Zur Kloster-Mühle« untergebracht.

Im ❖ **Kuhbachtal** angekommen, erhasche ich noch einen Blick auf den dazugehörigen ❖ **Grabhügel** – eine grasbewachsene runde Kuppel, an der ich glatt vorbeigelaufen wäre, hätte mich ein Info-Schild nicht darauf aufmerksam gemacht. Ich lerne, dass Grabhügel wie dieser über Jahrtausende hinweg genutzt wurden, vor allem in der Jungsteinzeit und einem Teil der Bronzezeit, also vor etwa 3000–5000 Jahren. Und dass das Exemplar vor mir zu einer Aufreihung von Grabhügeln zwischen Sittensen und Freyersen/Weertzen gehört, die auf eine alte Wegstrecke hindeutet. Das ist schon beeindruckend.

Bald darauf erreiche ich die hölzerne ❖ **Kuhbachbrücke** und bleibe ein kleines Weilchen auf ihr stehen, lausche zufrieden dem kleinen Bach und mache mich dann auf den Heimweg. Pünktlich zum Mittagessen mit der Familie werde ich wieder zuhause sein. Was bin ich froh, dass ich mich zu dieser Wanderung aufraffen konnte.

Fazit des Tages: Das Glück liegt manchmal auf dem Boden.
Du musst nur hinfallen, um es zu finden.

Strecke: 10,3 km

Dauer: ca. 3 ½ Std.

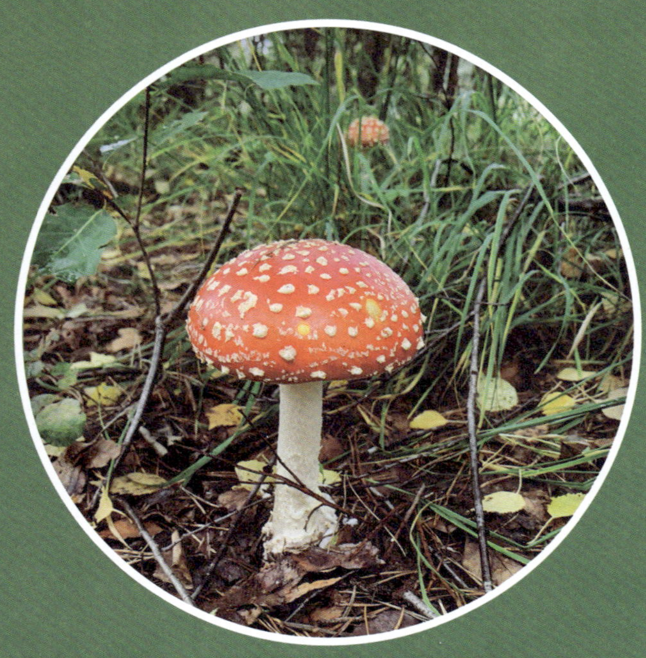

»Dör't Moor« – Wandern mit Reineke Fuchs

Startpunkt 1: 27356 Rotenburg (Wümme), Am Großen Bullensee

Sonntagmittag, Anfang Oktober in Rotenburg (Wümme). Die Sonne scheint. Die Frisur sitzt. Der neue Rucksack auch. Da mich bei den kühleren Temperaturen im Herbst neben Wanderproviant auch Regenhose, Schal und Mütze begleiten, musste eine Tasche mit etwas mehr Volumen her. Nach unzähligen Anproben diverser Wanderrucksäcke habe ich mich für einen grasgrünen Fahrrad-Rucksack entschieden. So viel Rebellion muss sein. Das gute Stück begleitet mich heute auf dem mehrfach prämierten Nordpfad »Dör't Moor«. Startpunkt ist der Parkplatz beim Großen Bullensee, die im Tourenbegleiter empfohlene Laufrichtung der Route folgt dem Uhrzeigersinn. Das ist so etwas wie ein Heimspiel für mich. Noch im Sommer haben wir hier als Familie den »Moorerlebnispfad« erkundet. Dank Barfußpfad, leckeren Blaubeeren, tollen Spielplätzen und vielen Balanciermöglichkeiten war das ein echtes Highlight für die Kids.

Heute bin ich ohne Begleitung unterwegs, dafür aber unter Zeitdruck. Mein Mann passt gerade auf den Nachwuchs auf, doch gegen 16 Uhr möchte ich wieder zuhause sein, um mit der Familie Kaffee zu trinken und Gesellschaftsspiele zu spielen. Also keine Zeit verlieren und mit zackigen Schritten los, weg vom ❖ **Großen Bullensee** und den Nordpfade-Markierungen folgend nach rechts, einen schmalen Naturpfad entlang.

Zu meiner Überraschung gelange ich nicht zur Moorerlebnis-Zone, sondern zu dem unter Naturschutz stehenden ❖ **Kleinen Bullensee**. Wäre ich den Empfehlungen des Tourenbegleiters und nicht blind den Schildern gefolgt, hätte ich die Moorerlebnis-Zone als erstes gesehen. Na gut, dann muss ich bis zum Schluss auf sie warten, während ich den Nordpfad nun doch entgegen dem Uhrzeigersinn wandere. Beim Kleinen Bullensee war ich bisher noch nie. Und bin entzückt von den wunderschönen roten Fliegenpilzen, die hier am Wegesrand stehen. Wie gemalt sitzen sie im Gras. Für mich ein unverkennbares Zeichen dafür, dass es Herbst geworden ist. Der Kleine Bullensee liegt still und nahezu verlassen vor mir. Einige Libellen schwirren über die Oberfläche, irgendwo durchbricht ein Fisch das Wasser, sonst bleibt alles ruhig. Ich genieße kurz die Idylle, doch der Zeitdruck treibt mich schnell weiter.

Über weichen Untergrund geht es weiter mitten durch die Natur. Der Weg wird breiter, eine traumhafte Heidelandschaft mit vereinzelten Kiefern begleitet mich. Leider aber nicht nur die. An diesem Sonntag sind zahlreiche Spaziergänger und Jogger unterwegs. In kleinen Grüppchen, allein, mit Rucksack oder Hund kommen sie mir entgegen oder verfolgen mich. Das hier scheint der beliebteste Ort der Welt für Sonntagsausflügler zu sein. Ich fühle mich gehetzt und unter Druck gesetzt. Also renne ich geradezu mit meinen kurzen Beinen vorweg. Doch obwohl mir die Zunge auf dem Boden hängt und ich jedem Sprint-Weltmeister Konkurrenz machen könnte, schlendern die ersten händchenhaltenden Pärchen mühelos und fröhlich quatschend mit ihren meterlangen Beinen an mir vorbei.

Ich kapituliere, verlangsame mein Tempo und halte regelmäßig – vorgeblich zum Fotografieren – an. Oder lese ausdauernd eine der zahlreichen Infotafeln des NABU über die hiesige Flora und Fauna, um einzelne Grüppchen vorbeizulassen. Ich bin völlig überfordert mit den vielen Menschen hier … Die kleinen Wandergrüppchen, die mir begegnen, laufen in grell leuchtenden Hochleistungsklamotten mit Wanderstöcken an mir vorbei und bescheren mir Minderwertigkeitskomplexe. Ich nehme mir vor, später online nach »Funktionskleidung im Stil der 80er« zu stöbern. Immerhin würde man mich mit solch einem Outfit im Falle eines Unfalls mühelos aus dem All erkennen können. Und sollte mich jemand überfallen wollen, würde die Kleidung den Angreifer blenden und orientierungslos zurücklassen.

Nach etwa 3 km vorbei an vereinzelten Heideflächen und durch das erfrischend kühle Waldgebiet Großer Hamerloh liegt der beliebteste Abschnitt des Naturschutzgebiets hinter mir, und ich kann wieder durchatmen. Hier, am »Moskau-Stein«, teilen sich auch die Wanderwege. Während ich bis jetzt zwei Nordpfade gleichzeitig gewandert bin, weil die Route »Rotenburger Wasserreich« meine Strecke teilweise überlagert, bin ich von nun an nur noch auf dem Nordpfad »Dör't Moor« unterwegs. An dieser Stelle

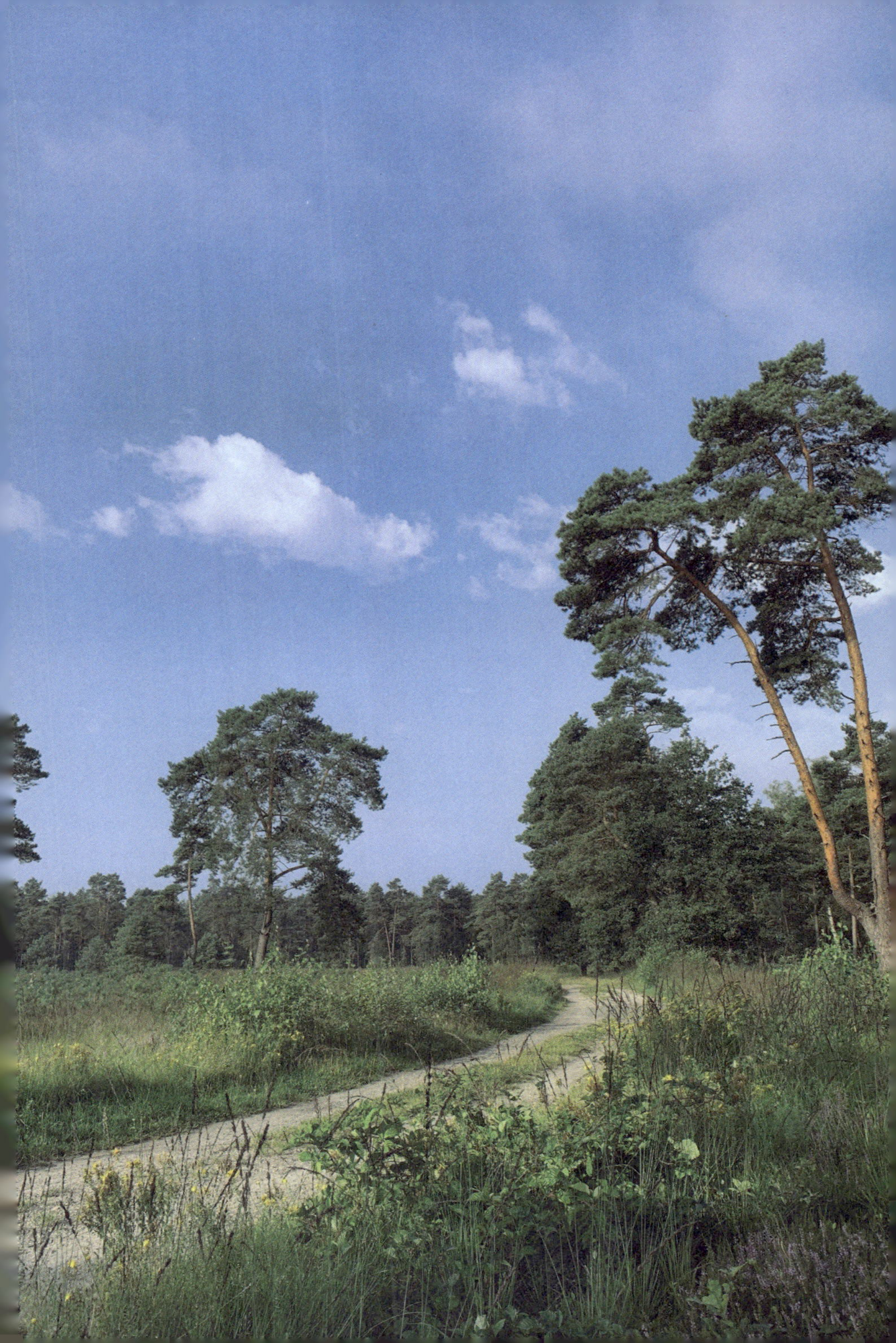

könnte ich auch nach links auf den ❖ **Butterweg** abbiegen und die abgekürzte Variante des Nordpfads nehmen, aber mein Ehrgeiz entscheidet sich für die längere Hauptstrecke.

Nachdem die erste Stunde einer sportlichen Höchstleistung glich, fordert mein Magen jetzt die verbrannten Kalorien ein. Ich habe hörbar Hunger. Leider sind die Bänke, die hier zahlreich am Wegesrand aufgestellt wurden, allesamt besetzt. Ich laufe also auf dem schmalen Weg weiter und hoffe sehr auf den Tisch am Unterstedter »Schafstall Spieker«. Diese großzügige und liebevoll gestaltete Sitzmöglichkeit kenne ich bereits von Spaziergängen mit meiner Schwägerin und ihrer Familie. Daher weiß ich auch, dass sich am Schafstall ein sogenannter »Tischlein deck dich!«-Rastplatz befindet. Man kann also auf Wunsch und nach Vorbestellung regionales Essen von ausgewählten Restaurants dorthin bestellen. Eine attraktive Idee, aber für mich reicht (hoffentlich) mein butteriges Käsebrötchen mit Tomaten.

An dem über 250 Jahre alten ❖ **Schafstall Spieker** angekommen, werfe ich zunächst einen Blick auf das Großsteingrab am Rande des Grundstücks. Dieses hier ist leider nicht mehr im besten Zustand; vielleicht ist es wie so viele andere der Suche nach Baumaterial zum Opfer gefallen. Trotzdem ist der Anblick der Steingruppe für mich immer wieder spannend. Dann entdecke ich die historischen Landmaschinen und Werkzeuge, die an diesem Ort ausgestellt sind. Ein verrosteter Metall-Schalensitz versetzt mich innerhalb von Sekunden in meine Kindheit zurück. Meine Eltern hatten hinter unserer Scheune ein ähnlich seltsames Gefährt. Für uns Kinder war es das Raumschiff Enterprise, mit dem wir durch unendliche Galaxien geflogen sind. Später wird mir mein Bruder erklären, dass wir damals stundenlang auf einem alten, rostigen Heusammler gespielt haben … Ich träume einen Moment lang vor mich hin und freue mich über den Flashback. Doch kurz darauf wird meine Freude unsanft gestoppt: Der Rastplatz, auf welchen ich gehofft hatte, ist ebenfalls besetzt.

Ich ziehe also hungrig weiter, am Schafstall entlang und dann nach rechts, einem grasbewachsenen Feldweg folgend vorbei an einer Gruppe Steinmännchen direkt in ein kleines Waldgebiet. Hier lädt mich glücklicherweise gleich zu Beginn eine kleine Schutzhütte zu meiner wohlverdienten

Pause ein. Endlich, nach 1,5 Stunden und 5 km. Ich inhaliere mein Brötchen im Rekordtempo, werfe ein Stück Schokolade hinterher und tanke neue Kraft. Nach nur fünf Minuten bin ich wieder fit und munter.

Auf Hackschnipseln und Bohlenwegen marschiere ich weiter durch eine moorige Waldlandschaft. Die abwechslungsreichen Untergründe finde ich klasse, und ich freue mich über alle brückenähnlichen Holzkonstruktionen, die ich passieren darf. An einigen Stellen drehe ich extra nochmal um, damit ich den Weg zweimal gehen kann. Als ich gerade den letzten der Bohlenstege verlassen habe, flitzt etwas Oranges keine zehn Meter entfernt an mir vorbei. Ich schaue genauer hin: ein Fuchs! Ein wunderschöner Rotfuchs mit buschigem Schwanz spaziert entspannt durch die Natur. Ich halte inne und bin nun doch froh, keine Funktionskleidung in Warnfarben zu tragen. »Hallo«, sage ich leise. Doch Herr Reineke hat keine Zeit für ein Schwätzchen. Eine lautstark plappernde Familie kommt uns entgegen, und der Fuchs verschwindet schnell im Gebüsch. Ich kann es ihm nicht verdenken.

De Bodderpad

Die 7,5 km lange Nordpfad-Variante »Kleine Moorrunde«, ausgeschildert durch das NABU-Wanderleitsystem, führt über den »Butterweg« und ist eine ideale Strecke für Familien mit Kindern. »De Bodderpad« (so die plattdeutsche Bezeichnung des Wegs) war einst die kürzeste Verbindung zwischen Kirchwalsede und Rotenburg. Viele Moorbauern nutzten diese beschwerliche Route, um ihre Butter in Rotenburg zu verkaufen. Heute erleichtern Holzstege den Weg mitten durch Moorgebiete und Wälder.

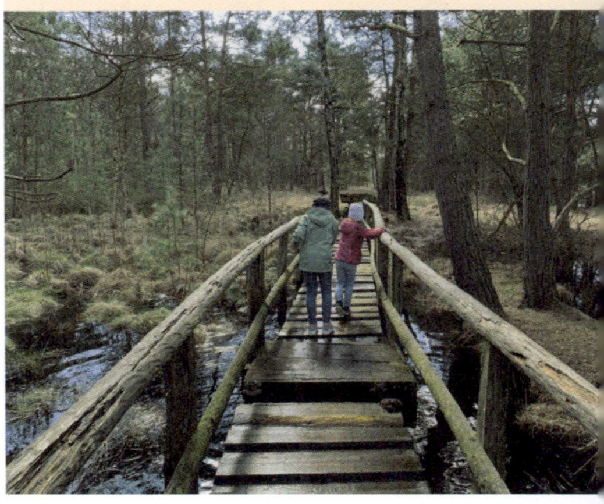

Ich freue mich wie Bolle über diese Fuchsbegegnung, bis ich zu einer ❖ **Grabhügelgruppe** aus der Jungsteinzeit gelange. Die kleinen Hügel in der inzwischen wieder offeneren Landschaft hatte ich mir zugegebenermaßen spektakulärer vorgestellt. Aber auch hier lerne ich wieder mehr von einer Infotafel über die 4000 Jahre alten Gräber und bin dann doch beeindruckt.

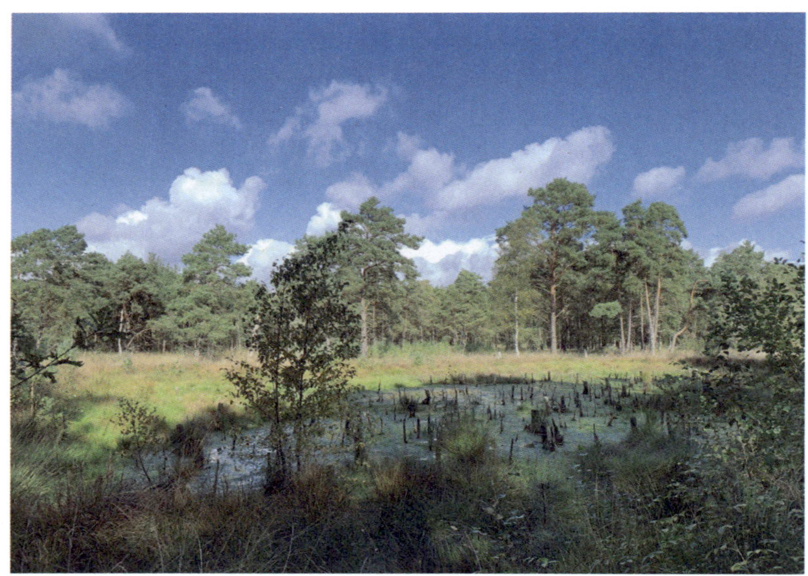

An kleinen Waldgebieten, Feldern und Wiesen vorbei führt mich der Weg zurück in Richtung Großer Bullensee und wieder in das Naturschutzgebiet Großes und Weißes Moor. Es kann nicht mehr weit sein, überlege ich, als ich nach einem kurzen Abschnitt auf der geteerten Straße *Hinterm Bruch* erneut auf Hackschnipselwegen entlanggeführt werde, und freue mich über mein erstaunliches Tempo. Ich bin super in der Zeit. Jeden Moment müsste ich wieder am See ankommen – denke ich jedenfalls, schließlich bin ich jetzt seit etwas mehr als 2 Stunden unterwegs.

Doch zunächst fesselt mich ein wunderschöner Moorsee mit aus dem Wasser herausragenden Baumstümpfen, gleich neben der Rast- und Infohütte, an der der ❖ **Butterweg** wieder auf den eigentlichen Nordpfad trifft. Das dunkle Gewässer wirkt ruhig. Zur Dämmerstunde wäre es die perfekte Kulisse für blutrünstige Verbrechen. Wie viele Leichen hier wohl schon versenkt wurden? Ich suche ganz Miss-Marple-mäßig nach Indizien für einen Mord, kann aber außer Binsengras und Büschen nichts Auffälliges entdecken. Eine Spur zu enttäuscht (muss ich mir Gedanken über meine makabren Ideen machen?) setze ich die Wanderung fort.

Immer weiter führt der Weg mich durch die stille Moorlandschaft. Stetig geradeaus. Je näher ich dem Großen Bullensee komme, desto mehr Menschen begegnen mir wieder. Trotzdem stellt sich mir die Frage: Wann komme ich endlich an? Meine Schultern schmerzen, die müssen sich wohl erstmal an den neuen Rucksack gewöhnen. Außerdem möchte ich einen heißen Kaffee und ein großes Stück Kuchen. Doch dieser Pfad nimmt einfach kein Ende. Ich kann kilometerweit geradeaus schauen. Und kilometerweit zurück. Wird die Strecke vor mir immer länger, oder bilde ich mir das nur ein? Den **Aussichtsturm**, der sicherlich einen traumhaften Ausblick über die Landschaft bietet, lasse ich vorsichtshalber links liegen. Ich muss meine Kräfte einteilen.

Und plötzlich sehe ich ihn, den roten Pfeil auf der Nordpfade-Markierung, der mich an einer unscheinbaren Abzweigung nach links führt. Ja, dies ist endlich die ❖ **Moorerlebniszone**. Ich erkenne ihre schmalen, hellen Wege und weiß, dass der Große Bullensee nun ganz nahe ist. Schnellen Schrittes und voller Vorfreude auf mein persönliches Highlight der Erlebniszone marschiere ich zur Wackelbrücke, die auf Moorwasser schwimmt. Doch heute werde ich enttäuscht. Obwohl es in den letzten Tagen häufig geregnet hat, reicht der Wasserspiegel nicht annähernd an die Wackelbrücke heran. Vermutlich wieder einmal eine Folge des trockenen Sommers. Auch wenn ein Moor sich wie ein Schwamm mit Wasser vollsaugen kann, werden die paar Regenschauer nicht ausgereicht haben, um die ausgetrockneten Speicher wieder aufzufüllen.

Flott gehe ich also weiter zum ❖ **Großen Bullensee**. Das Gewässer spiegelt den Himmel wider und wird von zahlreichen Bäumen und Gräsern umsäumt. Der Anblick ist ein Traum. Aber ich stehe immer noch unter Zeitdruck. Daher löse ich mich von der Natur und gehe zielstrebig zum Auto. Gleich werde ich Kuchen beim Hofcafé »Hartmannshof« kaufen und gepflegt mit meiner Rasselbande zuhause eine schöne Kaffeepause einlegen. Genug gewandert, Zeit für die Familie.

Fazit des Tages: Immer die Augen offenhalten, vielleicht schickt dir Mutter Natur einen Fuchs vorbei.

Strecke: 16,9 km

Dauer: ca. 5 3/4 Std.

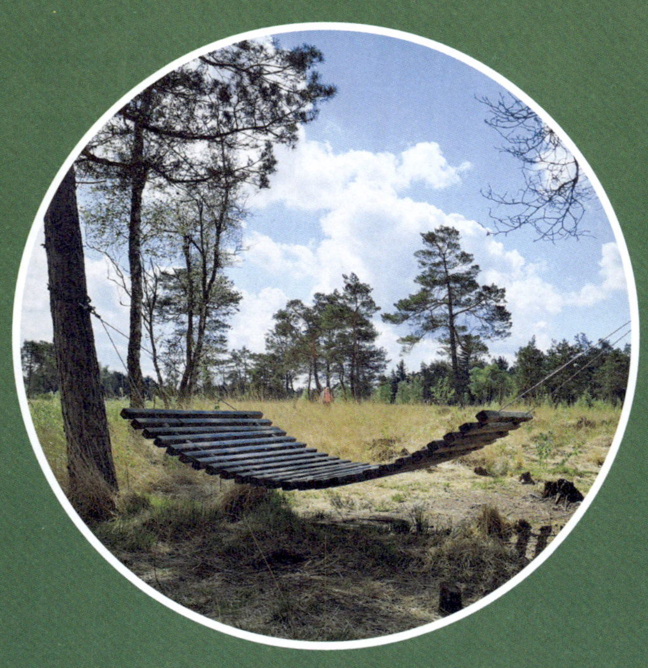

»Börde Sittensen« – Wandern deluxe

Startpunkt 1: 27419 Sittensen, Wassermühle, Mühlenstraße 8

Gespannt warte ich im hellen Schein der Morgensonne auf einer Holzbrücke. Die Oste fließt unter mir entlang und am angrenzenden Mühlenteich vorbei. Ich stehe in der ersten Oktoberhälfte in Sittensen an der wunderschönen alten ❖ **Wassermühle** aus dem 16. Jahrhundert, die inzwischen ein Handwerkermuseum beherbergt, und warte auf meinen Arbeitskollegen Sven. Vor uns liegt eine 16,9 km lange Wandertour und damit ausreichend Zeit, um ausführlich über die Arbeit zu philosophieren … Dies ist mein dritter Nordpfad innerhalb von zwei Wochen und mein insgesamt sechster. Mir bleiben also noch acht Monate Zeit für die restlichen 18 Touren. Kann ich mein ambitioniertes Ziel doch noch erreichen?

Da entdecke ich Sven. Oder vielmehr seinen riesigen Rucksack, den er auf dem Rücken trägt. »Willst du im Wald übernachten?«, begrüße ich ihn scherzend. Und schon inspiziere ich sein gigantisches Gepäck genauer. »Oh wie süß, dein Rucksack hat ja seine Babys mitgebracht«, freue ich mich über zwei seitliche Taschen, die per Reißverschluss am Hauptrucksack befestigt sind. Nachdem ich alle Witze abgefeuert habe, die mir in Anbetracht der Gepäckgröße einfallen, starten wir auf dem Nordpfad »Börde Sittensen«. Ich als »Profi« laufe selbstbewusst voran und erkläre Sven etwas lehrerhaft, wie die Nordpfade-Markierungen aussehen und dass man sich nicht wirklich verlaufen kann. Natürlich werde ich diese Aussage schon in wenigen Kilometern bereuen.

Der Weg führt zunächst quer durch den Ort Sittensen, wo wir auf der Geesterhöhung Strietbarg die im 17. Jahrhundert von der Adelsfamilie Schulte gestiftete und sehr imposante ❖ **St. Dionysus-Kirche** passieren. Anschließend geht es auf dem *Mittelweg* und der *Alten Dorfstraße* durch das Siedlungsgebiet. Auch heute laufen wir entgegen der vom Tourenbegleiter empfohlenen Laufrichtung – nicht absichtlich, eher aus einem Bauchgefühl heraus. Alsbald werden die Häuser weniger. Wir befinden uns auf einer schmalen, von Bäumen gesäumten Straße und plaudern über die Arbeit.

Sowohl Sven als auch ich sind chronische Arbeitstiere. Wir können partout nicht »Nein« sagen, Dienst nach Vorschrift ist für uns unvorstellbar. Das hat natürlich Folgen: Die Überstunden stapeln sich, die gesundheitlichen Probleme auch. Darum haben wir beide uns heute zum »Überstunden abbummeln« verabredet. Das Motto heißt: Therapiewandern.

Gerade diskutieren wir ein paar Prozessabläufe, als mir auffällt, dass wir seit einigen hundert Metern keine einzige Nordpfade-Markierung gesehen haben. Laut Tourenbegleiter müssten wir uns auf dem ❖ **Hochzeitsbaumweg** befinden. Wir schauen uns um und stellen fest: Bäume gibt es hier definitiv. Doch keinen Hinweis auf den Nordpfad. Wir beschließen, zur nächsten Kreuzung zu gehen, denn spätestens dort müsste ja wieder ein Wegweiser auftauchen. Doch dort angekommen, finden wir kein weißes »N« auf orangem Hintergrund. Wir müssen falsch abgebogen sein.

Im Tourenbegleiter heißt es:. »Durch Felder und entlang des Hochzeitsbaumweges mit zahlreichen Apfelbäumen …«. Apfelbäume? Das müssen die Bäume an dem Weg sein, der jenseits des Feldes parallel zu uns verläuft, denn hier bei uns gibt es nur Birken und Eichen. Wir biegen also links ab und befinden uns bald zufrieden vor der gesuchten Nordpfade-Markierung. Hossa! Erleichtert und höchst aufmerksam marschieren wir weiter. Von jetzt an entgeht uns kein Schild mehr. Auch nicht dasjenige, das uns vor freilaufenden Wölfen warnt. »Wenn uns ein Wolf angreift, erschlagen wir ihn einfach mit dem tonnenschweren Monsterrucksack«, scherzen wir und wandern weiter durch die Feldmark.

Nach einiger Zeit führt uns der Pfad in ein schönes Waldgebiet, den ❖ **Burgsittenser Wald**. Viele Baumkronen sind bereits in satte Gold-, Braun- und Gelbtöne getaucht. Der Herbst zeigt sich hier von seiner schönsten Seite. Eine Schutzhütte lädt uns ein, eine Pause einzulegen und unser Frühstück auszupacken. Das ist super, denn nach 1,5 Stunden und knapp 6 km habe ich richtig Hunger.

Und jetzt erfahre ich endlich, was Sven alles mitschleppt: Zunächst kommen praktische Küchenhelfer sowie diverses Besteck zum Vorschein. Es folgt eine Tüte mit Brühwürfeln und Suppen. Anschließend deckt Sven verschiedene Puddingpulver-Sorten, eine 0,5-l-Packung Hafermilch, zwei

Becher, zwei Schüsseln, eine Zimt-Zucker-Mischung und Kaffeepulver auf. Der kleine Tisch ist bereits erschreckend voll. Und dann kommt noch das Highlight: Ein Camping-Kocher nebst Topfset. Dank Sven gibt es heute also ein Frühstück deluxe. Wir kochen Wasser auf und rühren uns einen überraschend leckeren Instant-Grießbrei in der Tasse zusammen. Darauf kommt daumendick das Zimt-Zucker-Gemisch. Mit dem restlichen Wasser bereiten wir uns heißen Kaffee zu und genießen unsere Pause in vollen Zügen.

Mit vollem Magen und Koffein im Blut machen wir uns schließlich wieder auf den Weg. Ich schaue mir den Wegesrand besonders intensiv an. Nicht aus Neugier, nein, mein Beweggrund ist eher körperlicher Natur: Ich muss mal. Bereits vor der Pause drückte die Blase. Jetzt, eine Tasse Kaffee und jede Menge Wasser später, wird es akut, doch nirgends findet sich ein geeignetes Gebüsch. Zügig gehen wir weiter und philosophieren über Campingtoiletten, die in Svens großem Rucksack noch locker Platz gefunden hätten.

Zu unserer Rechten tut sich plötzlich das weitläufige Gebiet des Tister Bauernmoors auf, das über und über mit Binsengras bewachsen ist. Ob ich wohl dazwischen verschwinden kann? In Filmen geht ein Gang ins Moor in der Regel nicht gut aus, und damit mein Kollege keinen Rettungstrupp organisieren muss, halte ich tapfer aus. Abrupt biegt der Nordpfad nach links in ein Waldgebiet ab, während der Hauptweg einen Bogen macht und hinter einigen Büschen verschwindet. Ich wittere meine Chance und verschwinde erleichtert ebenfalls hinter dem Gebüsch. Was ich im Winter machen soll, wenn Bäume und Büsche kahl sind, ist mir noch unklar. Aber darum muss sich mein Zukunfts-Ich Sorgen machen.

Mein Gegenwarts-Ich wandert wieder entspannt an Svens Seite durch den Wald. Zunächst problemlos, doch der Weg wird immer matschiger und nasser. Die nächtlichen Regenschauer haben ihre Spuren hinterlassen. Große Pfützen zwingen uns zum Slalomlauf. Wir springen von Insel zu Insel, rutschen hin und wieder auf dem weichen Untergrund aus und holen uns nasse Füße. So schwierige Wegbedingungen hatte ich bisher noch nie. Wir haben dennoch Spaß. Die Mini-Ozeane und schmalen Inselketten darin wecken unsere Abenteuerlust. Trotzdem sind wir froh, als der Weg wieder wanderfreundlicher wird und uns in die Zivilisation zurückführt.

Wir stehen bald an einem Schild und müssen uns entscheiden: Ein Abstecher ins ❖ **Tister Bauernmoor** oder weiter dem Rundweg folgen? Wir entscheiden uns fürs Moor. Nach ein paar Meter entlang der *Hauptstraße* tut sich zu unserer Rechten ein großer Platz mit einigen Gebäuden auf. Hier gibt es Toiletten (brauche ich jetzt nicht mehr) und ein kleines Café. Zudem hält just ein Bus an und lässt gefühlt hundert Senioren aussteigen. Überall stehen kleine Menschengruppen, und es wirkt richtig trubelig. Nachdem wir bis jetzt kaum Leuten begegnet sind, fühlen wir uns von den Menschenmassen direkt überfordert. Also folgen wir den Wegweisern ins Moor – und sehen sie: die Bahnschienen. Natürlich. Doch heute werde ich mit mehr belohnt. Auf den Schienen schiebt sich eine niedliche Lokomotive entlang. Die kleine ❖ **Moorbahn Burgsittensen** fährt regelmäßig Besucher durch das Tister Bauernmoor. Wir überlegen kurz, ob wir spontan als Schwarzfahrer aufspringen sollen, gehen aber schließlich doch zu Fuß.

Die Landschaft, die sich uns auftut, ist atemberaubend schön. Eine große Moorfläche mit Kiefern, alten Baumstämmen, Wollgräsern, Besenheide,

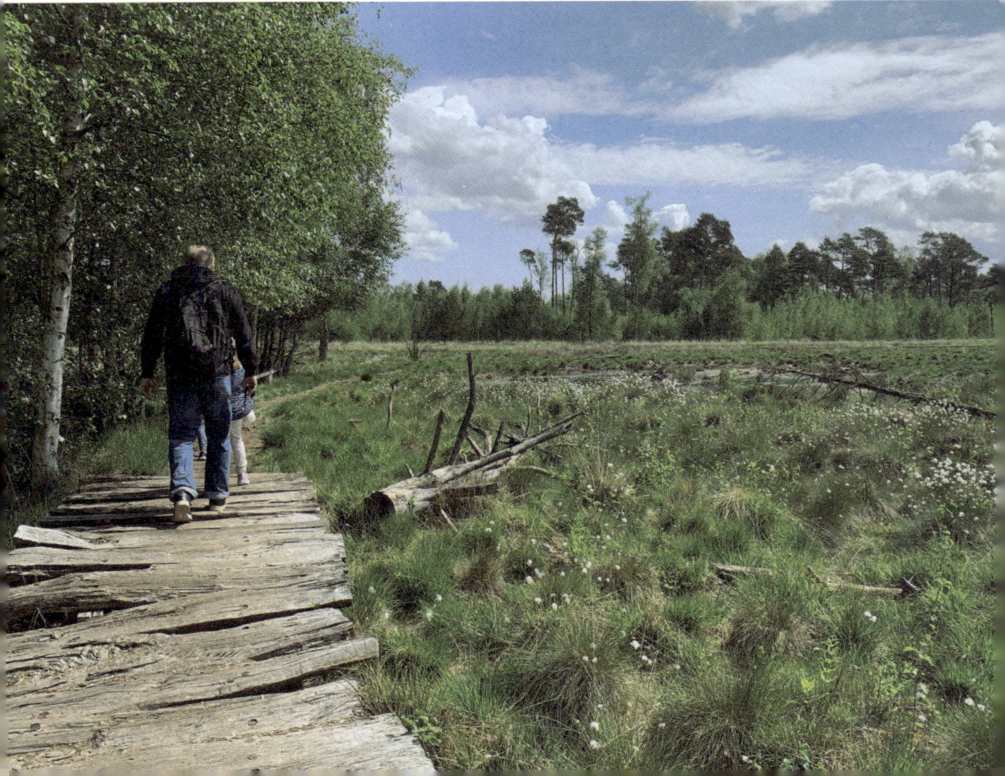

Pfeifengras und Moosen erstreckt sich vor uns. Gespickt ist der Landstrich mit zahlreichen kleinen und größeren Moorseen und der Moorbahn-Trasse. Zahlreiche Touristen nutzen die eigens aufgestellten Bänke, Hängematten und Liegen oder spazieren auf den kleinen Nebenpfaden. Sven und ich kämpfen uns den kompletten Hauptweg bis zum Aussichtsplatz entlang. Ich, mit meiner leichten Höhenangst, besteige die niedrige Aussichtsplattform und Sven den 6,5 m hohen ❖ **Beobachtungsturm**.

Am Aussichtsplatz sitzen viele Fotografen und Hobbyornithologen mit Ferngläsern und Spiegelreflexkameras. Die teuren Ausrüstungen lösen bei mir ein wenig Neid aus. Nur zögerlich wende ich meinen Blick von ihnen ab und widme mich der Landschaft. Vor mir breitet sich eine große Seefläche aus, und zahlreiche Vogelschwärme ziehen darüber hinweg. Ich staune und halte inne. Laut Infotafel ist dies eins der größten Kranichrastgebiete der Region, heute scheinen aber eher Gänse und Enten unterwegs zu sein. Die Vögel – welcher Gattung auch immer – sind so zahlreich vertreten, dass sich der Himmel kurz schwarz färbt, als sie gefühlt alle auf einmal zum Flug aufbrechen. So ein Naturschauspiel sehe ich nicht oft, ich bin richtig ergriffen.

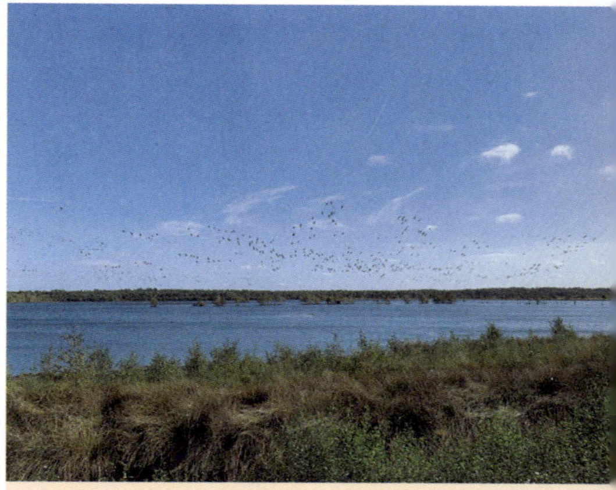

Das Tister Bauernmoor

Seit 1932 wurde im Tister Bauernmoor industriell Torf abgebaut. Doch nachdem das Hochmoor im Jahr 2002 als Naturschutzgebiet ausgewiesen wurde, hat das Moor und die darin lebende Flora und Fauna das Gebiet zurückerobert. Zahlreiche Vogelarten wie Kiebitze und Kormorane ziehen hier wieder ihren Nachwuchs auf, und selbstverständlich ist dieses Moor ein ausgezeichneter Platz für Kranichbeobachtungen.

Das Tister Bauernmoor hat eine Fläche von etwa 570 ha und gehört zum Hochmoorgebiet Ekelmoor. An Wochenenden und Feiertagen in der Saison lässt sich das Hochmoor mit der Moorbahn Burgsittensen erfahren. Diese geführte, etwa 90-minütige Rundfahrt führt zum 6,50 m hohen Beobachtungsturm, der eine traumhafte Aussicht auf das wieder vernässte Areal bietet.

Weitere Infos: www.tister-bauernmoor.de; www.moorbahn.de

Auf dem Rückweg durch das Moor überlegen Sven und ich, ob wir die Gruppe Kinder von einer der Holzhängematten schmeißen und uns selbst drauflegen sollen, entscheiden uns dann jedoch ehrenhaft fürs Weiterwandern. Der Pfad führt uns direkt zum ❖ **Klostergut Burgsittensen**. Das Anwesen bietet neben hübschen Fachwerkgebäuden, Lustgarten und einem Jagdschloss einen Selbstbedienungs-Hofladen. Während wir uns auf dem Gutshof umsehen, sinnieren wir kurz, ob wir unsere Vorräte mit frischen Äpfeln des Burgkontors auffüllen sollen, aber auch hier siegt die Vernunft.

Nachdem wir das Klostergut hinter uns gelassen haben, lenkt uns der Weg nach links an der Oste entlang, die hier noch ein schmaler Bach ist, während sie ab Bremervörde so breit wird, dass sie mit Sportbooten befahren werden kann. Eine Nordpfade-Markierung mit dem Aufdruck »Kuhbach – Oste« verunsichert uns kurzzeitig. Sind wir in ein Wurmloch geraten und plötzlich auf einem anderen Nordpfad gelandet? Oder haben wir erneut eine falsche Abzweigung erwischt? Doch nach einem Abgleich mit dem Tourenbegleiter vermuten wir schlicht ein Versehen bei der Beschilderung.

Weitere Verwunderung löst ein elektrischer Drehschalter aus, der mitten in der Landschaft an einem Holzpfahl neben dem Fluss angebracht ist. Wozu der wohl gehören könnte? Der Schalter steht auf »I«, also »Ein«. Kurz überlege ich, ob ich ihn ausschalten soll, traue mich aber doch nicht. Vielleicht stoppe ich damit die natürliche Rotation der Erde. Unverrichteter Dinge marschieren wir weiter, lassen die Oste sowie die nahebei gelegene Erbbegräbnisstätte der Familie von Schulte hinter uns und folgen für eine Weile dem Verlauf des Burgsittenser Bachs.

An dieser Stelle wird der Weg erheblich schmaler. Wir müssen hintereinander hermarschieren, während uns links und rechts sattgrüne Bäume und Büsche begleiten. Ein Schild weist uns auf die schwierigen Wegverhältnisse hin. An einigen Stellen fällt zu beiden Seiten des Pfades die Böschung steil ab und endet in tiefen Gräben. Wir bemühen uns, nicht abzustürzen, und sind froh, dass kein Glatteis herrscht.

Als wir schließlich die *Waldstraße* und mit ihr wieder gut ausgebaute Wege erreichen, befinden wir uns bereits im – gemächlichen – Endspurt zurück nach Sittensen, vorbei an Wäldern und Feldern. Unsere anfänglich angeregten Diskussionen über die Arbeit sind verstummt. Der Alltag ist in weite Ferne gerückt. Die etwa 15 gelaufenen Kilometer in knapp 4 Stunden haben uns erschöpft, und jeder hängt seinen eigenen Gedanken nach. Unterwegs verspeisen wir einen Snack »to go«, legen kurze Trinkpausen im Stehen ein und genießen noch einmal die Umgebung. Dann erreichen wir wieder das Siedlungsgebiet von Sittensen.

An einer Bank am ❖ **Rastplatz Ostebogen** machen wir ein letztes Mal Halt, essen Müsliriegel und lassen die Wanderung Revue passieren. Mein Blick fällt wieder auf Svens Rucksack. Wieviel der wohl auf die Waage bringt? Sven wird ihn am Ende des Tages zuhause wiegen und mir mitteilen, dass es 16 kg sind, die er die gesamten 17 km des Nordpfads mit sich herumgetragen hat. Respekt! Stöhnend und ächzend stehen wir auf und bewältigen die letzte Etappe, vorbei am grünen ❖ **Heimathausgelände** von Sittensen mit seinen reetgedeckten Fachwerkgebäuden, das wir in unserem erschöpften Zustand leider nur im Vorbeigehen bewundern können.

Nachdem wir wieder am malerischen Mühlenteich mitsamt der ❖ **Wassermühle** angekommen sind, stellen wir inmitten einer Gruppe schnatternder Enten mit Schrecken fest, dass es bereits früher Nachmittag ist. Ein langer, fast 5-stündiger Wandertag liegt hinter uns, und wir sind müde. Für unsere Probleme bei der Arbeit konnten wir aber immerhin zwei, drei gute Lösungsansätze entwickeln. Doch die Umsetzung kann bis Montag warten. Zuhause freut sich schon meine Familie auf mich – und ich mich auf ein ruhiges Wochenende zu viert.

Fazit des Tages: Wandern ist viel besser als Arbeiten, besonders wenn man Grießbrei dabei hat.

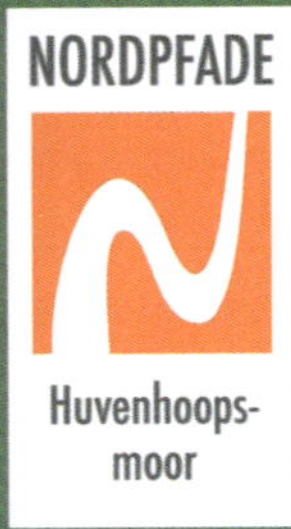

Strecke: 14 km

Dauer: ca. 4 3/4 Std.

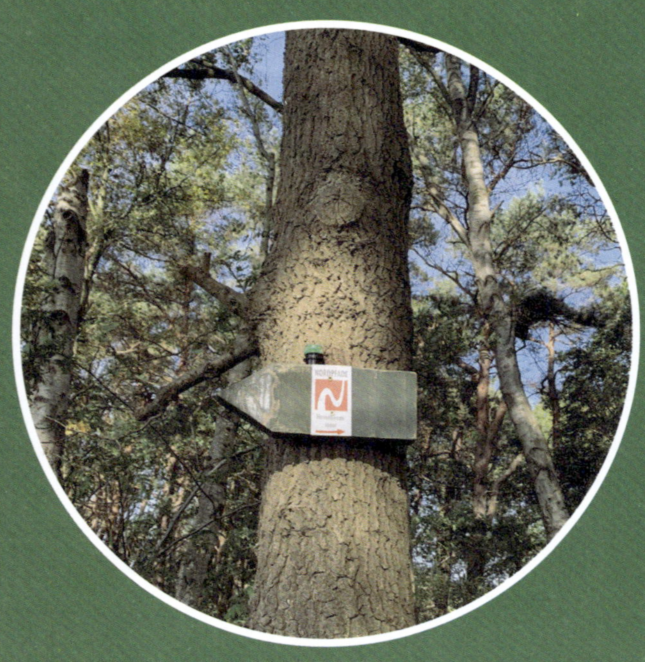

»Huvenhoopsmoor« – Sängerin trifft Grus grus

Startpunkt 1: 27442 Glinstedt, Glockenturm, Falkenbergstraße

Vor rund einer halben Stunde war ich total in der Morgenroutine, habe Brote geschmiert, die Kinder sanft in den Tag befördert und die Jüngste beim Kindergarten abgesetzt. Soweit ein typischer Montag im Oktober. Aber jetzt stehe ich in Glinstedt und schultere meinen Wanderrucksack für den Nordpfad »Huvenhoopsmoor«. Heute stehen entspannte 14 km Wanderung auf dem Plan. Trotz Regenankündigung streckt die Sonne bereits ihre ersten zarten Strahlen nach mir aus. Der Wandergott ist offenbar auf meiner Seite.

Ich starte beim ❖ **Glockenturm Glinstedt** – einem Holzgerüst, das eine mehr als 500 Jahre alte Betglocke namens »Gertrud« trägt – und überquere die *Zevener Straße*, um dann der *Huvenhoopstraße* durch die Ortschaft zu folgen. Hier ist es vor allem laut, denn auf zahlreichen umliegenden Höfen sind die Landwirte mit ihren Traktoren bei der Arbeit. Mir ist es viel zu trubelig, ich brauche morgens Stille und möchte für mich sein. Den Wunsch werde ich später noch bereuen, denn der Weg führt schnell aus dem Ort heraus und dann am Rand der ❖ **Sandgrube** nach Nordwesten in Richtung ❖ **Barkhauser Moor**, wo ich einsamer sein werde, als mir lieb ist.

Ich bin noch keine 2 km an Wiesen und Wäldchen entlanggelaufen und gerade mal eine halbe Stunde unterwegs, als wieder einmal mein Magen lautstark auf sich aufmerksam macht: Ich habe Hunger. Ich esse also im Gehen eine vegetarische Salami im Brot – mein heutiges Frühstück. Und ja, über das Für und Wider von fleischnachahmenden Ersatzprodukten könnte man jetzt streiten … Will ich aber nicht. Mein Hunger ist jedenfalls vorerst befriedigt, und ich wandere weiter auf dem in herbstlichen Farben erstrahlenden Feldweg.

Plötzlich erregt etwas Braunes, Fellartiges auf der Weide neben mir meine Aufmerksamkeit. Liegt da ein Wildschwein? Ich bleibe stehen und halte die Luft an. Mein Herz rast. Was, wenn es mich entdeckt und angreift? Ich behalte das Tier genau im Auge. Und stutze. Das Fellbündel scheint genauso wenig zu atmen wie ich. Ganz wie der Tierfilmer Andreas Kieling schleiche ich näher heran, stets bereit, die Flucht zu ergreifen oder ein bahnbrechendes Naturvideo zu filmen. Und dann erkenne ich, was mich so in Atem gehalten hat: Ein alter Misthaufen. Oh Mann, und deswegen mache ich mir fast ins Hemd.

Kurz nach diesem unspektakulären Abenteuer erreiche ich eine große ehemalige ❖ **Torfabbaufläche**. Ein schwerer, erdiger Geruch liegt in der Luft. Der Boden ist dunkel und weich wie frische Blumenerde. Jeder Schritt federt. Das Laufen macht richtig Spaß, allerdings fühle ich mich hier, umgegeben von den vielen weiten Moorseen, auch ein bisschen unwohl. Ein nahezu rechteckiger See reiht sich an den nächsten, jeder eingefasst von dichtem Baumbestand. Eine schaurige Kulisse, die meine Fantasie zu Höchstleistungen anregt. »Deine Leiche ist schneller im See verschwunden, als du M-Ö-R-D-E-R buchstabieren kannst«, macht mein Hirn mich fertig. Plötzlich knackt es rechts von mir, und zwei Rehe schießen aus dem Gebüsch. Mein Schreckensschrei jagt die armen Tiere sofort weiter.

Trotzig stapfe ich voran und versuche, den Anblick der zahlreichen Seen, die ersten Herbstfarben und das tolle Wetter zu genießen. Und irgendwann gelingt es mir auch. Ich lasse das wunderschön-gruselige Moor hinter mir und entdecke »Zivilisten«: Landwirte mähen ihre Wiesen, wahrscheinlich zum letzten Mal in diesem Jahr. Der herrliche Geruch des frisch geschnittenen Grüns entspannt meine strapazierten Nerven. Ich folge der Beschilderung in Richtung ❖ **Hinter den Höfen**, und die Strecke führt mich an vereinzelten Bänken, weiten Feldern und kleinen Wäldchen entlang.

Der Blick auf die Landschaft lässt mich abschalten. Ich genieße die Herbstsonne, höre Kraniche vorbeiziehen, beobachte ein fleißiges Eichhörnchen und biege schließlich nach rechts ab, um die kleine Siedlung Forstort-Anfang zu passieren. Der Weg ist hier wirklich wunderschön. Meine vorherigen Horror-Gedanken waren vollkommen unbegründet und irrational.

Ich überquere die Straße *Forstort-Anfang*, um auf dem Weg *Hinterm Seeholz* zum ❖ **Naturschutzgebiet Huvenhoopsmoor** zu gelangen. 4,5 km bin ich schon gegangen, in gut 1 Stunde. Hier entscheide ich mich aufgrund

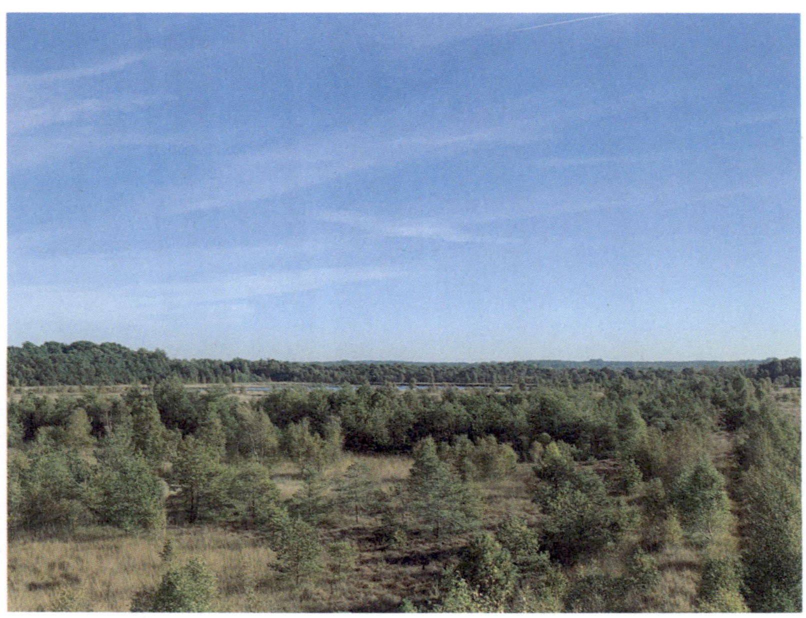

des schönen, nahezu wolkenfreien Himmels für einen Abstecher zum ❖ **Moorturm**. Ich rede mir und meiner Höhenangst ein wenig Mut zu und erklimme dann das hölzerne Bauwerk. Auf den Treppen habe ich das ungute Gefühl, dass der Turm wackelt. Doch oben angekommen werde ich mit einem beeindruckenden Panorama-Blick über die flache Moorlandschaft des wieder vernässten Huvenhoopsmoors belohnt. Wie schön ruhig es hier ist, wie weit ich schauen kann … Hier fühle ich mich frei und unbeschwert. Es ist, als hätte jemand den Moment eingefroren und die Zeit angehalten.

Nach einer gefühlten Ewigkeit höre ich Schritte. Ein Pärchen gesellt sich zu mir. Wir begrüßen uns mit einem leisen »Hallo«. Behutsam nehmen die beiden auf der Bank neben mir Platz. Hin und wieder flüstern sie sich zu, was sie entdeckt haben. Kurze Zeit später gesellt sich eine ältere Dame zu uns. Im Aussichtsturm herrscht eine andächtige Stille, die keiner stören möchte. Obwohl wir uns nicht kennen, sind wir gerade eine Gemeinschaft, mit einem gemeinsamen Ziel: den Augenblick genießen. Schweren Herzens ermahne ich mich nach einer Weile zum Aufbruch.

Auf meinem Weg in Richtung ❖ **Rastplatz Seeholz** höre ich wieder Kraniche. Das trötende Geräusch wird zunächst lauter und ebbt dann ab; ein Waldgebiet versperrt mir offenbar den Blick auf die stolzen Vögel. Mein Weg führt mich in ein schönes Waldgebiet, wo ich einigen Pilzsammlern und Gassi-Gehern mit ihren Hunden begegne. Dann biegt die Route nach links ab und führt mich zu der Grube am ❖ **Steinberg**, in der auch heute noch Kalksandstein abgebaut wird. Winzige Förderbänder ragen aus dem riesigen Abbaugebiet, das die umgebende Landschaft zu verschlingen droht.

Im Wald gegenüber entdecke ich ein äußerst professionell aussehendes Tipi, in dem augenscheinlich jeder Nordpfade-Wanderer eine Pause machen kann. Was für eine schöne Idee! Ich habe aber gerade erst auf dem Moorturm pausiert und wandere weiter, tiefer in den Wald. Der Pfad ist hier sehr schmal, an manchen Stellen muss ich mich sportlich unter den Zweigen hindurch bücken. Nachdem ich den Wald hinter mir gelassen habe, gehe ich an einem Feldweg entlang, der von alten Eichen gesäumt ist. Aus unerfindlichen Gründen versetzt mich der Anblick der knorrigen Bäume in meine Kindheit zurück. Vielleicht liegt es auch am erdigen Geruch?

Vor meinem inneren Auge sehe ich mich Baumhäuser bauen, Laub für ein bequemes Bett anhäufen und Zweige als Sichtschutz anbringen – immer begleitet von meinem großen Bruder, dem Baumhausbauexperten schlechthin. Wochenlang haben wir als Kinder an unseren Bauwerken gearbeitet, bei Wind und Wetter – unterstützt von den Abenteurer-Tipps aus dem Micky Maus-Magazin und von MacGyver. Wir waren echte Outdoor-Spezialisten. Wo sind mein Vertrauen und die Verbundenheit zur Natur eigentlich hin? Inzwischen sehe ich an jeder Eiche allergieauslösende Eichenprozessionsspinner und erfriere, wenn ich im Winter länger als zwei Stunden am Stück draußen bin. Erwachsensein ist blöd in dieser Hinsicht. Aber vielleicht bringen die Nordpfade mich wieder ein Stück zurück zu meiner früheren Naturverbundenheit?

Ich setze meinen Weg am Rande des Huvenhoopsmoors fort, vorbei am kleinen Wäldchen ❖ **Seegen** und über die *Landstraße L 122*, zum ❖ **Turnierplatz Glinstedt**. Hier entdecke ich weder Pferde noch Reiter, dafür aber einen Geocache, der an dieser Stelle versteckt ist. Ich freue mich über mei-

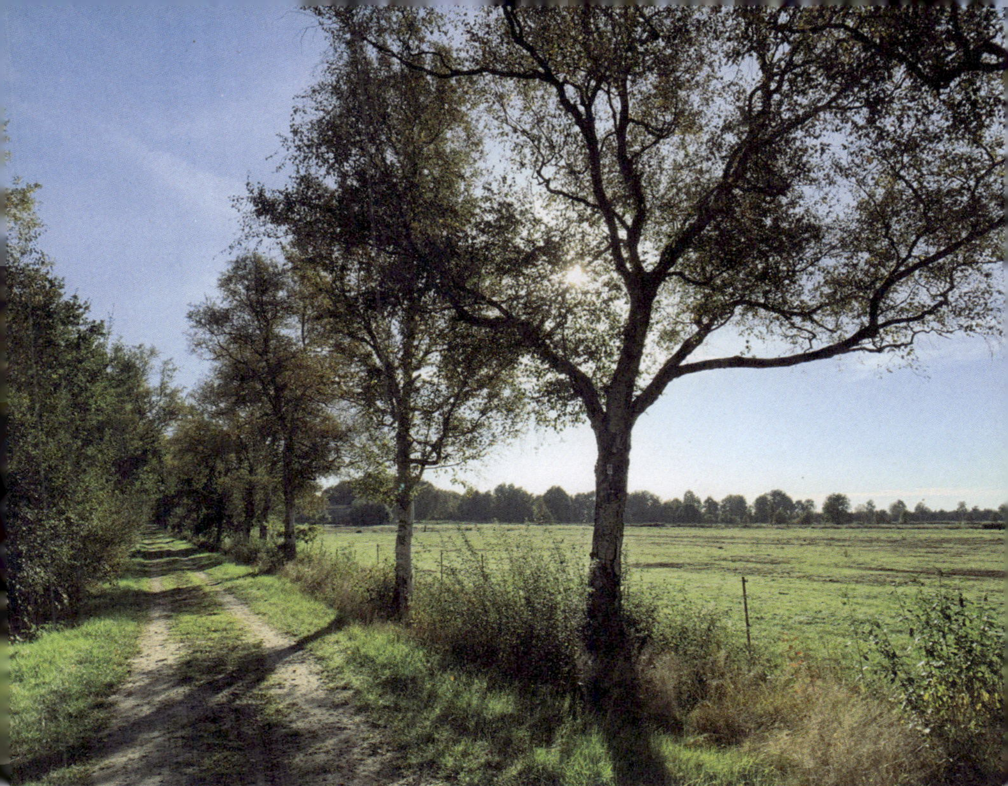

nen zufälligen Fund und platziere den »Schatz« wieder in seinem ausgebufften Versteck. Dann lasse ich den Turnierplatz links liegen und wandere weiter Richtung Ehnblecksmoor. Links vom Weg liegt ein dichtes Gebüsch. Hier duftet es eindeutig nach Maggi. Der feinwürzige Geruch könnte ein Hinweis darauf sein, dass A) Liebstöckel am Wegesrand wächst, B) jemand im Gebüsch eine Suppe kocht oder C) sich in der Nähe Wildschweine befinden. Weil die dritte Variante am wahrscheinlichsten ist, fange ich vorsichtshalber an, zur Abschreckung der Tiere zu singen: »In München steht ein Hofbräuhaus, doch Freudenhäuser müssen raus …«, schmettere ich laut vor mich hin. Eine direkte Begegnung mit den imposanten Tieren möchte ich auf jeden Fall vermeiden, denn egal ob Keiler oder Bachen, beide können Menschen lebensgefährliche Verletzungen zufügen. Und falls doch jemand im Gebüsch eine harmlose Suppe gekocht haben sollte, entschuldige ich mich hiermit in aller Form für die schlechte Showeinlage.

Leben im Moor

Das 1373 ha große Huvenhoopsmoor ist ein Ausläufer des Teufelsmoors und wurde seit dem 19. Jahrhundert kommerziell für die Torfgewinnung genutzt. Da jedoch Teilbereiche des Moores frühzeitig als Naturschutzgebiete ausgewiesen wurden, sind trotzdem viele Areale zu finden, die vom Torfabbau unberührt und naturbelassen geblieben sind. Das Hochmoor mit dem Huvenhoopsee bietet unter anderem Lebensraum für Kraniche, Graugänse, Baumfalken und zahlreiche Libellenarten.

Das Moor kann von einem Moorturm oder auf einem rund 2 km langen »Moorerlebnispfad« erkundet werden, der etwa 1,6 km vom Nordpfad entfernt liegt. Weitere 2,4 km von hier, im 1828 gegründeten Augustendorf, befindet sich der »Historische Moorhof«, der spannende Einblicke in den Alltag der damaligen Moorbauern bietet.

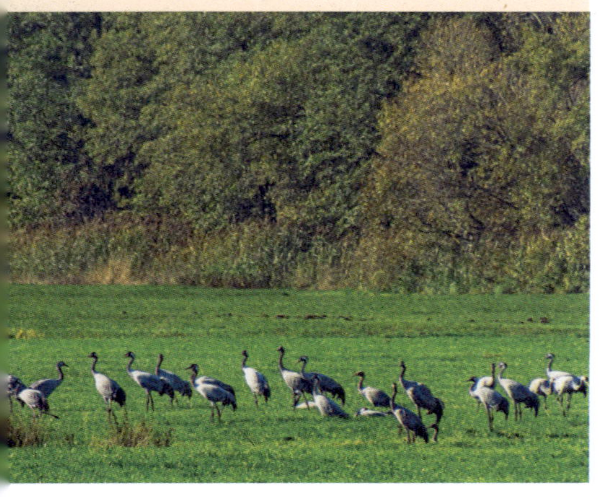

Nach einer Weile wird der Weg gebüsch- und sichtlich wildschweinfrei, und ich kann meine Gesangskünste getrost wieder einpacken. Natürlich nicht, bevor mich eine Radfahrerin von hinten überholt und ein aus vollem Herzen geschmettertes »Skandal um Rosi« zu hören bekommt. Die Radfahrerin sucht schnell das Weite. Ich kann es ihr nicht verübeln.

Auf der offenen Fläche unterwegs zum ❖ **Ehnblecksmoor** brennt die Sonne. Weit und breit ist kaum eine Wolke zu sehen. Mein Wanderglück ist perfekt. Ich kaue im Gehen auf einem Schokoriegel herum und genieße den Pfad. Schokolade, Sonne, Ruhe – was will man mehr? Die Stille wird jedoch bald unterbrochen. Schon wieder höre ich Kraniche, und mit jedem Schritt klingen sie lauter. Auf dem Feld vor mir stehen die Schreitvögel in großer Zahl und tröten vor sich hin. Kraniche tragen den wissenschaftlichen Namen »Grus grus«, der mich an die »Gurugurus« erinnert – die wohlschmeckenden Vögel, die Obelix in Amerika für sich entdeckte. Und obwohl es sich bei Obelix' Leckerbissen um Truthähne handelte, hat der Vergleich etwas für sich, denn im Mittelalter bekam der Adel zuweilen einen saftigen Kranichbraten auf den Tisch. Heute ist das aufgrund des Artenschutzes natürlich nicht mehr erlaubt.

Für einen halben Kilometer folge ich der *Gravesstraße* zum ❖ **Falkenbergsmoor**, das allerdings inzwischen entwässert ist und landwirtschaftlich genutzt wird. Eine Weile später halte ich am ❖ **Rastplatz Falkenberg**. Langsam bin ich erschöpft. Kein Wunder, schließlich bin ich in den letzten 3 Stunden mehr als 11 km gelaufen. Ein Apfel soll neue Energie bringen. Noch während ich pausiere, sende ich ein Selfie über Instagram in das World Wide Web – und ärgere mich im gleichen Augenblick über diese blöde Angewohnheit. Nicht jeder muss in Echtzeit erfahren, was ich gerade unternehme. Und schwupps checke ich auch noch schnell meine Arbeits-E-Mails. Böse! Aus! Was stimmt mit mir nicht? So geht das nicht weiter. Ich nehme mir für zukünftige Wanderungen vor, das Telefon nur noch für Fotos und wirklich dringende Anrufe von meiner Familie zu verwenden. Ob ich das durchhalte? Wir werden sehen.

Nach weiteren 3 km bin ich wieder am Startpunkt angelangt. Die Landschaft auf den letzten Metern ist landwirtschaftlich geprägt. Links und rechts von mir arbeiten Bauern auf ihren Traktoren, eine Biogasanlage summt leise vor sich hin. Ich begegne wieder ein paar Gassi-Gehern mit ihren Hunden, ansonsten bleibt der Weg bis nach Glinstedt ereignislos und ruhig. Leicht wehmütig trete ich die Heimreise an und träume von dem Panorama, das sich mir beim Aussichtsturm im Moor geboten hat. Könnte doch bloß jeder Tag so entspannt sein … Bleibt nur noch eine Frage: Wo waren heute eigentlich die Bahnschienen?

Fazit des Tages: Genieße den Moment und lass' die Finger vom Handy.

Gewanderte Variante:
Rundtour ab Riepholm

Strecke: 10,8 km

Dauer: ca. 3 ½ Std.

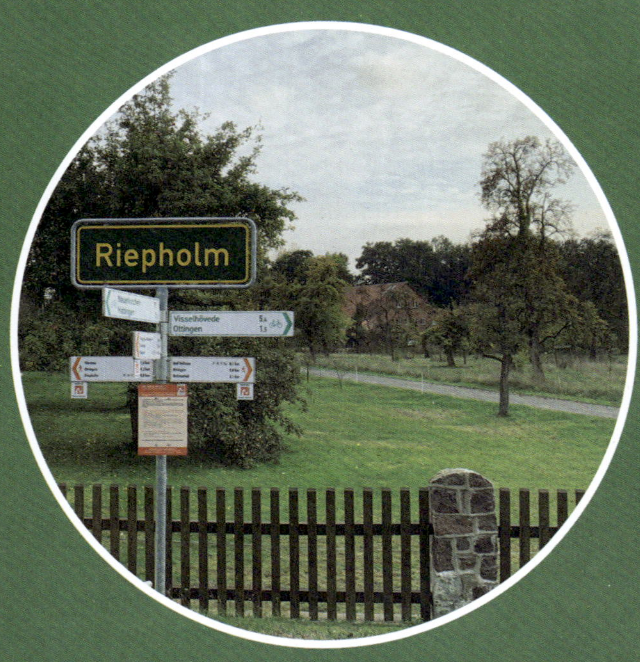

»Riepholm – Gilkenheide« – Feierabend-Quickie

Startpunkt 1: 27374 Visselhövede, ehemaliger Discounter, Feldstraße 4–6

Schlechtgelaunt klappe ich Mitte Oktober den Laptop zu. Dies ist mein letzter Tag vor meinem Urlaub, und ich sollte vergnügt aus dem Büro hüpfen, mit Konfetti werfen und mich auf meine fünf freien Tage freuen. Stattdessen habe ich eine lange Liste von Aufgaben, die ich trotz Urlaub abarbeiten muss. Dabei war der Tag mit einer sinnlosen Stunde im Stau und einem Meeting-Marathon ohnehin schon blöd. Und weil es derzeit keine richtige Urlaubsvertretung gibt, weiß ich jetzt schon, dass sich während meiner Abwesenheit noch mehr Aufgaben auf meinem Schreibtisch ansammeln werden. Dazu kommen meine privaten Verpflichtungen: Zwei feste Ehrenämter, die Leitung einer Arbeitsgruppe und natürlich die Familie, die zu Recht auf gemeinsame Zeit besteht. Und kein Ende in Sicht. Gerade gestern wurde ich um die Mitarbeit in einem weiteren Ehrenamt gebeten. Natürlich: Ich muss das nicht alles tun und könnte stattdessen einfach mal »Nein« sagen. Leider scheint das für mich ein Fremdwort zu sein …

Missmutig mache ich mich also am frühen Nachmittag bei bewölktem, aber regenfreiem Himmel auf zum südlichsten aller Nordpfade, »Riepholm – Gilkenheide«, der laut Internet in ❖ **Visselhövede** startet und auf einem 10,8 km langen Rundweg durch flache Geestlandschaften führt. Eigentlich würde ich ja lieber nach Hause fahren und mich ins Bett legen. Doch die Vogel-Strauß-Methode hat noch keinem geholfen.

Ich parke in der Ortschaft zwischen ein paar Wohnhäusern nahe der *Bundesstraße B 440*. Keine sechs Meter von mir entfernt entdecke ich auch den Nordpfade-Wegweiser. Doch was ist das? Warum steht dort nur ❖ »**Zuweg**«? Das hier ist doch der offizielle Startpunkt, oder? Ich schaue in den Tourenbegleiter und muss seufzend feststellen, dass der eigentliche Rundweg tatsächlich erst in knapp 2 km startet. Das kommt davon, wenn man sich nur flüchtig vorbereitet. An großen Biogasanlagen und schlimm stinkenden, güllebedeckten Feldern vorbei grummele ich mich miesepetrig den Weg entlang. Unglaublich, dass mir keine persönliche kleine Comic-

Gewitterwolke folgt. Meine schlechte Laune reicht für zwei. Oder wie Findus zu Petterson sagen würde: »Du bist ja noch saurer als Sauerkraut.«

Vor mich hin gärend folge ich dem Feldweg, bis ich nach einer halben Stunde endlich am offiziellen Rundweg ankomme. Der Wegweiser zeigt hier in drei Richtungen: zurück zum Startpunkt, von dem ich gerade komme, rechts nach Ottingen und links nach Delventhal. Ich entscheide mich für letzteres und versinke zunächst in einem dichten Mischwald. Hier höre ich Vögel zwitschern, die Blätter der Buchen und Eichen rauschen sacht, und das erste Herbstlaub knistert unter meinen Füßen. Mein Puls fährt tatsächlich herunter. Meine schlechte Laune fällt der positiven Wirkung des Waldes zum Opfer. Nicht umsonst ist »Waldbaden« besonders in Japan der Trend schlechthin, erst recht seit Corona. Ich persönlich halte zwar nichts von Esoterik, kann aber den beruhigenden Einfluss, den ein Waldspaziergang auf mich hat, nicht leugnen. Ich atme tief ein und langsam aus. Eine Erkenntnis macht sich in mir breit: So wie bisher kann ich auf Dauer nicht weitermachen.

Ich grüble hin und her, während ich durch den Wald schlendere. Zwischendurch fische ich mir einen Kraftriegel aus dem Rucksack. Schlechte Laune macht schließlich hungrig. Den Weg beachte ich kaum. Ich bin ganz in meiner eigenen Gedankenwelt und suche Auswege aus meiner zum Großteil selbstgemachten Misere. Und noch bevor ich den Wald verlasse und auf einen roten Schotterweg abbiege, wächst die Einsicht in mir: Ich muss öfter »Nein« sagen. Und damit fange ich gleich jetzt an. Entgegen meiner selbst auferlegten Enthaltsamkeit zücke ich mein Handy (zu meiner Verteidigung: es ist praktisch ein Notfall) und sage das mir angebotene dritte Ehrenamt ab. Ich fühle mich sofort erleichtert und beschließe, das »Nein«-Sagen weiter zu üben.

Zwischen Wiesen und Feldern führt mich der Weg an ❖ **Delventhal** vorbei. Ich passiere ein wunderschönes altes Gehöft und erreiche kurz darauf das Gebiet der ❖ **Gilkenheide**. Tastsächlich ist hier aber keine Heidefläche zu sehen, Wald und Ackerland dominieren das Landschaftsbild. Nachdem ich das Ehrenamt abgesagt habe, fühle ich mich besser und kann meine Umgebung endlich genießen. Ich beobachte sie nun genauer und freue

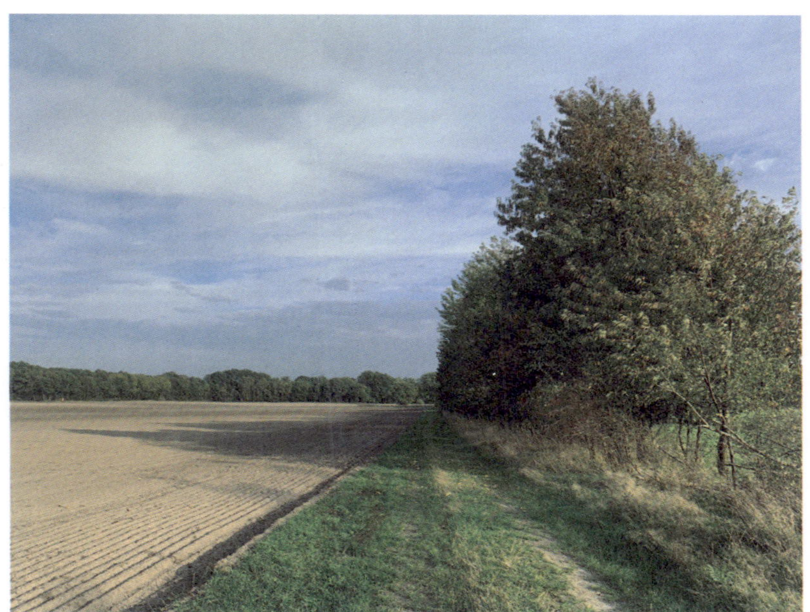

mich über Pilze aller Art, wobei ich nur den Fliegenpilz sicher benennen kann. Am Wegesrand im Wald finde ich außerdem zahlreiche Holzstapel, ein paar Steinhaufen und – warum auch immer – Zwiebeln.

Von nun an führt der Weg nach Riepholm, vorbei an Feldern, Wiesen und Waldrändern. Ich merke bereits jetzt, nach nur 1 Stunde und 3 km auf dieser Route (zuzüglich Zuweg), dass ich müde bin. Auch eine kleine Pause mit Müsliriegel kann mich nicht richtig aufbauen, der Tag hat stark an mir gezerrt. Doch da ich schon mal hier bin, setze ich meine Wanderung auf einem grasbewachsenen Feldweg fort. Zur Belohnung schiebt sich die späte Nachmittagssonne zwischen den Wolken hindurch und scheint mir ins Gesicht. Ich atme die milde Luft tief ein und versuche weiter, loszulassen und mich an der Natur zu erfreuen. Die ❖ **Hügelgräber** aus der Bronzezeit, von denen ich im Tourenbegleiter gelesen hatte, scheine ich allerdings verfehlt zu haben, denn da vorne erkenne ich bereits die Ortschaft Riepholm.

Wenig später stehe ich an Bahnschienen und bin hocherfreut, meine treuen Nordpfade-Begleiter hier wieder anzutreffen. Diese Schienen sind offensichtlich für »echte« Züge, und zwar für die Strecke Uelzen–Langwedel, wie ich später in Erfahrung bringe. Es ist, als wolle der Nordpfad mich mit Bahnschienen versöhnlich stimmen. Ich folge ihnen für mehrere hundert Meter und überquere sie dann, um nach ❖ **Riepholm** zu gelangen.

Dort angekommen, stehe ich vor einer Entscheidung. Das Nordpfade-Schild weist wieder in drei Richtungen: nach links, nach rechts und zurück dahin, wo ich herkomme. Kein Hinweis verrät mir, welcher hier der Hauptweg ist und welcher eine Routenvariante. Allerdings zeigt ein ebenfalls vorhandenes Radweg-Schild, dass rechter Hand in 5,4 km Visselhövede zu erreichen ist, während der linke Weg zur Warnau führen soll. Letzterer muss also der Haupt-Nordpfad sein, denn der kreuzt den kleinen Fluss. Da ich schon seit bald 2 Stunden unterwegs bin, 4,5 km Wanderung plus 2 km Zuweg hinter mir habe und so langsam nach Hause möchte, fällt meine Entscheidung schnell. Ich sage »Nein« zur langen Route und wähle den kurzen Weg zurück. Für heute reicht ein Wander-Quickie, und ich wandere damit – wie ich später im Tourenbegleiter nachlese – die Sechs-Kilometer-Variante des Nordpfads, die die ❖ **Warnau**, weitere Wälder der Gilkenheide und den kleinen Ort ❖ **Ottingen** auslässt.

Vorbei am Schul-Bauernhof des wunderschönen ❖ **Hof Wilkens** und einem idyllischen kleinen Rastplatz führt mich die Route parallel an den Bahnschienen entlang. Der zugewucherte Weg schaut im späten Nachmittagslicht verwunschen aus, wie aus einem Astrid Lindgren-Roman. Ich träume ein wenig vor mich hin und fasse einen Entschluss, den ich noch am gleichen Abend umsetzen werde: Ich reiche für nächstes Jahr einen Monat meiner verbleibenden Elternzeit ein und nehme mich in den Sommerferien für vier Wochen komplett raus aus dem täglichen Arbeitsleben. Die Sommertage möchte ich mit den Kindern genießen und meinen Herzensprojekten widmen. Vielleicht gehe ich wandern? Ich bin gespannt, ob alles funktionieren wird, und vor allem, ob ich wirklich abschalten kann. Jetzt schon macht sich ein weiteres Gefühl der Erleichterung breit.

Erneut begegne ich den Bahnschienen, die ich hier wieder überqueren muss. Direkt dahinter liegt ein Feld mit bunten Blumen. Eine Infotafel erklärt, was es damit auf sich hat: Dies ist keine klassische Wildblumen-Wiese für Bienen und Schmetterlinge, sondern ein sogenannter Modell-Acker. Hier wird erforscht, welche Kulturen auch in Zukunft mit den Folgen des Klimawandels klarkommen können. Somit wächst hier vielleicht die Alternative zu den immer häufiger vertrocknenden Maispflanzen. Das Hinweisschild lädt mich außerdem ein, den hier angelegten Riepholmer »Lehrpfad Landwirtschaft« zu begehen. Ich lehne dankend ab, vielleicht an einem anderen Tag. Heute bin ich viel zu müde – und lerne schließlich gerade, im richtigen Moment »Nein« zu sagen.

Der Lehrpfad Landwirtschaft

Der Riepholmer »Lehrpfad Landwirtschaft« führt auf 800 m durch einen Modell-Acker mit unterschiedlichen Pflanzenkulturen. Infotafeln geben Auskunft zu den angebauten Feldfrüchten, deren Besonderheiten, zur Fruchtfolge sowie zur Landwirtschaft in Deutschland. Zusätzlich werden die Themen Klimaschutz und Biodiversität sowie die Geschichte der Landwirtschaft beleuchtet.

Der Pfad verläuft parallel zur Variante des Nordpfads »Riepholm – Gilkenheide«, nördlich der Bahnstrecke Uelzen–Langwedel.

Weitere Infos: www.modell-acker.de

Alsbald erreiche ich wieder den ❖ **Zuweg Richtung Visselhövede**. Ich folge ihm schlendernd, bis ich auf einen jungen Mann treffe, der gerade sein Buch zuschlägt, von einer Bank aufsteht und in die gleiche Richtung geht wie ich. Ich habe ausschließlich Augen für sein Buch. Mit dem grünen Einband schaut es interessant aus. Ich versuche verzweifelt, einen Blick auf den Titel zu erhaschen. Immer schneller werden meine Schritte, aber der Mann legt ebenfalls einen Zahn zu. Er scheint sich verfolgt zu fühlen. Leider hat er mit seinen langen Beinen einen entscheidenden Vorteil und hängt mich nach kurzer Verfolgungsjagd ab. Schade.

Dafür stehe ich wenigstens in Rekordzeit wieder bei meinem Auto. Die geschafften gut 10 km spüre ich nun aber so richtig und steige erschöpft ein. Jetzt schnell nach Hause und ab ins Bett.

Fazit des Tages: Einfach mal öfter »Nein« sagen.

Strecke: 18,1 km

Dauer: ca. 6 Std.

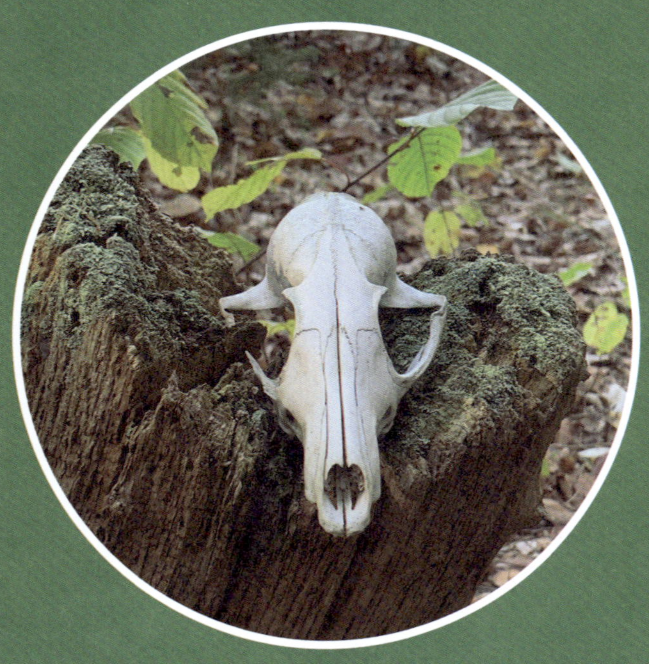

»Timke-Wälder« – Therapie mit Feuerwehrbesuch

Startpunkt 1: 27412 Kirchtimke, Willenbrocks Gasthaus, Hauptstraße 16

Heute, an einem Samstagmorgen in der zweiten Oktoberhälfte, wandere ich wieder mit meinem Arbeitskollegen Sven. Wir treffen uns vor »Willenbrocks Gasthaus« in Kirchtimke und wollen den 18,1 km langen Nordpfad »Timke-Wälder« bezwingen. Ein spontaner Entschluss, den wir erst am Abend zuvor gefasst haben. Was die Entscheidung erheblich erschwert hat, waren die Wetterberichte: Von Starkregen über Hagel und Gewitter bis hin zu strahlendem Sonnenschein war alles dabei. Also hieß es: Mutige voran!

Voll guter Laune machen Sven und ich uns auf den Weg – bei zartem Sonnenschein. Langsam glaube ich an eine Verbindung zwischen den Nordpfaden und dem guten Wetter. Anscheinend möchte jemand, dass ich die wunderschönen Routen erkunde, und hält den Regen fern. Dass ich dadurch seit mindestens fünf Touren meine Regenhose grundlos kilometerweit mit mir herumtrage, ist da nur ein kleiner Wermutstropfen.

Sven und ich entscheiden uns kurzerhand, entgegen der Richtungsempfehlung des Tourenbegleiters zu laufen. Vorbei an der ❖ **St.-Lambertus-Kirche** folgen wir der *Hauptstraße* und der *Kurzen Straße*, bis wir ❖ **Kirchtimke** hinter uns lassen. Zunächst ist die Landschaft offen und ermöglicht einen freien Blick. Das trockene Laub unter unseren Füßen raschelt bei jedem Schritt. Die Aussicht über die grünen Wiesen, die noch vom letzten morgendlichen Nebel eingehüllt sind, lenkt unser Gespräch schnell auf naturnahe Themen. Statt über die Arbeit reden wir über Outdoorabenteuer, Zelten, Schlafen in der Hängematte und Lagerfeuerromantik. Heute hat der Büro-Stress keine Chance.

Wir sind so sehr im Wandermodus, dass wir bald an einer Kreuzung stehen und – wieder einmal – keine Nordpfade-Markierung weit und breit vorfinden. Wir schauen uns ratlos an. Vermutlich haben wir wieder eine Abzweigung verpasst, also drehen wir um und können schon nach wenigen Metern den kleinen, grasbewachsenen Feldweg erkennen, den wir hätten nehmen müssen. Kein Wunder, dass er uns entgangen ist: Die Nordpfade-

Markierung ist hier vollkommen von Ästen und Büschen verdeckt. »Das muss mal wieder freigeschnitten werden«, stellen wir fest und nehmen uns vor, das Problem später an den Touristikverband zu melden. Wir folgen dem Pfad durch weite, grüne Feld- und Wiesenlandschaften. Immer wieder entdecken wir Vögel, kleine Gruppen von Rehen und vereinzelte Hasen. Natur pur also, herrlich!

Kurz bevor die Route uns in die versprochenen Wälder führt, kreuzt die Feuerwehr den sonst ruhigen Weg. Erst eins, dann zwei, dann drei, am Ende sind es fünf Einsatzfahrzeuge, die mit Blaulicht und Sirene vor unserer Nase vorbeidüsen. »Ein Waldbrand«, mutmaße ich. »Oder vermisste Wanderer, die jetzt mit einem Großaufgebot gesucht werden.« Meine Fantasie läuft zur Hochform auf. »Vielleicht sind sie seit Tagen in den Timke-Wäldern unterwegs, mussten gegen wilde Tiere kämpfen und ihre Mitwanderer sterbend zurücklassen«, schlage ich Sven vielleicht einen Hauch zu begeistert vor.

»Und wenn wir die nächsten sind, die sich im Wald verlaufen?«, spielt Sven den Ball zurück. Dann würden wir uns einen Unterschlupf aus Ästen, Zweigen und Laub bauen, ein Feuer mit dem Feuerstahl aus Svens Rucksack (dessen Größe heute übrigens der Wandung angepasst ist) entzünden und einen frisch gefangenen Hasen über dem Lagerfeuer rösten. Vom Survival-Fieber gepackt, schweift unser Gespräch von Outdoor-Überlebenskunst weiter zu »Preppern«, die sich mit Lebensmittelvorräten und allerlei Schutzmaßnahmen auf den Katastrophenfall vorbereiten. Die Feuerwehr ist längst über alle Berge.

Bald darauf müssen wir uns an einer Kreuzung entscheiden, denn alle vier Richtungen – inklusive der, aus der wir gerade kommen – folgen dem Nordpfad. Wir wählen kurzerhand den linken Weg und biegen nach Westen ab. Während sich die Bäume des Staatsforstes ❖ **Ummel** mit ihrem schützenden Laubdach zur einen Seite ausbreiten, können wir zur anderen über weite Wiesenlandschaften blicken. Wir stecken immer noch im Thema »Lebensmittel-Notfallvorrat« – und prompt mischt sich mein Magen lautstark ein. Zeit für eine Pause, auch wenn wir erst gute 3 km hinter uns haben und seit einer Dreiviertelstunde unterwegs sind.

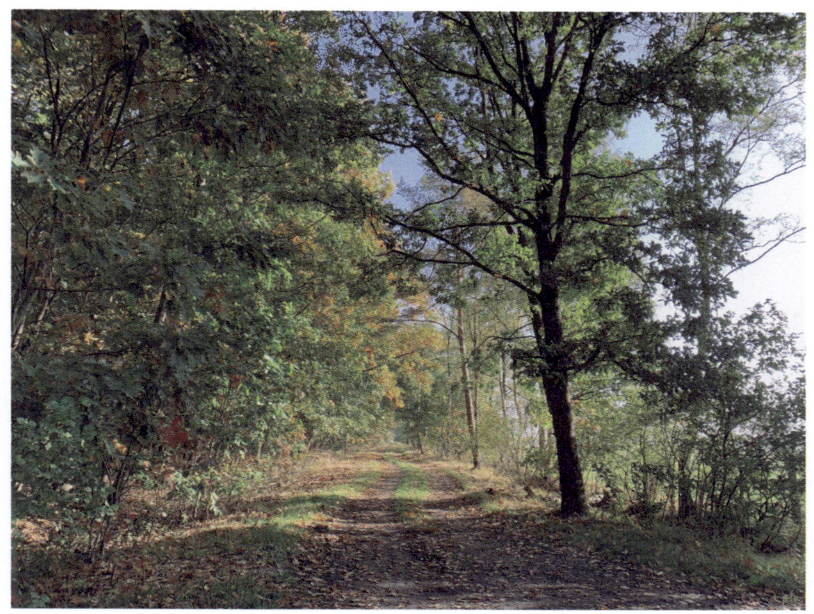

Schnell finden wir eine einladende Bank am Waldrand. Vor uns liegt ein einsames Gemüsebeet mit strahlend-orangen Kürbissen. Wir genießen den Anblick und packen unser Essen aus. Heute habe ich eine Thermoskanne Kaffee und eine kleine Glasflasche mit gezuckerter Milch dabei, damit Sven seinen Kaffee schwarz und ich meinen hell und süß genießen kann. Wir beißen zufrieden in Curry- und Quarkbällchen und sind mit uns und der Welt im Einklang. In weiter Ferne düst erneut die Feuerwehr mit Blaulicht vorbei. Aus den Lokalnachrichten werde ich später erfahren, dass es sich nur um eine Übung gehandelt hat.

Nach der Pause führt uns die Strecke durch immer dichteres Waldgebiet. Wir sind ringsherum von grünem Blätterdach und Gebüschen eingehüllt. Nur vereinzelt kann die Sonne das dichte Laubwerk durchdringen und den Weg zu uns herab finden. Die Luft ist kühl und feucht. Nach weiteren 3 km erreichen wir das ❖ **Ummelbad** mit benachbartem Waldcampingplatz und »Ummel-Café«. Das Freibad ist jetzt im Herbst bereits geschlossen und bietet, so einsam und verlassen, einen eher trostlosen Anblick. Auch der kleine

See gegenüber wirkt heute nicht sehr einladend. Im Sommer ist es hier bestimmt richtig schön, aber heute zieht es uns weiter.

»Schau mal, die Frau läuft schon zum zweiten Mal an uns vorbei«, freut sich Sven kurz darauf und macht mich auf eine ältere Dame mit roter Jacke aufmerksam, die uns entgegenkommt. »Quatsch«, sage ich. »Wir sind hier noch keinem einzigen Menschen begegnet!« Sven schaut mich erstaunt an. »Und Hallo zum zweiten Mal«, grüßt uns die Dame lächelnd. Ich bin verwirrt. »Wir sind ganz sicher schon vier Leuten begegnet«, erklärt Sven. Und fügt hinzu, dass ich sie alle gegrüßt hätte. Merkwürdig, ich kann mich an keine einzige Person erinnern. Wir kommen zu dem Schluss, dass ich eine Sozialschwäche haben muss. Weil Menschen mich häufig überfordern, blende ich viele Begegnungen einfach aus. Aber was bedeutet diese Erkenntnis für meine zurückliegenden Wanderungen? War ich am Ende im Huvenhoopsmoor gar nicht allein? Ich beschließe, dass ich heute bloß durch die Gespräche mit Sven abgelenkt war. Hoffentlich habe ich Recht …

Wir durchstreifen noch eine lange Zeit das dichte Waldgebiet, das die ganze Palette an Grüntönen darbietet – lediglich unterbrochen von ersten Flecken in Ocker und Braun. Manchmal gehen wir durch hohes Gras, an anderen Stellen laufen wir über weichen Waldboden und entdecken Fliegenpilze am Wegesrand. Der Farn ist teilweise bereits welk, andere Pflanzen hingegen scheinen vor Kraft zu strotzen. Die Eichen haben bereits damit begonnen, ihr Laub braun einzufärben, die Buchen und jungen Birken sind noch sattgrün. Der Wald zeigt uns, wie vielfältig er im Herbst ist. Nach einiger Zeit stehen wir erneut an der Vierfach-Nordpfad-Kreuzung, an die uns der Weg in einer großen Schleife zurückgeführt hat. 8,6 km in 2,5 Stunden haben wir hinter uns, knapp die Hälfte der Gesamtstrecke. Um auch die zweite Hälfte zu bezwingen, entscheiden wir uns logischerweise für den einzigen Pfad, den wir noch nicht gegangen sind: nach Osten in Richtung »Hof Wentel«.

Wir lassen den Wald hinter uns, nur zur Linken säumen noch Bäume unseren Weg. Über uns ist der inzwischen blaue Himmel lediglich von kleinen Schleierwölkchen durchzogen, und nach rechts öffnet sich der Blick auf

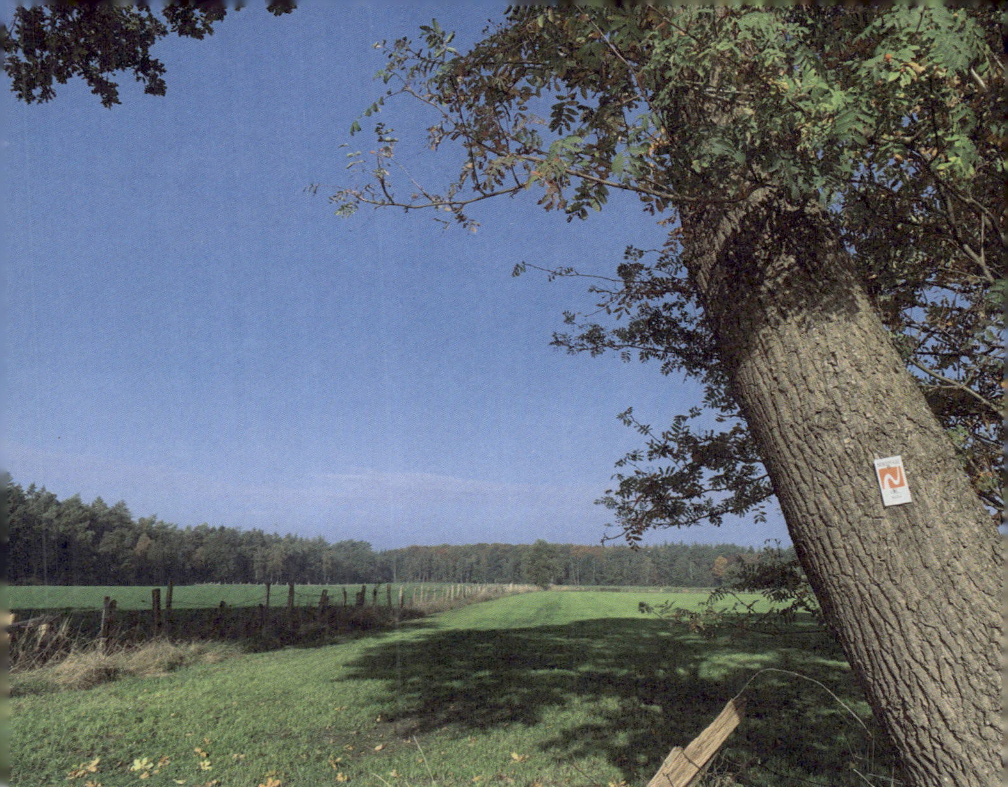

die flache Wiesen- und Feldlandschaft, die sich hier von der schönsten Seite zeigt. An der *Wentelstraße* streifen wir den malerischen ❖ **Hof Wentel** und gehen weiter Richtung Ostertimke. Der Weg ist jetzt nahezu baumfrei. Stattdessen arbeiten wir uns durch weitgehend bewirtschaftetes Land.

Ich habe auf jeden einzelnen Menschen geachtet, der uns entgegengekommen ist, und tatsächlich habe ich zwei Begegnungen wahrgenommen – was Sven bestätigen kann. Leider hat die Konzentration an meinem Kalorienvorrat gezerrt, und so machen wir uns erneut auf die Suche nach einer Bank. Kurz vor Ostertimke finden wir sie, die perfekte Pausenstelle: eine Bank auf einer kleinen Anhöhe am Wegesrand. Wir müssen uns durch Gras und Sand kämpfen, um sie zu erreichen. Dafür werden wir mit einem wunderschönen Ausblick belohnt. Sven zaubert aus seinem Rucksack erneut einen Campingkocher – diesmal »nur den Kleinen«, wie er mir versichert. Dazu hat er einen passenden Topf, Hafermilch und wieder

Grießbrei mitgebracht. Nach wenigen Minuten dampft die Hafermilch, wir genießen die Pause und schöpfen neue Kraft für die letzten 6 km unserer Route.

Anschließend durchqueren wir entlang der *Friedhof-*, *Dorf-* und *Hemeler Straße* den Ort ❖ **Ostertimke**, wo wir an der *Neuen Landstraße L 133* einen massiv überdimensionierten roten Damenschuh im Vorgarten eines hier ansässigen Schusters passieren. Bald darauf verschwinden wir erneut in einem Wald, dem Landeswald ❖ **Schierk**. Sven und ich merken beide, dass wir langsam erschöpft sind. Der Pfad führt gefühlt endlos lang immer geradeaus, und wir können die stille Idylle des Waldes kaum noch genießen. Die meiste Zeit laufen wir inzwischen schweigend nebeneinanderher. Ein Thema können wir allerdings nicht unangesprochen lassen: Warum liegt hier eigentlich Glas? Denn der Weg ist nicht mit Hackschnipseln oder Kies ausgestreut, sondern mit jeder Menge Glasscherben. Ich wünsche mir kurzzeitig Sicherheitsschuhe an die Füße, doch der Belag bohrt sich zum Glück nicht durch unsere Sohlen. Irgendjemand wird sich schon etwas dabei gedacht haben; wir finden die Lösung des Rätsels jedenfalls nicht, nicht einmal später im Internet.

Wir schweigen wieder, halten die Köpfe gesenkt und konzentrieren uns auf unseren Wanderrhythmus. Immer Fuß vor Fuß, Schritt für Schritt. Dabei müssen wir erneut an einem Wegweiser vorbeigelaufen sein, denn nach einer Weile stehen wir wieder an einer Kreuzung ohne jeden Hinweis auf den Nordpfad. Stattdessen liegt hier vor uns auf einem Pfahl ein weißer Tierschädel. Ein gruseliger Anblick, der meinen Kindern sicher gefallen würde. Wären sie jetzt hier, würden sie das Gebein fasziniert untersuchen, von allen Seiten betrachten und über die Todesursache rätseln. Da meine Kinder heute aber nicht dabei sind, übernehmen Sven und ich diesen Job. Wir vermuten, dass der Schädel von einem Fuchs stammt, kennen uns aber nicht genug aus, um sicher zu sein.

Stattdessen suchen wir nach dem richtigen Weg. Da Sven die GPS-Daten des Nordpfads auf seinem Smartphone gespeichert hat, kann er uns in fünf Minuten zur richtigen Route zurücklotsen. Da merkt man, wer von uns beiden der IT-ler ist. Ich bewundere ihn und die moderne Technik und lasse leicht verschämt meinen Tourenbegleiter aus Papier unauffällig wieder in der Tasche verschwinden.

Auf den letzten Kilometern erfreut mich Sven mit einem ausführlichen Referat über den Zunderschwamm. Den hat er nämlich an einer morschen Buche aufgespürt. Seine Begeisterung reißt mich aus meiner Wander-Lethargie. Wenn Sven sich so über seine Entdeckung freut, muss es ein Wunderding sein. »Kann man das Zeug rauchen?«, frage ich und ernte eine gerunzelte Stirn als Antwort. Ich schaue mir den Pilz genauer an. Er sieht aus wie eine fliegende Untertasse, die an den Baum geklebt wurde. Sven holt weit aus und erklärt geduldig, dass der Pilz »Zunderschwamm« heißt, weil er wegen seiner leichten Brennbarkeit früher zu Zunder verarbeitet wurde. Auch als Schnaps und Medizin wurde er in der Vergangenheit eingesetzt. Dass jemand so viele Details über einen Pilz wissen kann, hätte ich nicht gedacht. Sollte ich im Wald überleben müssen, könnte ich jetzt wenigstens mein Lagerfeuer mit Hilfe des Zunderschwammes entzünden. Wieder was gelernt.

Nun ist es nicht mehr weit bis zu unserem Startpunkt in ❖ **Kirchtimke**. Wir können das Ortsschild schon erkennen. Und plötzlich trifft es uns von oben: Es regnet. Zum ersten Mal, seit ich mein Wanderabenteuer begonnen habe, fallen dicke Tropfen vom Himmel. Doch uns stört das kein Stück. Auch meine Regenhose krame ich nicht mehr extra aus dem Rucksack, denn nur zehn Minuten später sind wir wieder bei unseren Autos. Und wir sind mächtig stolz darauf, gemeinsam einen der längeren Nordpfade bezwungen zu haben.

Fazit: Der Wettergott ist offenbar ein Wanderfreund.

Strecke: 10,6 km

Dauer: ca. 3 ½ Std.

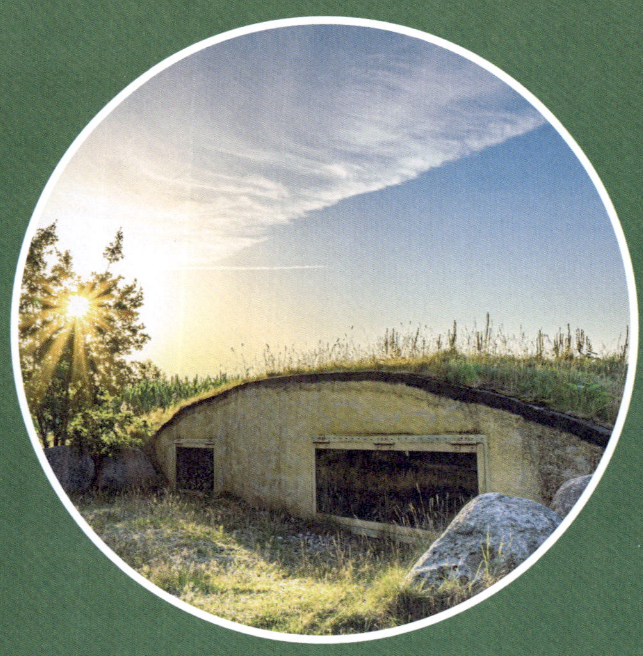

»Ostetal« – Gefangen im Bermudadreieck

Startpunkt 1: 27446 Granstedt, Peehsbarg

»Was mach' ich hier bloß?!«, denke ich, als an einem Freitagmorgen Ende Oktober um 6 Uhr der Wecker klingelt und ich mich aus dem Bett pelle. Dabei sind Herbstferien, ich habe Urlaub und könnte gemeinsam mit der Familie ausschlafen. Stattdessen trinke ich noch im Halbschlaf einen Kaffee, putze mir die Zähne und starte bei strömenden Regen zum 10,6 km langen Nordpfad »Ostetal«. Ich muss komplett den Verstand verloren haben. Zumal ich mir bei der heutigen Wanderung eigentlich den Sonnenaufgang anschauen wollte – doch nun sind dicke Wolken im Weg. Trotzdem ziehe ich mein Vorhaben durch. Der Plan: Ich beginne die Wanderung um 8 Uhr, bin laut »nordwärts-App« nach 2,5 Stunden fertig und kann gegen 11 Uhr wieder zuhause sein. Dann packe ich die Kinder ein, fahre noch vor dem Feierabendstau zu meinen Eltern und verbringe dort ein schönes Wochenende. Ein perfekter Plan, der natürlich in die Hose gehen wird …

Zunächst suche ich den Startpunkt. Der Parkplatz soll sich in Granstedt an der Straße ❖ **Peehsbarg** befinden. Das Navi lotst mich dorthin, doch vom Nordpfad keine Spur. Ich folge der schmalen Straße weiter und zweifle bereits an meinem Navigationssystem, als ich einen halben Kilometer hinter dem Ortsausgang endlich die große Nordpfade-Infotafel entdecke. Ich bin hier also doch richtig. Und kaum stelle ich den Motor aus, hört auch der Regen auf. Ich juble innerlich, habe ich doch in den letzten Wochen ein gewisses Urvertrauen zum Wanderwettergott entwickelt. Nachdem der Wanderweg »Kuhbach – Oste« bereits bezaubernd war, habe ich mir die »Ostetal«-Route extra für meinen Urlaub aufgehoben und erwarte Großes, denn auch sie wurde vom Deutschen Wanderverband als »Qualitätsweg Traumtour« ausgezeichnet.

Inzwischen hellwach starte ich Richtung ❖ **Grabhügelfeld Granstedt**, das ich schon nach einem halben Kilometer erreiche. Auch hier ist ein Großteil der früheren Großstein- und Hügelgräber längst zerstört, doch einer der jungsteinzeitlichen Grabhügel wurde nach Ausgrabungen rekonstruiert und im Querschnitt mit zwei großen Fenstern versehen, durch die man einen aufschlussreichen Blick in die Grabkammer werfen kann. Eine eigens aufgestellte Infotafel liefert wieder interessantes Hintergrundwissen in verständlicher Sprache.

Von hier aus mache ich einen 1 km langen Abstecher zum Granstedter See, denn ich vermute, dass sich dort Kraniche aufhalten. Weil ich für heute ausreichend Zeit eingeplant habe, kann ich mir den kleinen Schlenker erlauben – denke ich jedenfalls. »Wäge dich ruhig in Sicherheit«, raunt mir mein Schicksal hämisch grinsend zu, doch das höre ich aufgrund der durchdringenden Rufe der Grus grus nicht. Beim See angekommen, muss ich zweierlei feststellen: Keine Kraniche zu entdecken, und der See ist wegen zahlreicher Büsche und Bäumchen kaum zu sehen. Ich nutze die Gelegenheit trotzdem für ein kurzes Päuschen und werde auf meinem Rückweg mit Sonne belohnt, die durch die Wolken blinzelt – immerhin.

Gut gelaunt und voller Wanderlust folge ich dem Rundweg kurz darauf an einer Gabelung nach links (wieder einmal entgegen der empfohlenen Laufrichtung) und treffe schon nach kurzer Zeit auf die Oste. Nachdem ich wochenlang gerätselt habe, wie ihr Name ausgesprochen wird, kann ich sie nach einer Internetrecherche nun richtig benennen: Das »O« spricht sich nämlich nicht wie in »Osten«, sondern wie in »Ostern«. Hier, an der ❖ **Ostebrücke Granstedt**, genieße ich das Idyll. Die Bäume sind gelb und rot gefärbt, die alte Holzbrücke fügt sich mit ihrem vom Wetter gezeichneten Braunton perfekt ein, und unter ihr schlängelt sich der Fluss hindurch. Was er wohl auf seiner Reise bis hierher schon gesehen hat? Meine Gedanken schweifen weiter mit der Oste in Richtung Norden, während ich meinen Weg an ihr entlang fortsetze.

Das ❖ **Ostetal**, das diesem Nordpfad seinen Namen gibt, ist auch dessen Dreh- und Angelpunkt. Kleine Waldgebiete und weitläufige Wiesen wechseln sich links und rechts des Flusses ab. Ich kann von dem Anblick nicht genug bekommen. Allerdings ist es verdammt laut hier. Grund dafür sind die unzähligen Kraniche, die immer wieder in kleinen Schwärmen vorbeifliegen und irgendwo hinter Bäumen verborgen einen Rastplatz gefunden haben müssen.

Das Ostetal

Auf dem Weg von ihrer Quelle bei Tostedt bis zu ihrer Mündung in die Elbe schlängelt sich die Oste durch eine zauberhafte unberührte Landschaft. Steilhänge, Ufergehölze, Röhrichte, Feuchtwiesen und dichte Auwälder prägen eines der schönsten naturbelassenen Flusstäler Norddeutschlands. Insbesondere im oberen Flussverlauf ist das Ostetal nicht nur ein Paradies für Pflanzen und Tiere, sondern auch eines für Wanderer und Paddler.

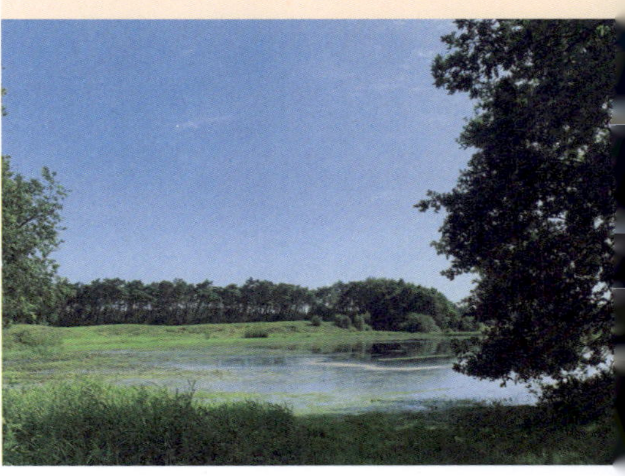

Bald biegt der Weg nach links ab, fort von der Oste. Hier stehen mir zahlreiche Laubbäume Spalier, und trotz des schon leicht kargen Blätterdachs dringt nur spärlich Licht zu mir durch. In diesem gemütlichen Laubengang fühle ich mich richtig geborgen und kann mir gerade keinen schöneren Ort vorstellen. Überhaupt geht es mir heute klasse: kein Unbehagen, keine Schmerzen, keine Sorgen. Ich bin einfach im Hier und Jetzt und kann genießen. Dass ich dafür viel zu früh aufstehen musste, habe ich mir längst verziehen.

Kurz darauf stehe ich an einer kleinen Straße. Es ist ohrenbetäubend laut hier. Die Ursache kann ich leicht ausmachen: An die hundert Kraniche rasten auf dem braunen Acker vor mir und geben ein beeindruckendes Trompetenkonzert. Ich lausche ein paar Minuten lang und mache ein Video, um es später meiner Familie zu zeigen. Währenddessen starten und landen immer wieder kleinere Gruppen der Vögel. Ein majestätischer Anblick. Nur schwer reiße ich mich los und wandere weiter.

Die Landschaft öffnet sich und erlaubt mir einen Blick auf das angrenzende Huvenhoopsmoor. Mein Trek dort liegt noch nicht lange zurück; eine Traumwanderung, an die ich voller Freude zurückdenke. Kurz bevor ich auf meinem jetzigen Nordpfad wieder im Wald verschwinde, sehe ich auf der Wiese zu meiner Rechten frisch aufgewühlte Erde. Und schon rieche ich es: Der würzige Maggi-Duft liegt wieder in der Luft, und diesmal sehr intensiv. Für einen Moment stockt mir das Herz. Dann pfeife ich eine Melodie aus »Phantom der Oper« und gehe zügig weiter. »Wenn ihr mich in Ruhe lasst, lass ich euch auch in Ruhe«, denke ich und hoffe, dass sich die Wildschweine höflicherweise im dichten Gebüsch versteckt halten, bis ich weg bin.

Pfeifend setze ich meinen Weg in den dunklen Wald fort. Dem »Best of Musicals« folgen ein paar Hits der 70er, bis ich bei feinstem Heavy Metal stecken bleibe. Ob ich bei der nächsten Wanderung Musik hören sollte? An sich gefällt mir die Idee, doch dann würde ich viele Geräusche in der Natur verpassen. Hätte ich die Kraniche vorhin überhaupt bemerkt, wenn »Volbeat« und »System of a Down« aus meinen Kopfhörern geschallt hätten? Nein, meine Wanderungen sollten Ruhezonen bleiben, damit ich die Natur mit allen Sinnen genießen kann.

Den etwas abseits vom Weg gelegenen Privatsee ❖ **Seehürnsbarg** lasse ich rechts liegen, mache jedoch einen kurzen Abstecher zur ❖ **Alten Ostebrücke**, die allerdings vernünftigerweise aufgrund zahlreicher morscher Bretter gesperrt ist. Einen Blick auf die idyllische Oste kann ich hier trotzdem erhaschen, bevor ich meine Route durch den Wald fortsetze. Viele junge Birken prägen nun das Bild, der Weg wird schmaler und schlängelt sich an einem tiefen Graben entlang. Der Waldboden ist laubbedeckt, jeder Schritt knistert und knirscht. Leise plätschert das Gewässer vor sich hin. Dieser Auenwald wäre die perfekte Kulisse für die »Herr der Ringe«-Saga. Mich würde es jedenfalls nicht wundern, wenn hier Hobbits, Waldelben oder gar Ents auftauchten.

Kaum habe ich das märchenhafte Waldgebiet am Rande des ❖ **Naturschutzgebiets Huvenhoopsmoor** hinter mir gelassen, kämpft sich die Sonne erneut durch die Wolken. Ein Blick auf die Uhr zeigt: 1,5 Stunden sind rum, nicht mehr allzu lange, bis ich wieder beim Auto ankomme. Dass ich erst 4 km hinter mir habe und somit irgendetwas nicht stimmen kann, ist mir zu diesem Zeitpunkt nicht bewusst. Ich bin tiefenentspannt, bemerke jedoch ein zartes Hüngerchen. Zeit für eine Pause. Ich suche den Wegesrand nach einer Bank ab, muss mich aber zunächst in Geduld üben. Und diese wird mehr als belohnt: Ein großer, schwerer Holztisch mit dem Nordpfade-Logo, umgeben von mehreren Bänken, steht vor mir.

Ein sogenannter »Tischlein deck Dich!«-Rastplatz, der auch heute von mir selbst eingedeckt wird. Eine kleine Thermoskanne mit Kaffee, meine

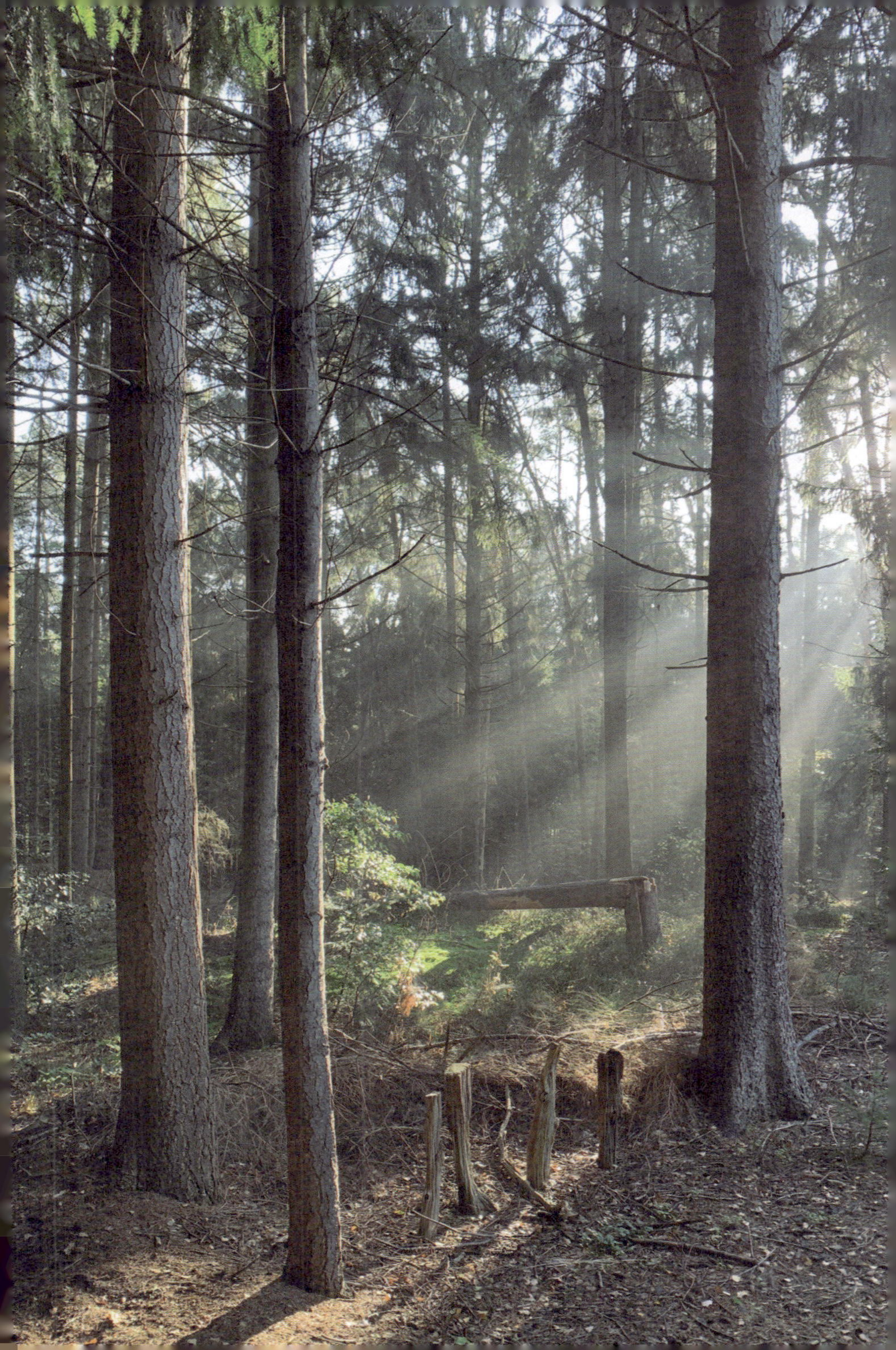

»Nordpfade-Knabberkiste« mit Schokolade, Keksen und Weintrauben sowie ein XXL-Käsebrot kommen auf den Tisch. Noch nie hat mir Kaffee so gut geschmeckt wie an diesem wunderschönen Ort. Da ich noch Berge von Zeit habe (denke ich zumindest), genieße ich die Pause und packe erst nach 20 Min. alles wieder in meinen Rucksack für den Endspurt. Ab hier geht es flott, denke ich – und mein Schicksal fällt wieder einmal lachend vom Stuhl.

Ich marschiere gut gelaunt zur ❖ **Ostebrücke Ober Ochtenhausen** und erreiche bald darauf den Ort Ober Ochtenhausen. Ein Wegweiser informiert mich, dass der nach dem Ort benannte Grabhügel knapp 2 km entfernt liegt. Und ich halte die angekündigte Sehenswürdigkeit (fälschlicherweise) für das Grabhügelfeld bei Granstedt. In meiner Welt bin ich also in nur 2 km wieder am Ausgangspunkt, was sich auch mit der Wanderzeit von 2 ½ Stunden aus der »nordwärts-App« deckt. Ich ahne nicht, dass ich schon bald im Bermudadreieck verschwinden und schmerzlich an meinem Verstand zweifeln werde …

»Wann komme ich endlich an?«, fluche ich eine Weile später leise vor mich hin, nachdem ich den ❖ **Selsinger Bach** überquert habe. Ich studiere jeden Nordpfade-Wegweiser ganz genau und fühle mich trotzdem »Lost in Space«. Ein Blick auf die Uhr lässt mich zusammenzucken. In wenigen Minuten ist es 12 Uhr mittags und der Weg nimmt kein Ende. Bin ich falsch abgebogen? Habe ich einen Wegweiser übersehen und starte die Rundtour gerade zum zweiten Mal? Hier im Wald sieht alles gleich aus. Am angekündigten ❖ **Grabhügel (Ober Ochtenhausen)** müsste ich längst angekommen sein, habe ihn jedoch nirgends entdecken können. Stattdessen erklärt mir ein neuer Wegweiser, dass es bis zum Grabhügel jetzt mehr als 2 km sind. Wie kann das sein? Dass mit diesem Hinweis der Granstedter Hügel gemeint ist, habe ich immer noch nicht gecheckt. Ein Anflug von Panik überfällt mich. Ich frage Google Maps: noch 40 Min. Fußweg bis Granstedt. So langsam verstehe ich gar nichts mehr.

»Ich habe mich verlaufen, komme doch erst gegen 13 Uhr nach Hause«, unterrichte ich per WhatsApp meinen Mann, der mit dem Essen und zwei ungeduldigen Kindern auf meine Rückkehr wartet. Er sendet mir als Antwort bloß den Affen, der sich die Augen zuhält. Ich kann es ihm nicht verdenken, er ist diese Art Kummer von mir gewohnt. Schließlich bin ich zum Beispiel schon mal nach zwei Stunden mit zerrissenen und verdreckten Klamotten zurückgekommen, als ich nur »kurz Brötchen holen« wollte. Mein Mann weiß inzwischen, dass er nicht gleich einen Suchtrupp losschicken muss, weil ich am Ende immer nach Hause finde. Jetzt gerade fände ich einen Suchtrupp allerdings passend … Und ich ärgere mich: Mein Zeitplan für den Tag ist im Eimer.

Endlos laufe ich durch die Wälder, die traumhafte Natur kann ich inzwischen nicht mehr würdigen. Auch für einen kurzen Abstecher zur ❖ **Aussicht Oste-Altarm** fehlt mir die Geduld. Ich fühle mich mit jedem Schritt unwohler. Prinzipiell mag ich die Natur ja. Doch nicht bedingungslos, weshalb meine Wanderung durchs australische Outback wohl ein Traum bleiben wird. Während manche Menschen sich mit Kompass und Karte durch die Wüste schlagen und sich anhand von Sternbildern und Sonnenstand zurechtfinden, kann ich mich verlaufen, ohne mich von der Stelle zu bewegen.

Nach einer weiteren halben Stunde tapferen Wanderns wird das Undenkbare wahr: Ich erreiche den ❖ **Grabhügel Granstedt** und entdecke gleich danach endlich mein Auto am Wegesrand. Noch nie hat der Anblick meines kleinen Vehikels mich so glücklich gemacht. Ich werfe mich gegen das kühle Metall und verharre in zärtlicher Umarmung. Ich bin fix und alle. Aber: Auch wenn mich die letzten Kilometer ziemliche Nerven gekostet haben, war dieser Nordpfad an sich wunderschön.

Zuhause angekommen, werde ich in Windeseile packen und gemeinsam mit den Kids zu meinen Eltern fahren – entgegen meinen Befürchtungen absolut staufrei. Erst später erfahre ich, warum ich so viel länger gebraucht habe als von der »nordwärts-App« prophezeit. Nicht etwa, weil ich den falschen Weg gewählt habe, im Bermudadreieck gelandet bin oder den Unterschied zwischen dem Granstedter und dem Ober Ochtenhausener Grabhügel nicht verstanden habe. Nein, die Zeitangabe in der App war schlicht falsch! Inzwischen hat der Touristikverband sie natürlich berichtigt.

Fazit des Tages: Während du perfekte Pläne schmiedest, fällt dein Schicksal lachend vom Stuhl.

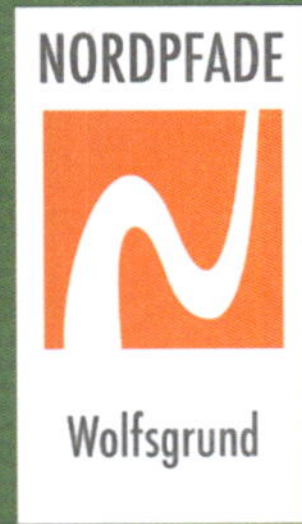

Strecke: 5,2 km

Dauer: ca. 2 Std.

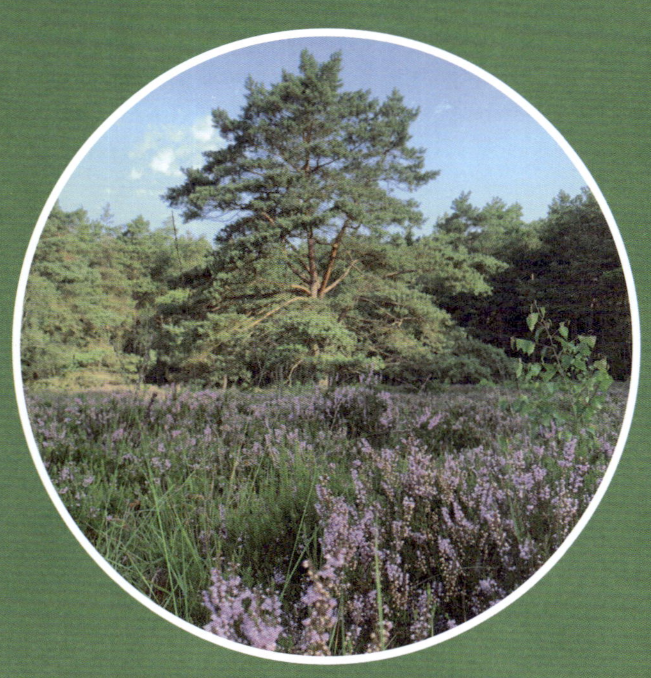

»Wolfsgrund« – Der Boden ist Lava

Startpunkt 1: 27367 Eversen, Naturschutzgebiet Wolfsgrund, Zum Sandberg

Nachdem ich es monatelang hinausgezögert habe, ist es nun so weit: Heute, an einem Sonntag Anfang November, wird mit der ganzen Familie gewandert. Ich bin massiv nervös. Werden sich die Kinder nach wenigen Metern heulend auf den Boden werfen und den Dienst verweigern? Oder reicht mein Mann vielleicht die Scheidung ein, weil ich das gemütliche und bisher ruhige Wochenende mit einem sinnfreien Marsch quer durch die Wicken ruiniert habe? Vorsorglich habe ich für das heutige Experiment den Nordpfad »Wolfsgrund« ausgewählt, der mit seinen 5,2 km die mit Abstand kürzeste Tour ist.

Trotzdem gehe ich mit meinem Plan ein hohes Risiko ein, denn unsere jüngere Tochter bewegt sich derzeit in der Regel laufend zwischen diversen Lego-Baustellen und der Bastelecke. Gemächlicher Gang statt Laufschritt ist nicht ihre Stärke, schon gar nicht über eine längere Strecke. Bei unserer letzten Wanderung fragte sie, wo wir hingehen und wann wir ankommen; dass der Weg das Ziel ist, stieß bei ihr auf völliges Unverständnis. Unsere ältere Tochter hingegen sehe ich seit Wochen ausschließlich mit einem »Harry Potter«-Buch vor dem Gesicht. Ich habe die Befürchtung, dass sich ihr Gleichgewichtssinn bereits an das zusätzliche Gewicht eines schweren Schmökers gewöhnt hat und dass sie ohne Buch in Schräglage gerät. Und schließlich haben mein Mann und ich berufsbedingt seit Tagen keine längere Unterhaltung geführt, die sich nicht um Einkaufslisten, Schulnoten oder Werkstatttermine gedreht hat. Ich hoffe inständig, dass wir als Familie die heutige Wanderung ohne große Zwischenfälle und ohne anschließende Eheberatung überstehen …

Schon im Auto überrascht mich die Jüngere, als sie hochmotiviert und absolut begeistert verkündet, dass sie in Zukunft überall nur noch zu Fuß hingehen wird. Sie ist überzeugt, dass wir die knapp 20 Minuten Hinweg zum Nordpfad nur wegen ihrer großen Schwester und ihres gehfaulen Vaters mit dem Auto zurücklegen. Sie und ihre sportliche Mama wären auch zu Fuß zum Startpunkt und – nach Abschluss der Wanderung – wieder zurück nach Hause gegangen. Ich erkenne gravierende Parallelen zu mir selbst und muss grinsen. Selbstüberschätzung scheint erblich zu sein.

Wir starten direkt am ❖ **Naturschutzgebiet Wolfsgrund**. Der Hauptweg führt an dessen Rand entlang. Schon nach wenigen Metern entbrennt an einer Abzweigung eine kleine Diskussion: Mann und Kinder möchten gerne den Abstecher in das idyllisch und einladend aussehende Heidegebiet machen, während ich zu bedenken gebe, dass damit aus den ohnehin anstrengenden 5 schnell 6,5 km werden. Meine Töchter machen sich kein Bild von der Strecke, und mein Mann traut ihnen offensichtlich mehr zu als ich. Aber weil in unserer Familie Demokratie großgeschrieben wird und ich überstimmt bin, biegen wir nach links in das Naturschutzgebiet ab, anstatt es nur von der ❖ **Aussichtsplattform** am Hauptweg anzusehen.

Die Umgebung zieht uns hier alle in den Bann. Die Heidelandschaft wird von einzelnen knorrigen Kiefern unterbrochen, und der schmale feine Sandweg schlängelt sich attraktiv dazwischen hindurch. Im Gänsemarsch laufen wir hintereinander her – die Jüngste als Tourguide selbstbewusst vorweg – und zeigen uns gegenseitig die Naturschönheiten am Wegesrand: schräg gewachsene Bäume, kleine Senken, schmale Trampelpfade und jede Menge Heidekraut. Die Kinder freuen sich über jede entdeckte Nordpfade-Markierung und spielen Schnitzeljagd.

An der nächsten Abzweigung entscheiden wir uns wieder demokratisch für den linken Weg. Hier finden wir auf einem Hügel eine Bank, die bestimmt einen wunderschönen Ausblick bietet – welcher aber heute einer anderen Familie gegönnt ist. Wir laufen schwatzend vorbei und stranden an dem kleinen geteerten *Süderwalseder Weg*. Nordpfade-Markierung? Fehlanzeige. Da uns aber klar ist, dass wir zum Hauptweg wieder zurück durchs Naturschutzgebiet müssen, gehen wir nach rechts, um wenige Meter später noch einmal rechts wieder in den Wolfsgrund einzubiegen. Dabei bleiben wir auf einer kleinen Brücke hängen.

»Schau mal, Mama, das sieht aus wie ein Märchenfluss«, ruft meine ältere Tochter begeistert und deutet auf den kleinen Everser Bach. Stimmt, der Anblick erinnert mich an das Märchen über eine Flussgöttin, die einen

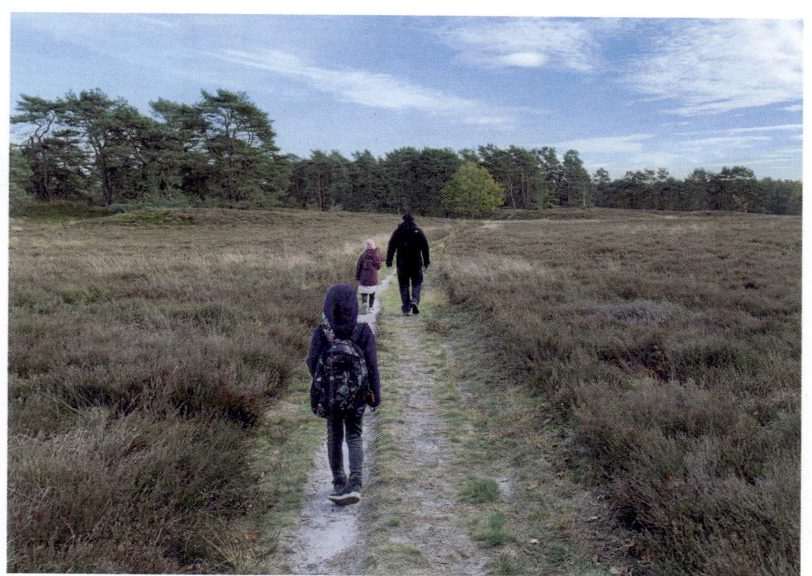

kleinen Bach in kurzer Zeit zu einem reißenden Fluss anschwellen ließ. Das kleine Bächlein vor unseren Augen schlängelt sich jedoch friedlich durch die braune Landschaft, während zahlreiche Bäume ihre Wurzeln zum Abkühlen ins Wasser halten. Wir betrachten einträchtig das Bild. Als wir unseren Weg fortsetzen, jubelt meine ältere Tochter über jeden »super-geeigneten« Kletterbaum, und Harry Potter scheint erstmal vergessen zu sein. Darauf ein siegreiches »Expelliarmus«.

Während wir über einen schmalen Waldpfad in Richtung Nordpfad pirschen, kommt das Thema »Wolf« zur Sprache. Klar, wir sind ja im »Wolfsgrund« unterwegs. Die Jüngste klammert sich ängstlich an mein Bein und schaut sich vorsichtig um. »Was ist, wenn jetzt ein Wolf kommt und uns alle auffrisst?«, fragt sie. Ich erkläre, dass wir viel zu laut sind und ein Wolf mehr Angst vor uns hätte als wir vor ihm. Dann erzähle ich den Kindern, dass ich auf meinen Nordpfad-Wanderungen häufig schief und laut singe, um unnötige Begegnungen mit Wildschweinen oder Wölfen zu vermeiden. Das ist das Stichwort. Wie auf Knopfdruck starten die beiden Mädels mit einer ordentlichen Gesangseinlage, die jeden Karaoke-Abend in den

Barrierearm wandern

Die Route »Wolfsgrund« wurde im Jahr 2013 als erster Nordpfad überhaupt eröffnet. Er ist durchgängig asphaltiert und damit der einzige barrierearme Nordpfad im Landkreis Rotenburg (Wümme). Dies gilt auch für die Aussichtsplattform am Rande des Naturschutzgebiets Wolfsgrund. Zudem sind die »Mitten-Drin-Bänke« am Wegesrand so gestaltet, dass Rollstuhlfahrer nicht auf einen Platz am Rand angewiesen sind, sondern in der Mitte der Gruppe sitzen können.

Aufgrund seiner geringen Länge und der spannenden, naturnahen – allerdings nicht barrierearmen – Variante durch das Naturschutzgebiet eignet sich dieser Nordpfad auch bestens für Kinder, die ihn auch bequem mit dem Laufrad oder Roller erkunden können.

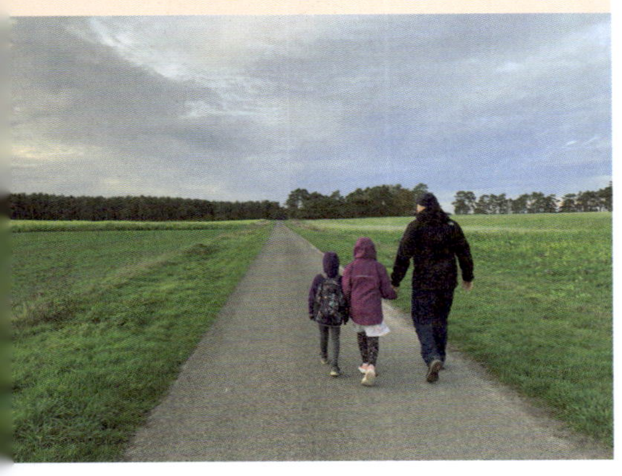

Schatten stellen würde. Ich stimme begeistert mit ein. Mein Mann lacht und schweigt. Das Singen überlässt er lieber uns.

Bald erreichen wir wieder den eigentlichen Nordpfad. Hier, auf der asphaltierten Straße, schießt der Wind eiskalt von der Seite heran. Die Jüngste fängt an zu frieren und stellt – nach nicht einmal 2 km – die gefürchtete Frage: »Sind wir bald beim Auto?« Oje. Da sorgen selbst die riesigen ❖ **Granit-Findlinge** am Wegesrand nicht für Ablenkung. Zunächst packe ich das Kind daher wärmer ein. Mit dem Notfall-Schal aus meinem Rucksack bis zur Nase eingewickelt schaut sie aus wie ein kleiner Beduine. Doch sie friert weiterhin und ist zu stolz, um auch noch Mamas Pullover anzuziehen.

Ich wechsele die Strategie. »Wir sind Flummis und dürfen nur hüpfen«, rufe ich und springe auf der Straße voraus. Die Kleine hopst direkt begeistert hinter mir her. Sie jubelt vor Freude, ich schnaube vor Anstrengung. Schon nach zwei Minuten bin ich schweißüberströmt und kann kaum noch atmen. Immerhin ist uns beiden jetzt wärmer. Mein Mann und die ältere Tochter holen uns entspannt ein, ganz ohne Flummi-Einlage. Einen kurzen Moment lang genießen wir die Wanderung, bis die Kinder unisono verkünden: »Ich habe Hunger«, gefolgt von: »Sind wir bald da?« Sie wandern und verlangen nach Nahrung – ganz die Mama.

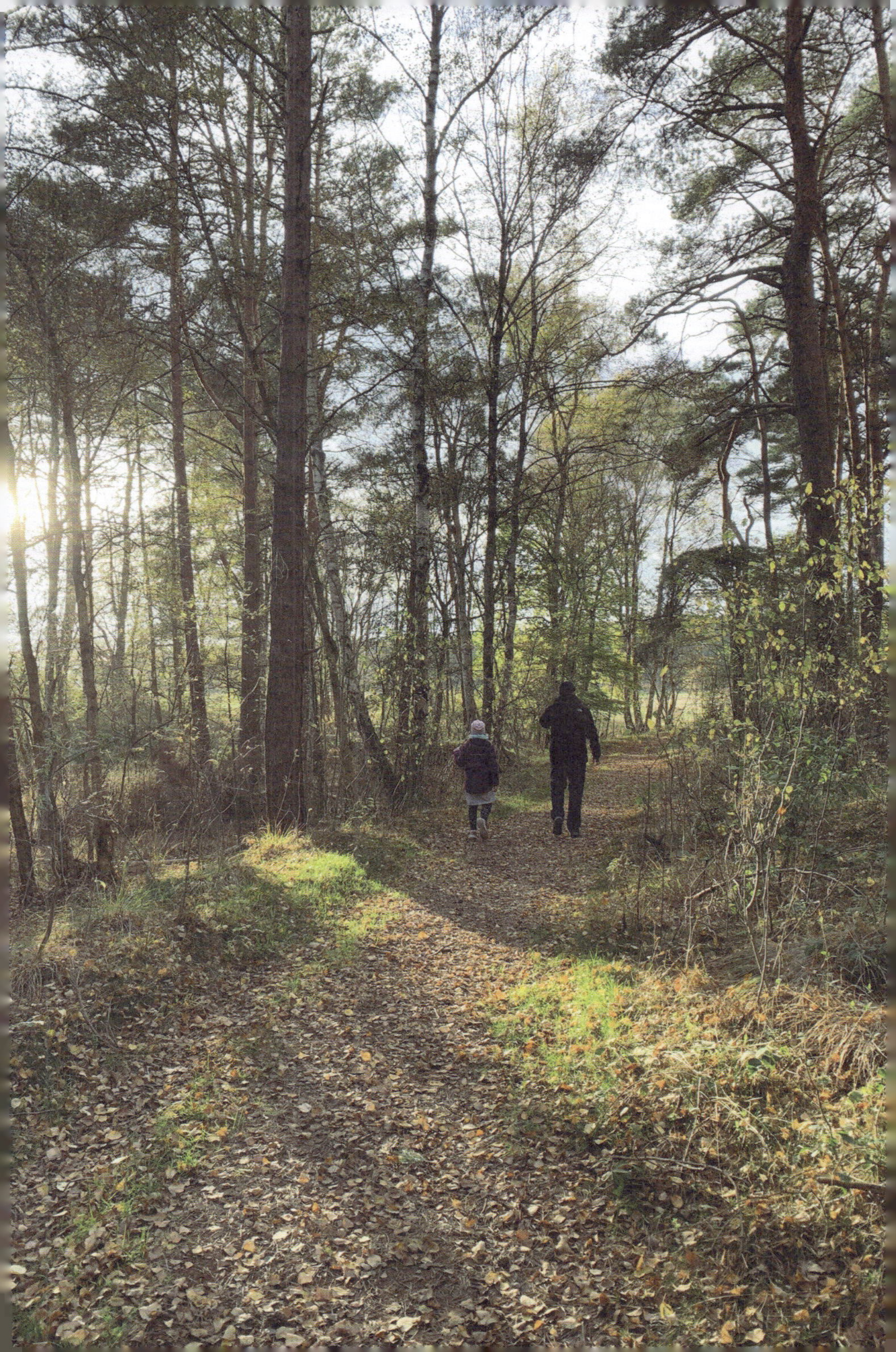

An der nächsten Bank, einer der hier zahlreich vertretenen »Mitten-Drin-Bänke«, machen wir also Pause. Die Kinder setzen sich auf die mitgebrachten warmen Sitzunterlagen und verkünden, dass sie ohne Stärkung keinen Schritt mehr gehen wollen. »Wo Kuchen ist, da ist auch Hoffnung«, denke ich und ziehe einen schokoladigen Familien-Marmorkuchen aus der Tasche. Am Ende sind nur noch die Krümel übrig und alle gestärkt.

Wenige Schritte weiter führt ein Abstecher zu einem nahegelenen Frosch-Biotop, doch den sparen wir uns, da der Wind langsam sibirische Ausmaße annimmt. Stattdessen leitet uns der Weg nach rechts und durch die ❖ **Salzsenke** Holtumer Moor, eine große Mulde im Gelände, die einst durch Ausspülung unterirdischer Salzstöcke aus der Eiszeit und deren Zusammenbruch entstand. Für einen halben Kilometer laufen die Kinder entspannt an unserer Seite und rätseln, was das für ein großer Turm sein könnte, der in einiger Entfernung zu sehen ist. Die Auflösung wird erst viele Monate später vom Touristikverband kommen: Es ist der Fernmeldeturm auf dem Steinberg, der höchsten Erhebung im benachbarten Landkreis Verden, und er dient dem Mobil- und Richtfunk.

Der Weg macht bald darauf erneut eine Biegung nach rechts. Jetzt schiebt der Wind von hinten und ist dadurch weniger unangenehm. Die Kinder ziehen sich ihre Mützen komplett über die Augen und lassen sich blind von mir führen. Während ich die beiden Mädels an jeweils einer Hand mit mir ziehe, beschreibe ich den Fantasie-Dschungel, der vor uns liegt: Mit wilden Löwen, die uns mit hungrigen Augen anstarren, und mit heißer Lava, die links und rechts der Straße fließt. Die Kinder steigen begeistert in die Geschichten ein und sind von den »Strapazen« der Wanderung abgelenkt. Sie konzentrieren sich jetzt auf ihre Erzählungen von Drachen, Monstern, mystischen Zauber-Städten und Gespenstern – da kann in der Realität weder die durch Sandabbau entstandene ❖ **Kleine Senke** noch der jungsteinzeitliche ❖ **Grabhügel** am Wegesrand mithalten. Mein Mann liest sich artig die Infotafeln durch, während ich aufpasse, dass die Kinder nicht in einen reißenden Lavafluss fallen oder von wilden Tieren gefressen werden. Wir wollen schließlich niemanden auf der gefährlichen Strecke zurücklassen müssen.

Nach einiger Zeit – wir müssten mitsamt dem Abstecher jetzt knapp 5 km hinter uns haben und sind seit mehr als 1,5 Stunden unterwegs – breitet sich unter den jüngeren Teilnehmern unserer Reisegruppe erneut der kleine Hunger aus. Natürlich wusste ich, dass wir mit nur einer Essenspause nicht hinkommen würden, und verteile an der nächsten Pausenbank auf dem ❖ **Everser Horn** mildtätig Cracker und Kekse an die Hungernden. Als wir wieder losgehen, entdecken wir zwischen den grauen Wolken am Himmel den Vollmond. Er steht direkt über dem Horizont und wirkt heute riesengroß. Bei diesem Anblick fallen uns gleich Gruselgeschichten über Werwölfe und Vampire ein, damit sind die Kinder für einen weiteren Streckenabschnitt abgelenkt. Auf dem letzten halben Kilometer wird es jedoch nochmal heikel. Beide Kinder sind müde und frieren. Mein Mann ist auch auffallend ruhig. Die Stimmung droht zu kippen. Schnell rufe ich eine »Drückkette« ins Leben: Wir halten uns zu viert nebeneinander an den Händen, dann drückt einer der Äußeren kurz die Hand seines Nachbarn, und das Drücken wird wie eine La-Ola-Welle weitergeführt, bis es wieder bei der Ausgangsperson ankommt. Klingt simpel, aber die Kinder finden es super und bezwingen den letzten Abschnitt mit Drückwettbewerben und Speed-Drückwellen, bis wir wieder beim Auto ankommen.

Später am Abend, als beide Kinder längst erschöpft schlafen, wird sich mein Mann begeistert über die Familienwanderung äußern. Auch die Kinder haben die 6,5 km – für Kinderverhältnisse – gut mitgemacht. Das Einzige, das heute zu kurz gekommen ist, war ein ausgiebiges Gespräch zwischen meinem Mann und mir. Noch an diesem Abend beschließen wir daher, die Kinder in naher Zukunft für einen Tag bei dem Großvater zu parken und uns nochmal zu zweit auf eine längere Nordpfad-Wanderung zu begeben. Vielleicht wieder mit Kuchen, denn man kann ja nie wissen, wann die nächste Krise kommt.

Fazit des Tages: Wo Kuchen ist, da ist auch Hoffnung.

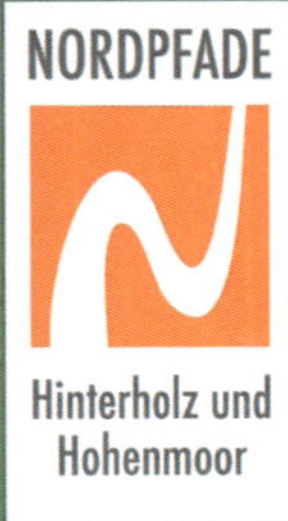

Strecke: 14,1 km

Dauer: ca. 4 3/4 Std.

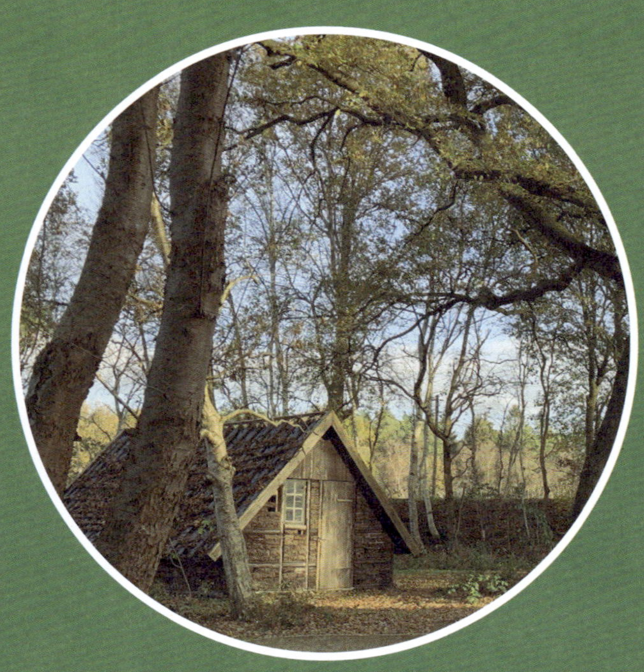

»Hinterholz & Hohenmoor« – Eisgekühltes Hinterfleisch

Startpunkt 2: 27449 Kutenholz-Mulsum, Moorschutzhütte, Hohenmoor 1

Das Thermometer zeigt an diesem Samstagmorgen, Mitte November, ganze minus 4 Grad an. Seit Tagen sehe ich der heutigen 14,1 km langen Wanderung mit Argwohn entgegen, die gestern in nackte Angst umgeschlagen ist. Gestern stand ich nämlich bei noch plus 2 Grad Außentemperatur auf dem Hof eines Kunden, um mir eine riesige Förderanlage anzuschauen. Routinemäßige Recherchearbeit für meinen Job. Bereits nach 15 Minuten zitterte ich am ganzen Körper, nach einer Stunde waren meine Lippen blau, und nach zwei Stunden konnte ich kaum noch meinen Stift halten. Den ganzen restlichen Tag bin ich nicht mehr vollständig aufgetaut.

Um einem grausamen Erfrierungstod vorzubeugen, habe ich mir daher gestern nach Feierabend noch Funktionsunterwäsche gekauft (Modell »Extra heiß«). Nun bin ich dick eingepackt: Funktionsunterwäsche, dicke Jeans, Fleecejacke, zwei Paar Socken, Zwei-in-Eins-Winterjacke, Schal, warme Pudelmütze und Fleece-Handschuhe. Optisch mache ich dem Michelin-Männchen Konkurrenz. Zusätzlich warten in meinem Rucksack heißer Kaffee, mehrere Taschenwärmer, ein Wärmepflaster, ein weiterer Schal, eine zweite Mütze und die Regenhose auf ihren Einsatz. Gut gewappnet starte ich also zum nördlichsten Nordpfad »Hinterholz & Hohenmoor«.

Zähneknirschend nehme ich dafür eine einstündige Autofahrt in Kauf. Klimabilanz: im Eimer. Aber die Nordpfade rund um Bremervörde liegen zu weit entfernt, als dass ich sie in meinen knappen freien Zeitfenstern mit dem Rad oder öffentlichen Verkehrsmitteln erreichen könnte. Ich nehme mir vor, die anfallende Menge Kohlendioxid wenigstens per Geldspende für den Klimaschutz zu kompensieren. Quasi Greenwashing fürs Gewissen.

Zunächst jedoch verbringe ich mehr Zeit im Auto, als mir lieb ist: Das Navi lenkt mich im Örtchen Kutenholz-Mulsum, in dessen Bereich der Startpunkt liegen soll, über diverse Sandwege. Die Nordpfade-Infotafel suche ich vergeblich, aber dafür entdecke ich nach einer Weile eine Nordpfade-Markierung am Wegesrand, also bin ich hier offenbar richtig. Kurzerhand stelle ich mein Auto einfach am Straßenrand an einer Weide ab, schultere den Rucksack, halte die Luft an, kneife die Augen zusammen und wage mich in die Kälte. Verblüfft stelle ich fest: Geht eigentlich. Die Sonne scheint und lässt die zarte Frostschicht auf der Landschaft glitzern, der eisige Wind vom gestrigen Tag hat sich gelegt. Weite Wiesen und Weiden, ein paar malerische Baumgruppen und der Sandweg vor mir motivieren mich, die zwölfte Wanderung einzuläuten.

Ich mache mich auf den Weg, doch weit komme ich nicht. Bereits nach wenigen Minuten drückt die Blase. Aber die Vorstellung, meinen nackten Hintern in die frostige Luft zu halten, widerstrebt mir. Da ich allerdings in dieser Einöde mit keinem beheizten Klohäuschen rechnen kann, suche ich mir eine versteckte Senke. Beim Versuch, meinen Allerwertesten zügig wieder warm zu verpacken, scheitere ich an meinen zahlreichen Klamotten-Schichten, die sich zu zwei dicken Wülsten aufgerollt haben. Nach vergeblichem Ziehen und Zerren muss ich einsehen, dass all diese Kleidungsstücke einzeln wieder aufgeschichtet werden wollen. Die mühsame Prozedur nimmt einige Minuten in Anspruch, und ich bin wirklich froh, dass ich mutterseelenallein in diesem Gebüsch stehe.

Danach kann ich die Wanderung genießen. Ich atme tief ein. Die Luft riecht nach Schnee, nach Winter und sorgenfreier Kindheit. Jede gefrorene Pfütze lädt mich ein, die bizarren Formen zu bewundern oder das Eis mit einem deftigen Knacken zu zerbrechen. Nach etwa 1,5 km auf schmalen Straßen und Feldwegen passiere ich die kleine Ansiedlung ❖ **Vorhorn**. Danach führt der Pfad nach links durch eine Wiese. Das Gras ist hier sehr hoch und ziemlich nass, was das Wandern merklich erschwert, und nach kurzer Zeit sind meine Schuhe und beide Sockenschichten durchgeweicht. Nasse Füße bei Minusgraden – das kann ja heiter werden.

Zum Glück kann ich den Grasweg nach 500 m hinter mir lassen, und auf dem Sandweg entlang der einzelnen Höfe von ❖ **Buschdeel** komme ich wieder besser voran. Die Füße sind offensichtlich warmgelaufen, denn die feuchten Socken fallen gar nicht weiter ins Gewicht. Im Gegensatz zu meinem Hunger. Der macht sich lautstark bemerkbar. Auf meiner Suche nach einer geeigneten Pausenbank begegne ich zwei Nordpfad-Wanderinnen.

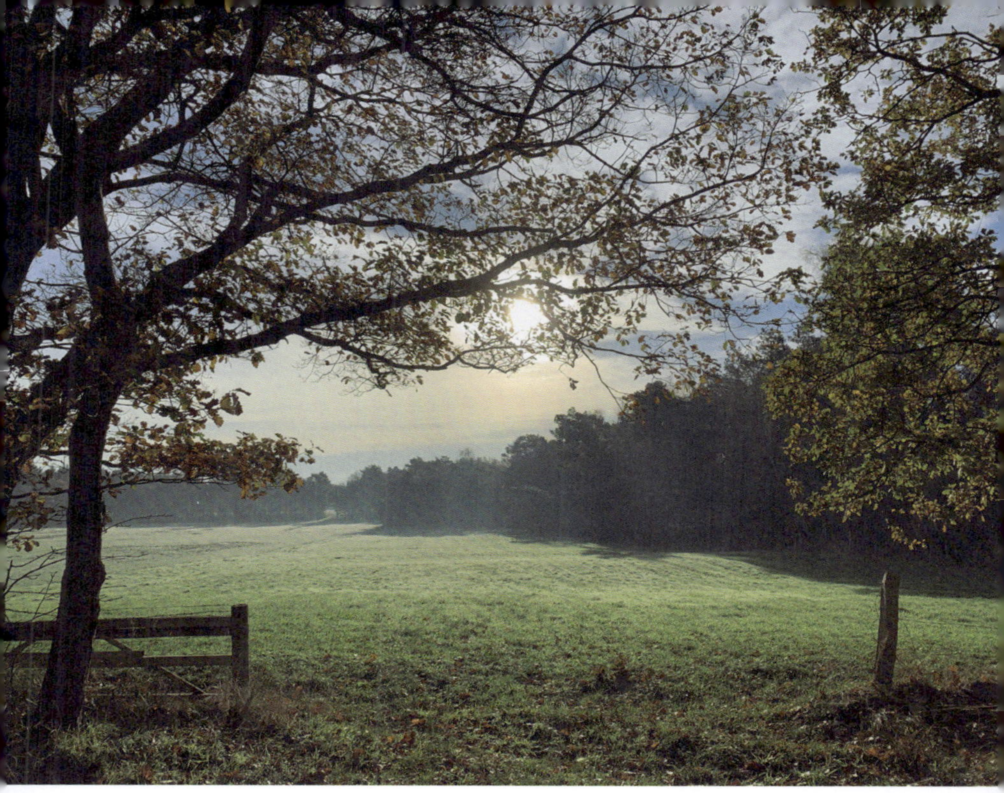

Ich fühle mich tief mit ihnen verbunden, und freudestrahlend grüßen wir einander. Meine »Sozialschwäche« – das totale Ignorieren anderer Menschen – macht offensichtlich Pause, wenn ich alleine wandere.

Nach einigen Schritten durch das Waldgebiet ❖ **Elmer Hinterholz** sehe ich sie endlich winken, meine perfekte Pausenbank. Höchste Zeit nach guten 4 km und 1 Stunden Wanderung. Der Ausblick auf ein weites Feld vor mir und die großen Bäume in meinem Rücken laden mich zu einem entspannten Frühstück ein. Auf meiner extra mitgebrachten warmen Sitzunterlage genieße ich Käsestulle und Erdbeermilch. Nach einer Weile setze ich meinen Weg durch den Forst fort und begegne einer weiteren Wandergruppe: Drei ältere Damen sind mit Rucksack und Wanderstöcken unterwegs. Solidarität, Schwestern, schön, euch hier zu sehen!

Leider ist der Weg an dieser Stelle beschwerlich. Auf der hübschen Feldsteinstraße knicken meine Füße wegen der runden Steine ständig um. Ich wechsele kurzerhand auf den rechten Seitenstreifen und raschle durch Unmengen von gefrorenem Laub. Zwischendurch kommt mir ein Wanderer entgegen und nickt mir zu. Ich werde das Gefühl nicht los, dass ich auch diesen Nordpfad wieder einmal entgegen der empfohlenen Laufrichtung gehe. Der spätere Abgleich mit dem Tourenbegleiter wird meine Vermutung bestätigen, aber jetzt gerade konzentriere ich mich lieber auf das Positive und freue ich mich, dass ich mich bis jetzt nicht verlaufen habe.

Nach 2 km durch das Elmer Hinterholz und daran entlang biegt der Weg nach links auf die Straße *Am Hinterholz* ab, und ich kann die eindrucksvolle ❖ **Windmühle »Henriette«** auf einer kleinen Anhöhe des Ortes Elm erspähen. Ich würde sie mir gern aus der Nähe ansehen, aber die 1,4 km Umweg spare ich mir bei der Kälte. Statt mich dem Prachtstück zu widmen, bleiben meine Gedanken bei dem Ortschild hängen, das ich eben passiert habe. Ob schon viele Witzbolde ein »o« hinter »Elm« gemalt haben? Liebe Elmer, falls ihr eines Tages aufwacht und plötzlich in »Elmo« wohnt, war ich das. Schöne Grüße aus der Sesamstraße!

Der Weg biegt nach wenigen Schritten erneut links ab, zurück in den Wald. Die Sonne hat sich hinter Wolken versteckt, und zwischen den Bäumen scheint es plötzlich einige Grad kälter zu sein. Hier bin ich komplett allein. Keine weiteren Wanderer, nur zahlreiche Hochsitze. Irgendwie fühle ich mich beobachtet, und mir wird etwas mulmig. Dieses Gefühl wird nicht gerade besser, als ich auf einen kleinen Friedhof mitten im Wald stoße. Da ich Hunger habe und friere, beschließe ich, die Gelegenheit trotzdem für eine Pause zu nutzen, immerhin habe ich bereits knapp 8 km hinter mir. Also fülle ich mir heißen Kaffee ein, während ich die Inschriften auf den Grabmälern studiere. »Peggy«, »Jenny«, »Immo«, alle jeweils mit rund zehn Jahren gestorben. Dies scheint ein Friedhof für Haustiere zu sein – vermutlich Hunde. Mein heißer Kaffee hilft zwar gegen die Kälte, aber ich möchte diesen »Friedhof der Kuscheltiere« doch lieber schnell verlassen.

Weiter geht es in Richtung ❖ **Oste-Schwinge-Brücke**. Noch während ich über den Namen nachdenke (heißt die Brücke so, weil sie schwingt?), habe ich die unscheinbare Brücke bereits hinter mir gelassen. Mir dämmert, dass der kleine Kanal, den ich eben überquert habe, der Oste-Schwinge-Kanal

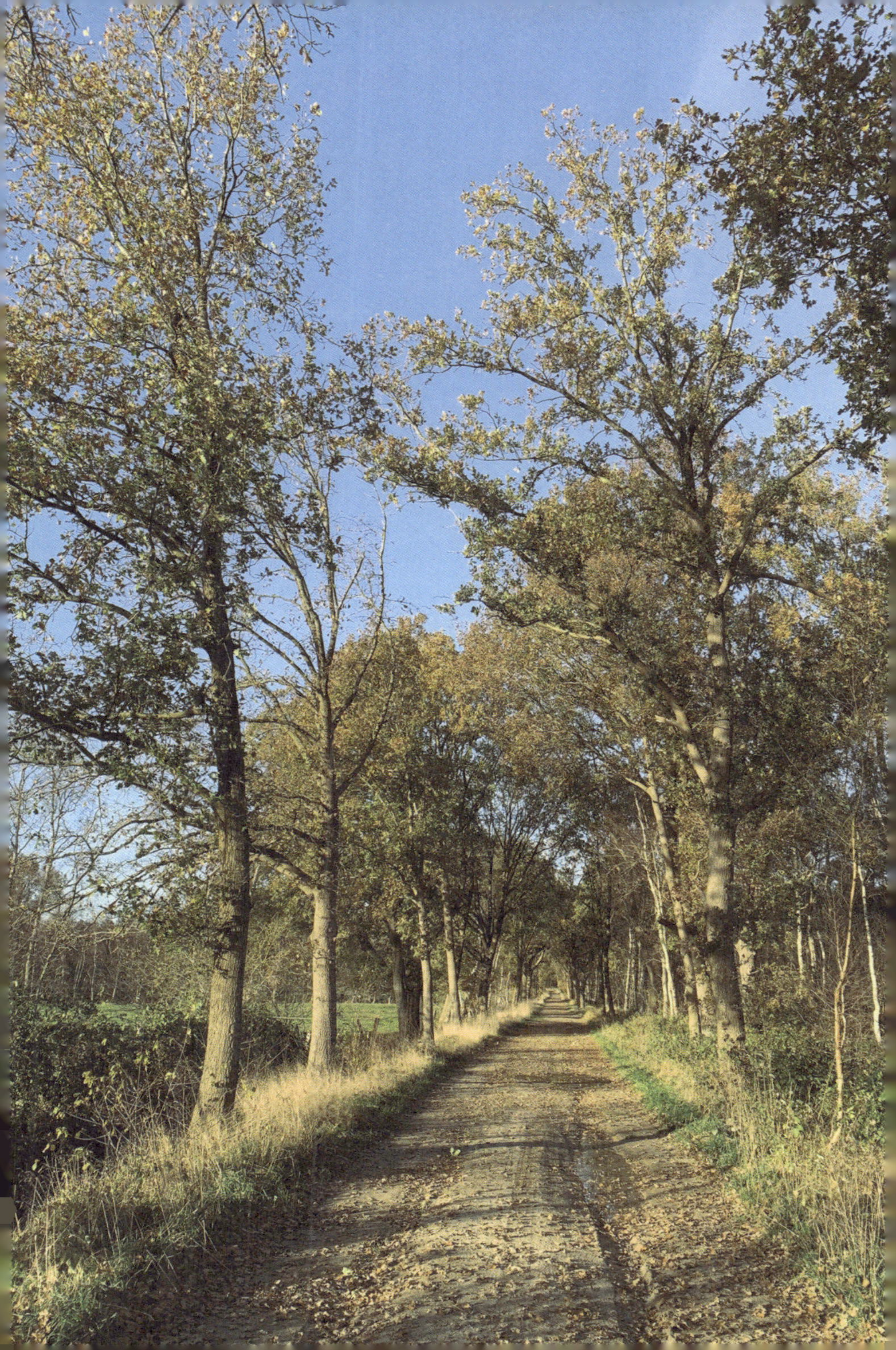

ist und dass die Brücke einfach nur eine Brücke ist. Etwas enttäuscht folge ich dem Schotterweg *Heiligen-Seelen-Damm* weiter zum ❖ **Mulsumer Moor** und biege links ab. Hier säumen ein paar junge Birken den Wegesrand, in denen zahlreiche »Hexenbesen« wachsen. Wenn eine Hexe einen neuen fliegenden Besen braucht, so habe ich es als Kind gehört, dann muss sie in den Baum klettern und einen ausgewachsenen Hexenbesen absägen. Was mystisch klingt, ist tatsächlich oft die Folge eines Pilzbefalls. Wie so oft ist die Realität also viel weniger spannend als die Fantasie. Wobei: Vielleicht ist der Pilzbefall ja Folge eines Hexenfluchs?

Ich wandere am ❖ **Friedhof Tinster Holz** vorbei und treffe hier erneut die beiden Damen, denen ich bereits kurz vor meiner ersten Pause begegnet bin. »Na, macht's noch Spaß?«, frage ich. Freudestrahlend antwortet die Jüngere: »Oh ja, absolut!« Respekt, denke ich. So viel Begeisterung kann ich mir nicht mehr abringen: Ich habe Hunger und brauche eine erneute Pause. Zum Glück erreiche ich kurz darauf, nach insgesamt 12 km und über 3 Stunden, die ❖ **Moorschutzhütte Hohenmoor**. Aha, das ist also der Startpunkt mit Nordpfade-Infotafel, den ich am Beginn der Wanderung vergeblich gesucht hatte. Und hier pausieren auch die drei älteren Damen, die mir ebenfalls bereits vor einigen Stunden begegnet waren. Ich grüße und erobere eine Bankgruppe, die im Kreis um eine Feuerstelle angeordnet ist, um mich erst einmal mit einer Tasse Kaffee und einem dicken Schokoladenriegel zu stärken. Dann finde ich Zeit, meinen Pausenplatz zu erkunden.

Eine moderne Holzhütte steht links von mir, und geradeaus ist ein kleiner Fachwerk-Schuppen, der einst zum Trocknen des abgestochenen Torfs verwendet wurde. In einer Remise liegen sogar frisch abgestochene Torfstücke. Hier wird heutzutage Torf abgestochen, um Interessierten den Arbeitsprozess zu veranschaulichen. Ich schaue mir die Lehrtafeln an und genieße den kurzen Abstecher in vollen Zügen. Die kleinen Seen zwischen den weichen Hackschnipsel-Wegen und Gräsern, gepaart mit dem weichen Licht der inzwischen tiefstehenden Sonne, haben eine beruhigende Wirkung auf mich. Nur schwer kann ich mich von diesem Ort trennen, mache mich dann aber doch auf, am ❖ **Oste-Schwinge-Kanal** entlang weiter durch das ❖ **Elmer Hohenmoor**.

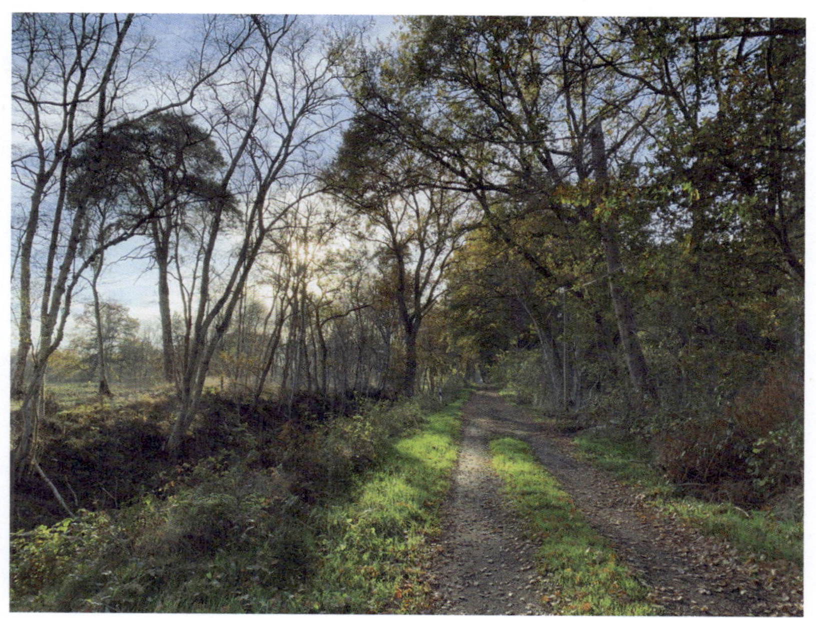

Der kleine Kanal frisst sich ein paar Meter unterhalb des Weges gemächlich durch die Landschaft. An seinem Rand stehen anmutige Bäume, die sich sichtbar mit ihren Wurzeln am Boden festkrallen. Sie erinnern mich an Geschichten, mit denen ich meine Kinder bei Spaziergängen gerne bei Laune halte. Darin werden die Bäume nachts wach, laufen auf ihren Wurzelfüßen durch die Welt, werfen einen Blick in unsere Fenster und passen auf uns auf. Wer sich allerdings der Natur gegenüber nicht gut benommen hat, dem spielen die Baumwesen nachts Streiche. Und noch während ich über das Verhältnis von Mensch und Natur sinniere, komme ich nach gut 4 Stunden strammen Wanderns wieder glücklich bei meinem Auto an.

Zufrieden mache ich mich am frühen Nachmittag auf den Weg nach Hause. Ich habe mich tapfer den Naturgewalten gestellt und bin dennoch nicht erfroren. Im Gegenteil: Trotz der Kälte war meine Wanderung durch die winterliche Landschaft herrlich entspannt.

Fazit des Tages: Auch bei Minusgraden lässt es sich gut wandern.

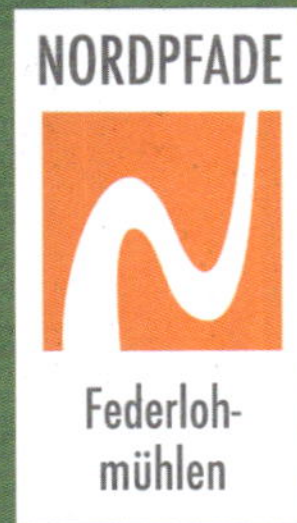

Strecke: 13,7 km

Dauer: ca. 4 ½ Std.

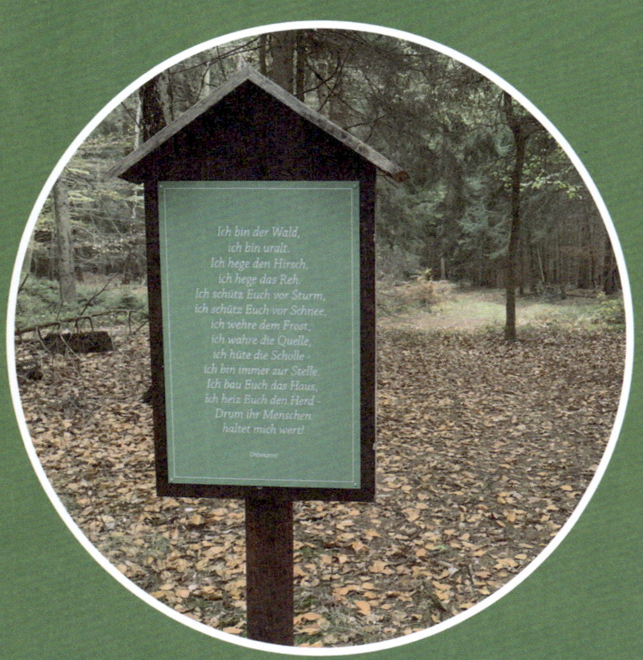

»Federlohmühlen« – Dagmar, Damwild und Dunkelheit

Startpunkt 1: 27386 Riekenbostel, Wandererparkplatz, Im Brink

Heute bin ich später dran als geplant. Mein dienstliches Meeting am Vormittag war zwar sehr erfolgreich, dauerte dafür aber zwei Stunden länger als vorgesehen. Dazu kam noch die Suche nach einem geeigneten Mittagessen, weil ich nicht beabsichtige, heute mit dem Fastenwandern zu beginnen … Jetzt ist es bereits kurz vor 14 Uhr an einem Donnerstag Ende November. Nach meinen Berechnungen sollte ich zu Beginn der Dämmerung zurück beim Auto sein. Selbstverständlich liege ich auch heute mal wieder voll daneben: Hätte ich mich vorher richtig informiert, dann wüsste ich, dass die Sonne bereits um kurz nach 16 Uhr untergeht – habe ich aber nicht.

Der 13,7 km lange Nordpfad »Federlohmühlen« startet an einem Wandererparkplatz im kleinen Örtchen ❖ **Riekenbostel**, wo ich auf einem schmalen Fußweg zunächst den Hasselbach überquere, dann ein kurzes Stück auf der *Dorfstraße* entlanggehe und am Ortsrand schließlich nach links auf den *Alten Moorweg* abbiege. Meine Unwissenheit über das verbleibende Tageslicht lässt mich die erste Stunde glücklich und beseelt durch den Wald ❖ **Buchwörth** marschieren. Noch voller Euphorie dank des erfolgreichen Meetings schwebe ich auf Wolke sieben. Seit einigen Wochen scheint mein Leben wie am Schnürchen zu laufen, sowohl beruflich als auch privat. Insgeheim fürchte ich schon den großen Paukenschlag. Doch solange dieser auf sich warten lässt, bin ich dankbar für mein beständiges Glück.

Der Forst streckt sich über mehrere Kilometer und geht direkt in das nächste Waldgebiet namens ❖ **Ützenbusch** über. Die tiefstehende Sonne scheint, und es ist erstaunlich mild – was meine Vermutungen über die Nordpfad-Liebe des Wettergottes ein weiteres Mal bestärkt. Die Kulisse ist sehr abwechslungsreich und bietet alles: von großen Buchen und Eichen über Fichten bis hin zu Birken und jeder Menge kleiner Büsche und Bäumchen. Mancherorts stehen die Nadelbäume so dicht, dass kein Licht den Boden erreicht. An anderen Stellen lassen die weitestgehend kahlen Laubbäume die Novembersonne in zarten Strahlen tanzen.

In meinem Kopf läuft »What A Wonderful World« von Louis Armstrong in Dauerschleife. Kann man vor Glück auch platzen? Ein Schild am Wegesrand weist mich darauf hin, dass dieses Gebiet eine Wild-Ruhezone ist, in der ich die Wildtiere nicht stören darf. Also bemühe ich mich, extra leise zu sein und genieße die Stille der Natur. Einzig ein paar Vögelchen, das leise Rauschen des Windes in den Bäumen und einige im Laub raschelnde Tiere durchbrechen diese Stille.

Nach einigen Kilometern erreiche ich den Rand des Waldgebiets und schaue auf eine große, freie Grünfläche. Kurz halte ich hier inne und betrachte das friedliche Bild. Ich bin komplett allein mit mir und meinem Hochgefühl. Von hier aus führt mich die Strecke zunächst zurück in den Wald, doch bald darauf ändert sich die Aussicht. Die Bäume werden weniger, die Felder mehr. Der Weg ist grasbedeckt und schlängelt sich an ihnen entlang. Eine Picknickbank lädt mich zu einer Pause ein. Wie passend, immerhin habe ich schon 4 km hinter mir und bin seit 1 Stunde unterwegs.

Ich trinke Kaffee, knabbere meinen Schokoriegel und schaue mich um. Nicht weit entfernt entdecke ich eine kleine Steinfamilie, die am Wegesrand ebenfalls eine Rast einzulegen scheint: Wie Schneemänner, nur aus Feldsteinen, stehen drei Figuren da. Die größte von ihnen – bestimmt »Mutter Stein« – trägt eine verwelkte Blumenkette und ist vermutlich in Begleitung ihrer beiden Töchter unterwegs. Vielleicht ist die Gute alleinerziehend und beißt sich durch ein hartes Leben. Ich verbeuge mich tief vor dieser taffen Mama und verabschiede mich dann von der kleinen Familie. Etwas Demut schadet mir nicht, denn nicht jeder Mensch hat das Glück für sich gepachtet.

Ein wenig nachdenklicher setze ich meine Wanderung fort, bis eine der Nordpfade-Markierungen mitten auf ein vollständig mit Laub bedecktes Feld zeigt. Ich stutze. Ist das richtig? Anscheinend, denn auf dem Feld sind in regelmäßigen Abständen weitere Markierungszeichen angebracht, also folge ich ihnen. Ich kann nur vermuten, dass sich unter meinen Füßen – und dem dicken Laubbett – ein Pfad befindet …

Von dem Feld gelange ich abermals in einen Wald, das Gebiet ❖ **Buhlen**. Erneut stutze ich. Der Pfeil der Nordpfade-Markierung zeigt auf einen schmalen Trampelpfad, der zwischen dichten, niedrigen Nadelbäumen

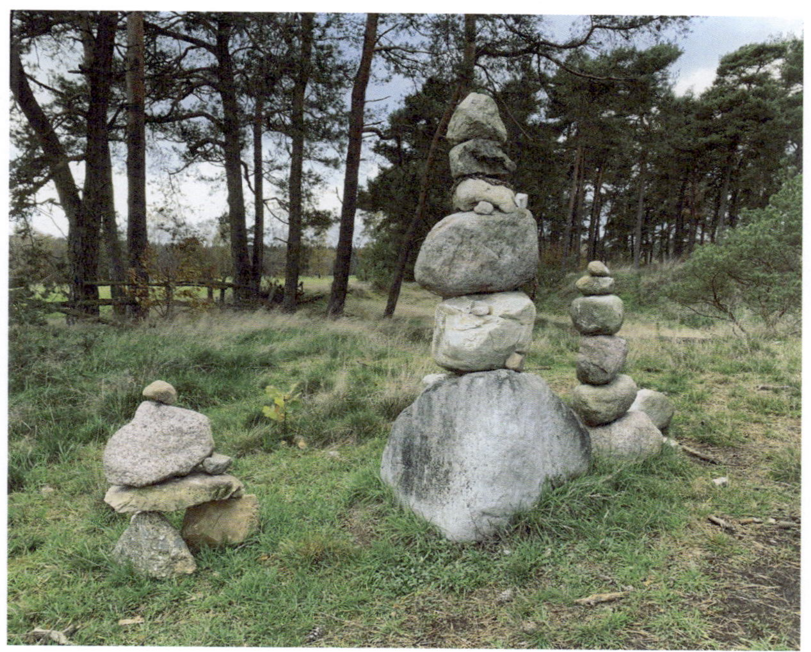

hindurchführt. »Das ist doch kein Weg, das ist ein Wildwechsel!«, staune ich. Doch ich vertraue ein weiteres Mal der Streckenmarkierung und schlage mich durch den Busch. »Nächstes Mal bringe ich eine Machete mit«, grummle ich, als sich piksende Nadeln durch meine Hose bohren und mir feuchte Spinnweben ins Gesicht klatschen. Ich schaudere und wünschte, ich hätte meine Regenhose angezogen, denn meine Jeans ist am anderen Ende des »Weges« klitschnass.

Nach diesem kurzen Abenteuer-Pfad erreiche ich wieder eine »geregelte« Strecke. Am Wegesrand stehen Buchen, der Waldboden leuchtet braun, ocker und orange. Auch hier kann ich den eigentlichen Weg unter dem dicken Laubteppich nur erahnen. Ich bleibe immer wieder stehen, schaue mich zu allen Seiten um und sauge jeden Moment in mich auf. Weiterhin bin ich komplett allein auf weiter Flur. Doch um mich herum gibt es so viel zu entdecken: Abstrakt gewachsene, riesige Buchen, Rotkehlchen, welke Farnblätter und eine kleine Maus, die sich schnell wieder versteckt.

Als ich mich ein weiteres Mal umschaue, setzt mein Herz vor Schreck ein paar Sekunden aus. Keine zehn Meter hinter mir ist wie aus dem Nichts eine Frau mit dunklen Haaren, dunkler Sonnenbrille und dunklem Bandshirt aufgetaucht. Wie kommt die denn da hin?! Ich war doch eben noch mutterseelenallein im Wald! »Wo kommst du denn her?«, frage ich eine Spur zu salopp. Die arme Frau schaut mich verdattert an und fragt zurück: »Wo ich allgemein herkomme, oder wo ich jetzt gerade hergekommen bin?« Ich erkläre ihr meinen Schreckensmoment, und sie erzählt, dass sie mich schon früh auf dem Wanderweg entdeckt habe und bereits eine ganze Weile hinter mir herlaufe. Oje. Meine »Sozialschwäche« – also das Übersehen anderer Menschen – hat offenbar wieder zugeschlagen.

Während wir gemeinsam unseren Weg fortsetzen, kommen wir ins Gespräch. Schnell finde ich heraus, dass Dagmar – so heißt meine neue Mitwanderin – bereits viele Nordpfade gewandert ist und dass sie »Federlohmühlen« favorisiert. Sie geht diese Strecke im Schnitt alle zwei Wochen und kennt sich hier bestens aus. Gerade sind wir in einen lebhaften Erfahrungsaustausch über die Nordpfade verstrickt, als sich im Gebüsch etwas bewegt. Und da sehen wir es: Damwild.

Um die zehn Tiere stehen zu unserer Rechten, darunter auch ein Damhirsch mit beachtlichen Geweih-Schaufeln. Das Damwild nimmt zunächst kaum Notiz von uns. Erst als wir stehenbleiben, kommt Bewegung in das Rudel, und es zieht weiter. Ich habe mal gelesen, dass Wildtieren vorbeigehende Menschen nicht viel ausmachen und sie sich nur dann bedroht fühlen und flüchten, wenn man schleicht oder plötzlich stehen bleibt. Denn so ein Verhalten ist typisch für Jäger (ob menschlicher Natur oder aus der Tierwelt), und das wissen die Tiere. Ob die Theorie stimmt, weiß ich nicht, aber unsere Damwild-Begegnung scheint sie zu bestätigen. Dagmar und ich beobachten die Tiere jedenfalls, bis sie aus unserem Blickfeld verschwunden sind.

Da wir beide den gleichen Weg haben, beschließen wir, zu zweit weiterzuwandern. Wir überqueren die *Kreisstraße K 209*, und Dagmar freut sich wie ein kleines Kind darauf, mir die nächste Sehenswürdigkeit zu präsentieren: Die Wassermühle in ❖ **Federlohmühlen**, von der sie mir in den höchsten Tönen vorschwärmt. Als wir die Mühle nach einem kurzen Marsch erreichen, zeigt sie mir stolz den Mühlenhof, die alte Wassermühle und den angrenzenden Teich nebst Enten. Wir beschließen, die Gelegenheit zu nutzen und hier eine kurze Rast einzulegen.

Der Blick über den Mühlenteich ist wirklich idyllisch, zumal der Horizont gerade in orange-rötlichem Glanz erstrahlt. Dass die Sonne bereits untergeht, beunruhigt mich allerdings, denn nach gut 2 Stunden habe ich erst 8 km geschafft; 5 km liegen noch vor uns, und ich kenne den Weg nicht … Doch Dagmar ist zum Glück tiefenentspannt. Sie laufe die Strecke häufig im Dunkeln und begleite mich gerne weiter, beruhigt sie mich und beißt herzhaft in ihren Apfel.

Nach der Pause überqueren wir auf einer kleinen Brücke einen Bach. Wobei die Bezeichnung »Brücke« definitiv zu hoch gegriffen ist für die rutschige, rund einen Meter breite Metallplatte ohne Geländer. Doch für unseren Mut werden wir belohnt: Der Weg verläuft hier auf einem trocknen, aber schmalen Steg aus Waldboden, der zu beiden Seiten von Wasser gesäumt ist. Kurz danach öffnet sich die Landschaft und gibt den Blick auf zahlreiche Teiche frei. Der Pfad führt uns von einem Teich zum nächsten, und wir können uns kaum sattsehen. Wenig später überqueren wir auf einer weiteren »Brücke« – diesmal bestehend aus zwei langen Brettern, immerhin mit Geländer, dafür aber auch mit wahn-

Die Wassermühle in Federlohmühlen

Erste Erwähnungen der Mühle stammen aus dem Jahr 1789. Es ist aber davon auszugehen, dass die Wassermühle noch älter ist. Bis 1975 wurde das hölzerne, oberschächtige Wasserrad durch den Mühlenbach angetrieben. Danach folgte der Mahlbetrieb mittels Elektromotors.

Heute wird das Wasserrad nur noch zu besonderen Anlässen in Betrieb genommen. Wer mehr über die Geschichte der Mühle erfahren möchte, kann die kleine Ausstellung zur Geschichte im Mühlengebäude besuchen. Heiratswillige können sich hier sogar trauen lassen.

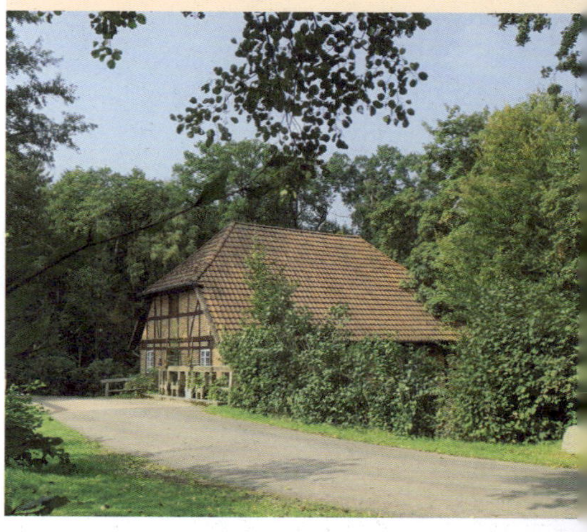

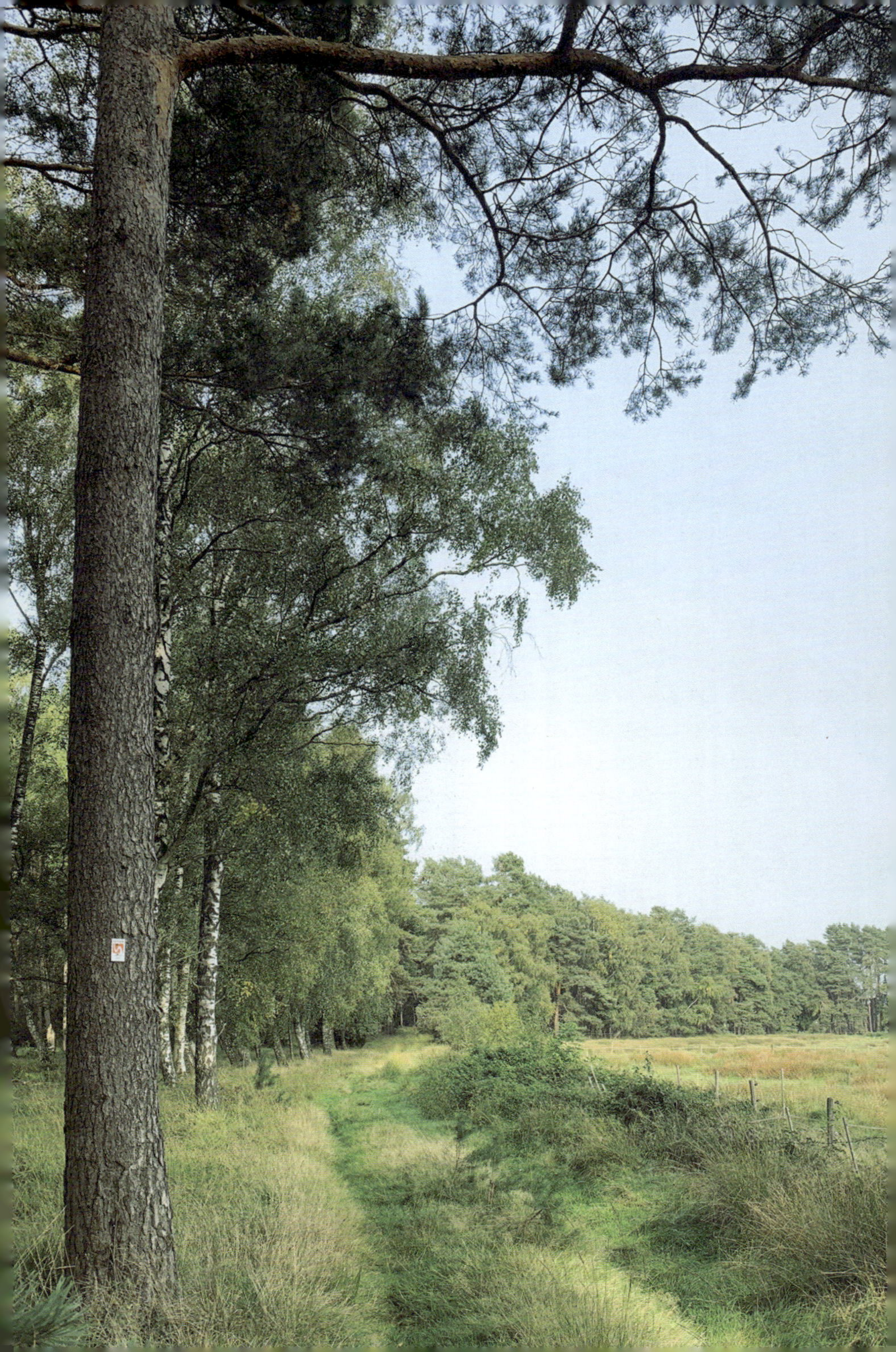

witzig steiler und rutschiger Treppe – den ❖ **Federlohmühlenbach** und gehen weiter ins nächste Waldgebiet.

Langsam nimmt das Dämmerlicht überhand. Die Sonne ist komplett verschwunden. Die Nordpfade-Markierungen kann ich kaum noch mit bloßem Auge erkennen. Wäre ich allein unterwegs, müsste ich jetzt mit meiner Taschenlampe in Lippenstiftformat den richtigen Weg suchen. Vor meinem geistigen Auge sehe ich mich zusammengekauert und wimmernd auf dem Waldboden sitzen. Zum Glück benötigt Dagmar weder Schilder noch Taschenlampe, sie weiß genau, wo wir lang müssen. Sie ist meine heutige Rettung, vom Himmel gefallen, um mich sicher durch den Wald zu begleiten. Vielen Dank, Dagmar!

Von der restlichen Strecke sehe ich nur noch wenig. Im Waldgebiet ❖ **Federloh** wird es von Sekunde zu Sekunde düsterer, die Bäume sind längst zu dunklen Schemen am Wegesrand geworden. Dagmar bietet mir mehrfach an, ihre Stirnlampe (daran erkennt man die Wander-Expertin) einzuschalten; aber eine Wanderung in der Dunkelheit habe ich mir schon lange gewünscht, und in Dagmars Begleitung fühle ich mich sicher. Sie ist auch diejenige, die mich darauf aufmerksam macht, dass wir in den Nadelwald ❖ **Sehlbruch** wechseln; das wäre mir sonst gar nicht aufgefallen.

Die restliche Strecke über unterhalten wir uns ungezwungen über alles Mögliche. Am Rande von Riekenbostel, in der Straße *Am Höllen*, zeigt Dagmar mir – diesmal mit Hilfe ihrer Taschenlampe – noch ein Naturdenkmal: Drei riesengroße Eichen, so gewaltig, dass es drei bis vier Erwachsene bräuchte, um eine davon zu umfassen. Was die stattlichen alten Damen wohl schon alles erlebt haben? Wir reißen uns von ihnen los und erreichen über den *Hasseler Weg* und die *Dorfstraße* schließlich um kurz vor 18 Uhr glücklich unsere Autos. Zum Abschied schenke ich Dagmar meine Nordpfade-Sitzunterlage. Als waschechter Nordpfade-Profi hat sie diese definitiv verdient. Und wer weiß, vielleicht sehen wir uns ja auf der einen oder anderen Wanderung wieder?

Fazit des Tages: Ab und an fällt für dich ein Wald-Schutzengel vom Himmel.

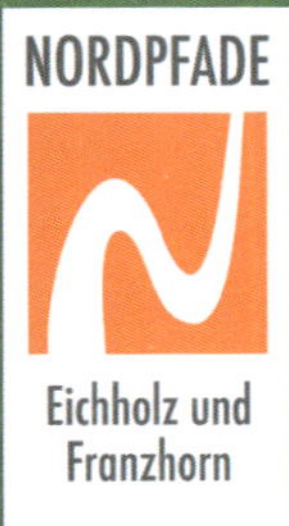

Strecke: 13,4 km

Dauer: ca. 4 ½ Std.

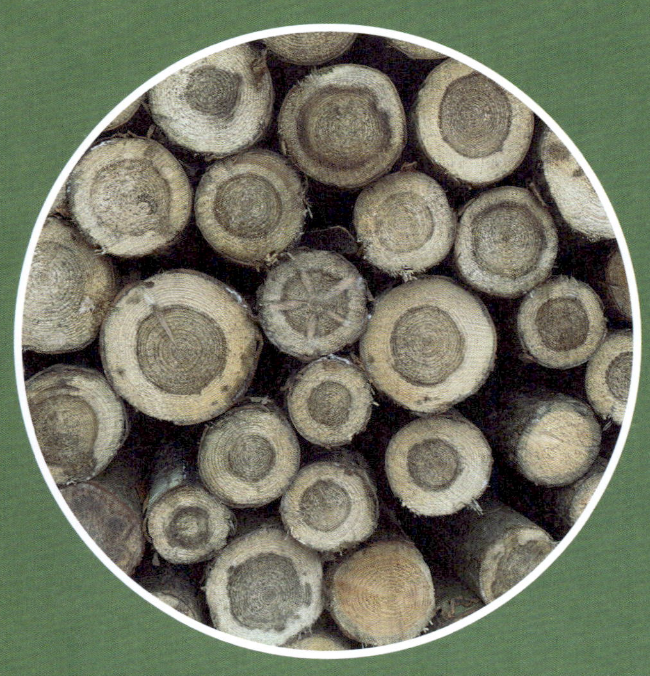

»Eichholz & Franzhorn« – Eichhörner im Sperrbezirk

Startpunkt 2: 27442 Brillit, Rastplatz, Breite Lieht/Franzhorner Straße

Ich möchte ja nicht behaupten, dass mein Mann und ich ein Kommunikationsproblem haben, aber … wir reden leider oft aneinander vorbei. Das Problem zieht sich durch alle Lebenslagen und endet häufig in chaotischen Ergebnissen. Zum Beispiel in Anrufen von besorgten Eltern, die sich wundern, wo unsere Kinder denn bleiben – weil der Spiel-Termin mit meinem Mann besprochen wurde, diese Information jedoch nicht bis zu mir vorgedrungen ist. Oder in dem verwirrten Hinweis des Uhrmachers zu meinem Mann, dass er die Batterie der vorgelegten Armbanduhr doch bereits vor ein paar Stunden in meinem Auftrag gewechselt habe. Es kommt auch vor, dass wir intensiv diskutieren, wer von uns sich beim bevorstehenden Elternabend blicken lässt – und am Ende ist keiner da, weil wir beide denken, der jeweils andere sei vor Ort. Oder wir stehen erstaunt gemeinsam vor dem Klassenlehrer und fragen uns panisch, wer wohl gerade die Kinder hütet?

Diesem Kommunikationsproblem möchten wir an diesem Samstag Anfang Dezember mit einer gemeinsamen Wanderung auf dem 13,4 km langen Nordpfad »Eichholz & Franzhorn« zu Leibe rücken. Die Hinfahrt bringt allerdings gleich die erste Fehlkommunikation: Ich sitze am Steuer, mein Mann Felix bewacht als Beifahrer zwei Flaschen Eiskaffee. »Wollen wir den Eiskaffee mal probieren?«, frage ich in der Hoffnung, dass er mir eine der Flaschen anreicht. Zugegeben, das hätte ich klarer ausdrücken müssen, denn schon schnappt sich mein Mann begeistert eine Flasche, schüttelt sie kräftig und nimmt einen großen Schluck. »Schmeckt's?«, frage ich sarkastisch. »Total lecker«, lautet die bierernste Antwort meines Gatten.

Das fängt ja gut an, denke ich und lenke das Auto auf den Parkplatz im kleinen Ort Brillit. Hier, in unmittelbarer Nähe zum ❖ **Rastplatz Brillit** und zum kleinen ❖ **Friedhof Brillit**, starten wir bei kühlen 2 Grad Außentemperatur und leichtem Schneegraupel unsere Wanderung auf der Franzhorner Straße in Richtung Norden.

Auf den ersten Metern trinke ich (endlich) meinen Eiskaffee, während Felix aufgeregt vom gestrigen Fußball-WM-Spiel der Männer berichtet und die Partie mitsamt ihren Folgen (die deutsche Mannschaft ist ausgeschieden) analysiert. Obwohl ich mit Fußball absolut nichts anfangen kann, lasse ich ihn zunächst gewähren, stoppe ihn nach einiger Zeit jedoch: »Wenn du weiter über Fußball redest, musst du im Auto warten.« Felix schmollt kurz und schweigt, dann holt er sein Handy hervor und studiert seinen Dienstplan. Nach meiner Drohung, meine eigene Chefin anzurufen und mit ihr die nächsten Projekte durchzugehen, schiebt er zum Glück sein Smartphone schnell wieder in die Tasche und konzentriert sich auf die Weiden zu beiden Seiten unseres Weges.

Schon bald erreichen wir die kleine Siedlung ❖ **Franzhorn**, passenderweise angekündigt durch ein Schild mit dem Wort »Franz-« und dem Bild eines Jagdhorns. Wir passieren ein paar weihnachtlich geschmückte Häuser, ein kleines Backhaus und wunderschöne schottische Hochlandrinder. Während ich mich in ein besonders hübsch gehörntes Exemplar der gemächlichen, zotteligen Tiere verliebe und von Schottland träume, liest Felix mir Fakten über Franzhorn von einer Infotafel vor. Bei dem Wort »Butterkuchen« werde ich hellhörig. Der wurde offenbar am 13. August 1986 zum ersten Mal im hiesigen Backhaus gebacken. Sofort lässt mir die Vorstellung von großen saftigen Kuchenstücken das Wasser im Mund zusammenlaufen, und auch meinem Mann scheint der Gedanke Appetit zu machen, denn er kaut bereits genüsslich an einem seiner Brötchen herum. Ich schiebe meinen Hunger tapfer zur Seite, und wir setzen unseren Weg zum ❖ **Forst Franzhorn** fort.

Im Wald blüht mein Mann richtig auf. Er entdeckt einen Buntspecht, beobachtet einen Greifvogel, informiert mich über die unterschiedlichen Baumarten und freut sich über jeden Star, jedes Rotkehlchen und jeden Spatz. Er ist voll im Naturentdecker-Modus. An dieser Stelle muss ich mich mal outen: Mein eigenes Baum-Erkennungs-Repertoire besteht im Wesentlichen aus Eiche, Buche, Haselnuss, Birke, Kiefer und Eberesche. Ich kann traurige sechs Bäume in unseren heimischen Wäldern benennen. Mit Glück kommen noch Kastanie und Ahorn dazu. Um meine vogelkundlichen

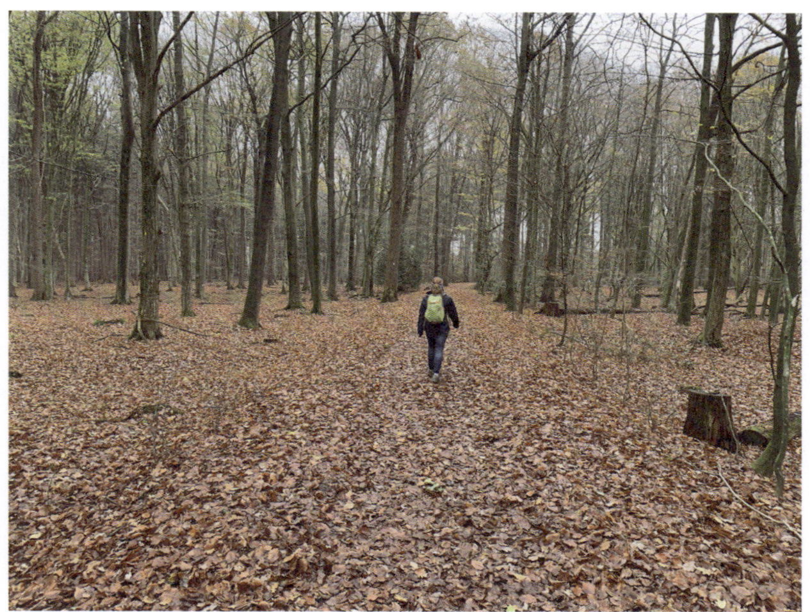

Kenntnisse ist es leider auch nicht viel besser bestellt. Obwohl ich zahllose Naturdokus geschaut, sämtliche Bücher von Peter Wohlleben gelesen und heimlich mit den »tiptoi«-Büchern der Kids gelernt habe, scheint das Wissen wie bei einer gut beschichteten Teflon-Pfanne einfach an mir abzugleiten. Ich kann planen, strukturieren, logisch denken, aber Allgemeinwissen kann ich mir partout nicht merken. Felix ist das genaue Gegenteil: Vorausschauendes Mitdenken ist nicht seine Stärke, aber er kann Daten und Persönlichkeiten benennen wie ein wandelndes Geschichtsbuch. In dieser Hinsicht ergänzen wir uns perfekt …

Wir genießen beide die Eindrücke um uns herum. Der Forst ist von einzelnen Tümpeln durchzogen, die ihn in eine schaurig-schöne Sumpflandschaft verwandeln. Kein Mensch ist weit und breit zu sehen (diesmal wirklich, wie Felix mir bestätigt), und wir kommen gemeinsam zur Ruhe. Während uns der laubbedeckte Weg mit allerlei Schlenkern durch den Wald führt, unterhalten wir uns über die Kinder, das bevorstehende Weihnachtsfest und über längst vergangene Zeiten. Bis wir von einem lauten Knurren

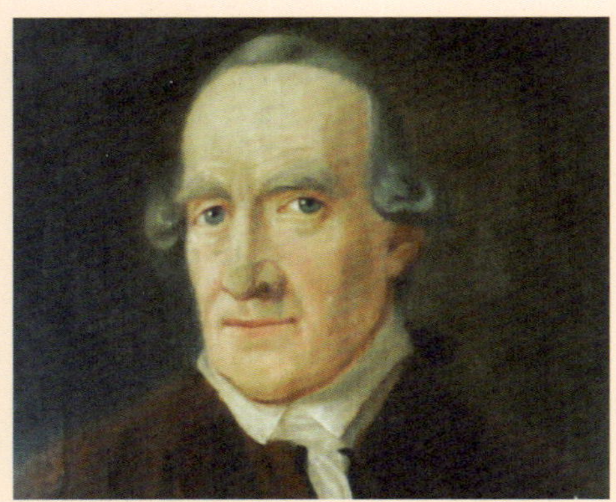

Der Moorkommissar

Gnarrenburg verdankt seine heutige wirtschaftliche Bedeutung maßgeblich der Moorkolonisation und der damit verbundenen Gründung von Torfwerken, Ziegeleien und Glashütten. Unter Leitung des Moorkommissars Jürgen Christian Findorff (1720–1792) wurde das Gnarrenburger Moor als Teil des Teufelsmoors im 18. Jahrhundert weitgehend entwässert und besiedelt. Nach seinen Plänen entstanden 70 Dörfer, die sogenannten »Findorff-Siedlungen«: kilometerlange Moorhufendörfer aus an Straßen und Kanälen aufgereihten Hofstellen.

unsanft unterbrochen werden. Ein Wolf? Ein Bär? Natürlich nicht! Das ist mein – allerdings ähnlich unheilverkündender – Magen. Und das zu Recht, nach 4 km und 1 Stunde unterwegs auf zwei Beinen.

Da wir hier nirgends eine Bank entdecken können, holen wir uns gegenseitig unsere Brötchen aus den Rucksäcken und beißen herzhaft in unser Frühstück. Glücklich kauend lassen wir das große Waldgebiet am ❖ **Moorexpress-Bahnhof Brillit** hinter uns und biegen zunächst rechts auf die *Osterweder Straße* ab, dann gleich wieder links auf die *Ziegeleistraße*.

Kurz darauf stehen wir an Bahnschienen, und ich verdrücke eine kleine Freudenträne. Endlich mal wieder ein Nordpfad mit Bahnschienen. Diese Exemplare hier dienen dem historischen Moorexpress, der von Frühjahr bis Herbst immer an den Wochenenden zwischen Bremen und Stade verkehrt. Wir schlagen uns – der Nordpfade-Markierung folgend – wacker durch ein kompliziertes Labyrinth aus Absperrungen hindurch und setzen unseren Weg fort zu der kleinen Siedlung Brillitermoor. Ein typisches Moorgebiet können wir hier nicht erkennen, auch wenn die Ortschaft am nördlichen Rand des früheren Teufelsmoors liegt. Wir lassen sie hinter uns und setzen unseren Weg entlang des kleinen Ziegeleikanals fort.

Die Landschaft öffnet sich hier, rechts neben uns fließt der schmale Kanal langsam durch die Wiesen, umsäumt von einigen Bäumen (darunter laut Felix ein paar stattliche Pappeln). Der Weg wird immer schmaler, und wir müssen im Entenmarsch hintereinander laufen, bis wir eine wunderschön verträumte, schmale Fußgänger-Holzbrücke über den Kanal erreichen. Zu meiner Begeisterung führt uns der Nordpfad hinüber und direkt in den Schoß einer robusten Holz-Beton-Bank. Der ❖ **Rastplatz Ziegeleikanal** kommt mir sehr gelegen, habe ich doch nach 6 km einen gesunden Kaffeewunsch entwickelt. Ich breite also meine dünne Picknick-Decke über die leicht feuchten Holzbalken aus, und wir genießen heißen Kaffee und Erdnuss-Karamell-Schokoriegel. Wandern in der Kälte verbraucht schließlich besonders viele Kalorien!

Nach unserer Zwischenmahlzeit machen wir uns wieder auf den Weg. Zu beiden Seiten liegen sattgrüne Winterwiesen, über unseren Köpfen sucht ein Rüttelfalke (sagt Felix) seine nächste Mahlzeit. Wir marschieren entspannt quatschend weiter zum Ortsrand von Gnarrenburg. Auf der *Friedrichstraße* überqueren wir erneut die Moorexpress-Trasse und biegen dahinter rechts ab. Wir passieren das geschlossene Waldfreibad mit seiner leuchtend blauen Rutsche und gelangen alsbald zum nächsten Wald: ❖ **Forst Eichholz**. Oder vielmehr stehen wir davor auf der *Waldstraße* und müssen erstmal eine gut eineinhalb Meter hohe, steile Abbruchkante hochkraxeln, bevor wir in den ruhigen Mischwald abtauchen können.

Im Wald entdecken wir schon nach kurzer Zeit eine Losung auf dem Boden. Für alle, die keine Natur-Doku-Freaks sind: Das ist Jägerjargon für Tierkot. Gespannt beugen wir uns beide tief über die Exkremente und diskutieren, welches Tier hier unterwegs war. Wie viele Kinder in einem bestimmten Alter hegten auch unsere Mädels einst eine besondere Faszination für das große Geschäft. Ausgelöst durch den Bilderbuch-Klassiker »Vom kleinen Maulwurf, der wissen wollte, wer ihm auf den Kopf gemacht hat«, wurde auf unseren Familien-Spaziergängen bald jeder Haufen bestaunt und – nach der Anschaffung eines speziellen Tierführers – später auch bestimmt. Inzwischen ist die Begeisterung der Kinder längst abgeebbt, aber an uns Elterntieren ist die Angewohnheit wie ein exzentrisches Hobby kleben geblieben. Im Fall vor uns tippen wir auf den Fuchs.

Unser Weg führt uns weiter an einem Waldkindergarten entlang bis zum ❖ **Großsteingrab** im Eichholz. Mein Mann als großer Geschichts-Fan teilt meine Vorliebe für diese Wunderwerke unserer Vorfahren. Das hiesige Grab stammt laut Infotafel aus der jüngeren Steinzeit. Während Felix sich den Text interessiert durchliest, genieße ich die stille Wald-Atmosphäre, die allerdings hin und wieder von nahen Motorsägen-Geräuschen unterbrochen wird.

Wir trennen uns von dem Grab und setzen unseren Weg fort. Die Nordpfade-Markierung schickt uns aus dem Wald hinaus auf die *Rübehorster Straße*, doch die Strecke ist von einem Banner versperrt, welches quer über den Weg gespannt ist und um das wir umständlich herumklettern müssen. Ich ärgere mich über diese Fehlplanung, bis ich den Text auf der Vorderseite des Banners lesen kann – und in lautes, leicht hysterisches Gelächter ausbreche. Felix, der sich noch am Banner entlang quält, möchte wissen, was los ist, also lese ich ihm vor: »Waldweg gesperrt! Achtung Baumfällungen! Lebensgefahr! Es tut uns leid, dass wir wegen gefährlicher Arbeiten zu Ihrer Sicherheit diesen Waldweg vorübergehend sperren müssen. Ihre Niedersächsischen Landesforsten.« Mein Mann und ich schauen uns wie zwei überraschte Eichhörner an. Offensichtlich wurde der Waldweg nur von einer Seite gesperrt. Dumm nur, dass wir von der anderen Seite gekommen sind; zumal wir nur wenig später Bäume mit lautem Getöse fallen hören.

Gerade nochmal dem Tod von der Schippe gesprungen, biegen wir mit frischem Elan links ab auf den Weg *Am Winterberg*, wo wir an einem alten, offensichtlich leerstehenden Gebäude mit eingeschlagenen Fenstern vorbeikommen. Interessiert schauen wir uns den großen, verwahrlosten Komplex an und überlegen, was sein Zweck gewesen sein könnte, bis wir vor einem hohen Industrie-Schornstein stehen bleiben. Jetzt dämmert uns: Das muss die ❖ **ehemalige Ziegelei** sein. Das alte Backsteingebäude ist mit Graffiti beschmiert, überall steht Unrat herum, und das Dach ist komplett abgedeckt. Hier hat seit vielen Jahren keiner mehr gearbeitet. Langsam setzen wir unseren Weg fort, während wir uns über das alte Gebäude unterhalten. Stünde die Ziegelei in Hamburg, hätte ein Investor sie längst aufwändig restauriert und ein trendiges Hotel, ein angesagtes Restaurant oder ein überteuertes Loft im Industrie-Look daraus gemacht. Doch hier, mitten im Nirgendwo, müssen die Gebäude einsam verfallen.

Im Anschluss passieren wir wieder eine offenere Landschaft mit Wiesen, Bäumen und Feldern. Der Himmel bleibt heute beständig grau, die Sonne lässt sich nicht blicken. Auch die Temperatur ist konstant kühl, doch wir zwei sind mit unserer Funktionsunterwäsche gut gewappnet. An einem Waldrand entdecken wir unterwegs ein verfallenes Holz-Häuschen im Miniformat und überlegen, wofür dies wohl einst gedacht war. Für ein Klohäuschen ist es zu klein, gerade mal hüfthoch. Bei genauerem Hinsehen stellen wir zudem fest, dass es auf schweren Metallrädern steht; offensichtlich kann (oder konnte) man es bewegen. Ich beschließe, dass es ein zurückgelassener Wagen vom kleinen Volk der Haarfüße sein muss. Auch wenn ich keine Idee habe, wie die Hobbits aus dem Auenland sich hierher verirrt haben könnten, geben wir uns beide mit dieser Theorie zufrieden und setzen unsere letzte Etappe fort, an der kleinen Siedlung ❖ **Rübehorst** entlang auf der *Rübehorster Straße* nach Norden.

Vorbei an den ersten Häusern von ❖ **Brillit**, biegen wir nach links in die *Kleine Straße* und erreichen ein kurzes, von Grünflächen flankiertes Wegstück. Während wir hier eine letzte Mandelhörnchen-Pause einlegen, werden wir von einer schwarzen Katze beobachtet, und hinter uns schnattern zahlreiche Gänse und Enten von einem Hof in der Nähe. In wenigen Metern werden wir beim Auto ankommen, einsteigen und die Kinder von meinem Schwiegerpapa abholen.

Der Blick auf die Uhr zeigt: Wir haben etwa 3,5 Stunden für die über 13 km gebraucht und werden pünktlich zum Kaffee wieder zuhause sein. Ein guter Abschluss für einen schönen Wandertag zu zweit. Abends auf dem Sofa wird mir Felix erzählen, wie effektiv ihn die Wanderung aus seinem Alltagstrott herausgeholt hat. Ich hoffe, er kann eine Weile von diesem Erlebnis zehren. Zu den restlichen Wanderungen kann ich ihn nämlich leider nicht mitnehmen – einer muss schließlich die Kinder hüten.

Fazit des Tages: Auch Eichhörner mit Kommunikationsproblemen kommen gemeinsam ans Ziel.

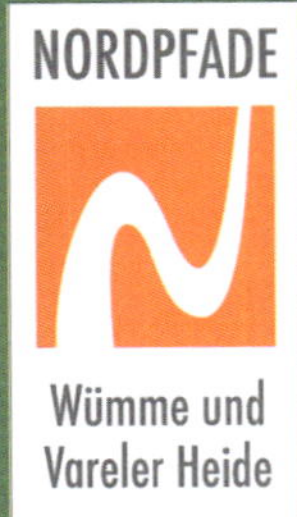

Strecke: 14,1 km

Dauer: ca. 5 Std.

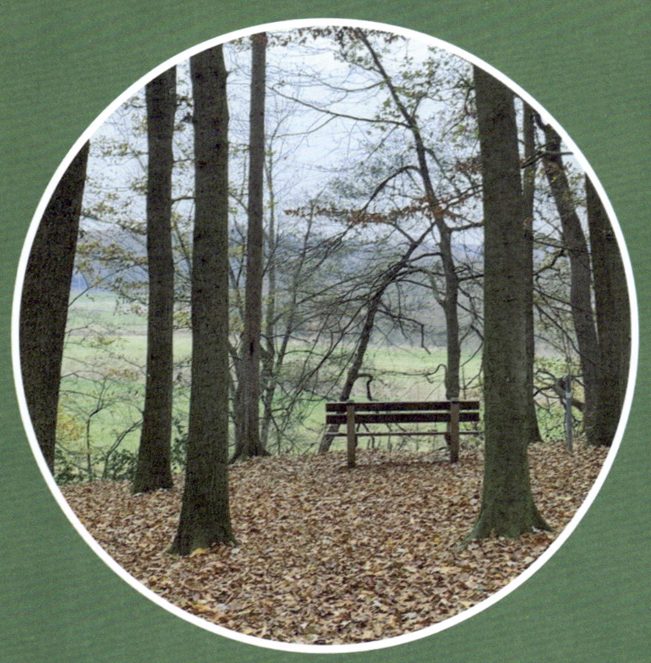

»Wümme & Vareler Heide« – Unter Freundinnen

Startpunkt 1: 27383 Scheeßel, Am Meyerhof

Heute, am 2. Advent, treffe ich mich mit einem ganz besonderen Menschen am Meyerhof in Scheeßel, damit wir gemeinsam den 14,1 km langen Nordpfad »Wümme & Vareler Heide« abwandern. Voller Vorfreude stehe ich um 10 Uhr morgens bei meinem Auto und halte ungeduldig Ausschau. Der Himmel ist grau, aber regenfrei, die Temperaturen dümpeln um den Gefrierpunkt. Doch in meinem Herzen scheint die Sonne. Und nach wenigen Minuten trifft auch meine Begleitung auf dem Parkplatz ein. Ein Blick, ein breites Grinsen und eine dicke Umarmung – endlich ist sie da: Meine beste Freundin Petra. Sie ist heute extra für unsere Wanderung aus dem Landkreis Cloppenburg angereist.

Für viele Menschen ist der Begriff »beste Freundin« dehnbar, die Person über die Jahre austauschbar. Für mich nicht. Für mich ist meine beste Freundin die Person, mit der ich früher stundenlang Mutter, Vater, Kind gespielt habe und über den Spielplatz getobt bin, bei der ich meine ersten Übernachtungspartys gefeiert und mit der ich zusammen das erste eigene Geld verdient habe. Wir kennen uns, seitdem wir denken können. Wir besuchten die gleiche Schule, waren zusammen im Urlaub und haben einander durch Hochzeitsvorbereitungen und Schwangerschaften begleitet. Petra ist meine Trauzeugin, ich bin die Patentante ihres jüngsten Sohnes. Wir sind ein Team und kennen einander in- und auswendig. Auch wenn wir uns nicht oft treffen können, ist es bei jedem Wiedersehen, als läge das letzte Mal bloß Momente zurück. Eine gemeinsame Wanderung ist somit genau das Richtige für einen intensiven Austausch unter Freundinnen.

Mit diesem Herzensmenschen starte ich die Tour, und nach wenigen Metern sind wir bereits intensiv ins Gespräch vertieft. Die teils reetgedeckten Fachwerkgebäude des ❖ **Meyerhofs**, die kleine Holzbrücke über das idyllische Flüsschen Beeke sowie das ❖ **Heimathausgelände** an der *Zevener Straße* mit »Niederdeutschem Hallenhaus« und schmucken Fachwerkbauten nehmen wir nur am Rande wahr. Schnell finden wir uns auf einem schmalen Pfad durch die Wümme-Landschaft wieder. Links von uns fällt das baumbestandene Ufer steil zur Wümme hin ab, die mal den Blick auf weite Wiesen freigibt und mal von krumm gewachsenen Bäumen und Büschen vollständig verdeckt wird.

Doch wir bleiben nicht lange ungestört. Von hinten nähert sich ein Schnauben wie von Dampflokomotiven: Ein Zug von Joggern zieht auf dem weichen Boden an uns vorbei. Ein Mann in neongelber Windjacke führt ihn an, drei Jogger-Waggons folgen hechelnd und schwitzend. Wenig später überholt uns ein weieres Jogger-Gespann, diesmal eine längere Variante mit Zugmaschine und fünf Anhängern, dafür allerdings ein Bummelzug, der ungleich langsamer unterwegs ist. Petra und ich wandern weiter auf dem schmalen, wurzeldurchsetzten Pfad und müssen nach wenigen Metern ein drittes Mal ausweichen. »Ist hier irgendwo ein Nest?«, fragen wir uns verwundert, denn offensichtlich durchstreifen wir gerade Jogger-Land.

Bald erreichen wir die *Landstraße L 130* und müssen uns entscheiden: der Straße nach links über eine Brücke folgen oder schräg rechts in einen Feldweg biegen? Wir wählen die rechte Route – wieder einmal entgegen der empfohlenen Laufrichtung. Die Wümme lassen wir hinter uns, die Landschaft ändert

Das Heimatmuseum Scheeßel

Der Meyerhof besteht aus einem Hauptgebäude aus dem Jahre 1875 sowie zahlreichen Nebengebäuden, die einst als Stall und Kornspeicher genutzt wurden. Zusammen mit dem 300 m entfernten Heimathaus bilden die historischen Fachwerkbauten heute das Heimatmuseum Scheeßel, in dem Besucher Wissenswertes über alte Handwerke wie Schmieden, Weben oder Klöppeln erfahren können. Besonderes Highlight des Museums ist die Blaudruck-Dauerausstellung. Sie informiert seit 2020 über den als UNESCO-Weltkulturerbe ausgezeichneten Blaudruck, ein besonderes Färbeverfahren für Stoffe wie Leinen und Baumwolle. Außerdem bietet das Museum auch Webkurse an.

Weitere Infos: www.heimatmuseum-scheessel.de

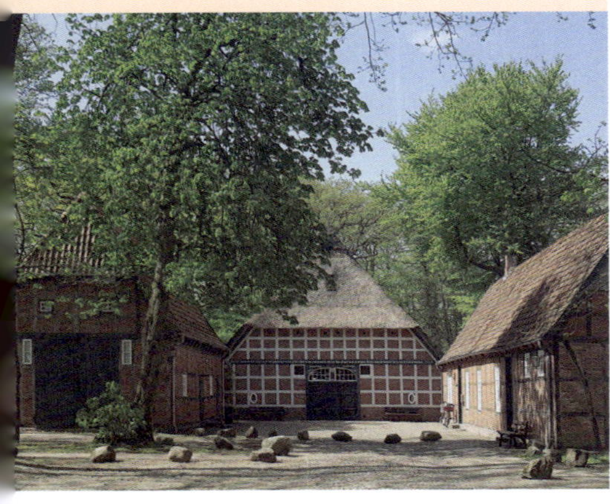

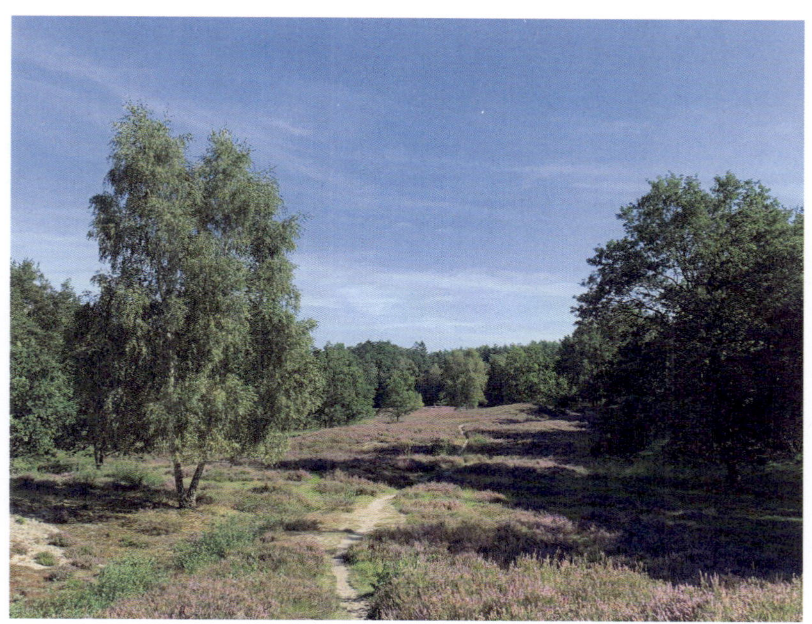

sich. Nach einigen Wiesen und kleinen Wäldchen mitsamt dem ❖ **Rastplatz an der ehemaligen Köhlerhütte** erreichen wir den ❖ **Schafstall Vareler Heide**. Das rote Fachwerkgebäude mit Krüppelwalmdach schaut urgemütlich aus und lädt zum Träumen ein.

Leider sind heute keine Schafe zu sehen, also ziehen wir weiter und stehen plötzlich inmitten der versprochenen Heidelandschaft des Naturschutzgebiets Vareler Heide. Das Heidekraut ist zwar komplett verblüht, reiht sich aber mit einem sanften Braunton harmonisch in den Rest der Landschaft ein: Der sandige Boden mit dem Hellbraun, die Bäume mit dem erdigen Dunkelbraun, die Gräser in Ockerbraun – der Anblick lässt unsere Unterhaltung verstummen und wir konzentrieren uns ein paar Schritte lang auf das Panorama. Ein Specht hämmert irgendwo in der Nähe seine Löcher in einen Baum. Doch lange kann uns diese idyllische Gegend nicht zum Schweigen bringen. Alsbald sind wir wieder in einer angeregten Unterhaltung versunken. Am Rande nehmen wir einige knorrige Bäume und das Kunstwerk »Begegnungen« der Künstlerin Gisela Milse wahr. Die Skulptur

Der LandPark Lauenbrück

Der LandPark Lauenbrück bietet auf einer weitläufigen Fläche von 250.000 qm eine liebevoll gestaltete Park- und Gartenlandschaft. Der Park ist ganzjährig geöffnet und verfügt neben Kräutergarten, gemütlichen Relax-Möglichkeiten und Spielplätzen über mehr als 200 Wild- und Nutztiere, von denen ein Großteil zu vom Aussterben bedrohten Arten gehört. Zusätzlich bietet das LandPark-Team zahlreiche Kulturveranstaltungen und Projekte wie Lesungen, Ostereiersuchen, Übernachtungen im Park und Kunstprojekte.

Weitere Infos: www.landpark.de

aus hellem Stein erinnert an zwei Figuren, die sich berühren, als würden sie Arm in Arm einen Sonnenuntergang bewundern. Kurz hinter dem Kunstwerk entschwinden wir über eine schmale Holzbrücke über den Steinbecker Moorgraben in einen Mischwald.

Hier finden sich noch erstaunlich viele grüne Farn-Bündel, hüfthoch gewachsen und dicht an dicht wie im Dschungel. Genau wie auf den Seychellen, wo sie ihre Flitterwochen verbracht hat, findet Petra. Unser Gespräch dreht sich jetzt um palmenbestückte Inseln und gemeinsame Urlaube. Petra und ich haben zuletzt ein Wanderwochenende im Harz verbracht – ganz ohne Kinder und Ehemänner, dafür mit Zimmerservice. Bereits die Anreise kostete uns dank Streckensperrungen und zahllosen Serpentinen den letzten Nerv. Vier Stunden später als geplant erreichten wir endlich das Hotel. Am nächsten Morgen empfahl uns unsere Gastgeberin eine überschaubare Wanderroute, die wir allerdings prompt aus den Augen verloren (zu unserer Verteidigung: Wegmarkierungen im Abstand von fünf Kilometern sind definitiv nicht hilfreich). Als wir abends erschöpft, aber glücklich ins Hotel zurückkehrten, war die gute Frau schon in heller Aufregung, weil sich »ihre Mädels« um Stunden verspätet hatten. Zum Glück hatte sie noch keinen Suchtrupp organisiert.

Lachend und in Erinnerungen schwelgend laufen Petra und ich unseren gut beschilderten Wohlfühl-Nordpfad weiter Richtung Lauenbrück und müssen für eine Weile dem Radweg an der *Bundesstraße B 75* folgen. In einiger Entfernung kann ich die Zufahrt zum »LandPark Lauenbrück« erkennen, zu dem ich regelmäßig mit der Familie fahre. Die Kinder lieben die Spielplätze und Tiere, wir Erwachsenen die wunderschöne Parklandschaft. Im ersten Corona-Jahr hatten wir hier eine dicke schwarze Patenziege, die wir bei jeder Gelegenheit besucht haben. Noch heute freuen sich die Kinder bei jedem Besuch im LandPark wie Bolle, wenn sie »ihre« Ziege zwischen den anderen entdecken können.

Heute folgen wir aber nicht meiner gewohnten Autoroute zum Land-Park, sondern biegen stattdessen nach links in ein Waldgebiet ab, wo unsere angeregte Unterhaltung durch ein zorniges Brummen unterbrochen wird. Mein Magen fordert feste Nahrung, Petra könnte ebenfalls eine Pause gebrauchen. Wir schlagen uns noch eine kurze Zeit durch den leicht verwilderten Waldabschnitt, bis wir vor der idealen Bank stehen: geräumig, überdacht, mit Rückenlehne und Tisch in der Mitte. Direkt daneben weist uns ein Schild auf den hier beginnenden »RuheForst« hin. An diesem Ort können Verstorbene im Wald ihre letzte Ruhestätte finden. Das Konzept gefällt mir, auch ich möchte später als Asche in den Kreislauf der Natur zurückkehren. Tief in unsere neue Diskussion über letzte Ruhestätten verstrickt, setzen wir unseren Weg fort.

Wir verlassen das Waldgebiet und gehen erneut auf einem Radweg an der *Kreisstraße K 212* entlang, die aufgrund des laut vorbeirauschenden Verkehrs unser angeregtes Gespräch unsanft ins Stocken bringt. Nach wenigen hundert Metern lassen wir die Straße an der kleinen Siedlung ❖ **Rehr** jedoch hinter uns und sind wieder auf Feldwegen unterwegs. Unsere Unterhaltung ist längst wieder im vollen Gange, als plötzlich ein großer Damhirsch aus dem Gebüsch springt und vor einem entgegenkommenden Radfahrer flüchtet. Meine zweite Begegnung mit Damwild innerhalb von nicht mal einem Monat. Ich staune. War ich bisher zu unaufmerksam, oder warum hatte ich zuvor kein Damwild gesehen?

Die Felder und kleinen Waldgebiete, die wir anschließend passieren, erinnern uns an unsere Kindheit in den Wäldern unseres Heimatdorfs, wo wir endlose unbeschwerte Tage verbracht und unserer Fantasie beim Spielen freien Lauf gelassen haben. Ein paar in weißer Folie verpackte Rundballen auf einer Wiese rufen uns eines dieser Spiele ins Gedächtnis: Die Ballen stellten damals Zähne dar, und wir waren Karius und Baktus und mussten uns zwischen den »Zähnen« vor einer imaginären Zahnbürste verstecken, damit sie uns nicht erwischt. Lachend schwelgen wir in Erinnerungen, wäh-

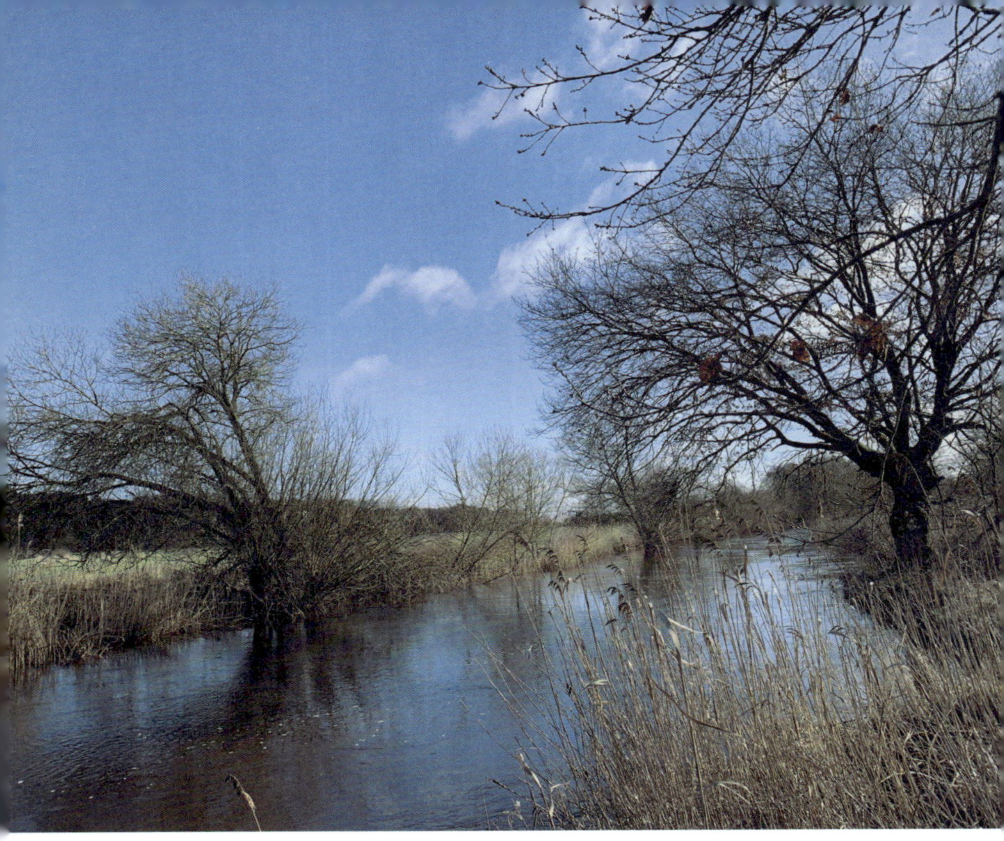

rend wir an ein paar Bauernhöfen vorbei und weiter über Feldwege laufen. Dann wandern wir ein weiteres Mal auf einem Radweg, diesmal entlang der *Landstraße L 130*.

Bald erreichen wir wieder die Wümmebrücke, an der wir uns vorhin für die rechte Route entschieden haben. Hier schließt sich der eigentliche Rundweg, und wir müssen die Strecke bis zum Meyerhof – das gemeingefährliche »Jogger-Land« – wieder zurückwandern. Tatsächlich sind wir erstaunt, dass wir schon wieder hier sind. Es ist erst kurz vor 14 Uhr, wir müssten also in 4 Stunden über 12 km gelaufen sein, inklusive Pause … Wir werfen einen prüfenden Blick in den Tourenbegleiter und laufen den Nordpfad nochmal mental ab. Beim ❖ **Sinnesgarten »Haus Wümmetal«** stutzen wir; daran können wir uns nicht erinnern. Auch den Ort ❖ **Griemshoop** mit historischen Fachwerk- und Backsteingebäuden haben wir nicht wahrgenommen; aber rückblickend müssen das die Höfe gewesen sein, bei denen wir unser »Zahnspiel« rekapituliert haben.

Petra und ich schauen uns an, zucken mit den Schultern und bahnen uns langsam schlendernd unseren Weg zurück durchs »Tal der Jogger«. An einer Stelle flacht das Ufer der neben uns fließenden Wümme stark ab. Ist dies der im Tourenbegleiter angekündigte ❖ **Wümmestrand**? Jetzt im Winter wirkt das braune Wasser nicht gerade einladend, und dass wir den Strand auf dem Hinweg übersehen haben, können wir uns daher leicht verzeihen. Dafür stellen wir uns jetzt an den Fluss und beobachten die leichte Strömung. Während wir so dastehen, erzählt mir Petra wahre Geschichten aus einem True-Crime-Podcast, den sie gerade hört – zahlreiche Morde an Wanderern inklusive. Mein Gehirn prägt sich natürlich (!) alle grausamen Details ein, um sie vermutlich bei meiner nächsten Solo-Wanderung in Dauerschleife abzuspielen …

An einer Bank mit weitem Blick auf Wümme und Wiesen legen wir nochmal eine längere Pause ein. Wir haben es nicht eilig und könnten noch stundenlang weiterwandern. Mit Schokoriegeln und Wasser machen wir es uns gemütlich und unterhalten uns weiter über alles Mögliche. Doch je länger wir hier sitzen, desto eisiger wird uns. Also machen wir uns schließlich bibbernd und mit leuchtend roten Nasen auf zum Meyerhof, wo wir uns schweren Herzens voneinander verabschieden.

Auf dem Heimweg erfüllt mich Dankbarkeit für meine beste Freundin, die mich auf meinem langen Weg über die 24 Nordpfade ein Stück begleitet hat. Und abends wird mir Petra schreiben, dass ihr die gemeinsame Wanderung wie eine Therapiesitzung vorkam. Wer hier Patient und wer Psychologe war, bleibt allerdings offen.

Fazit des Tages: Bei einem guten Gespräch unter Freundinnen kann man den Weg schon mal aus den Augen verlieren.

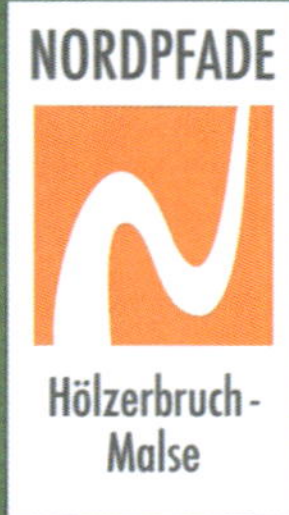

Strecke: 13,4 km

Dauer: ca. 4 ½ Std.

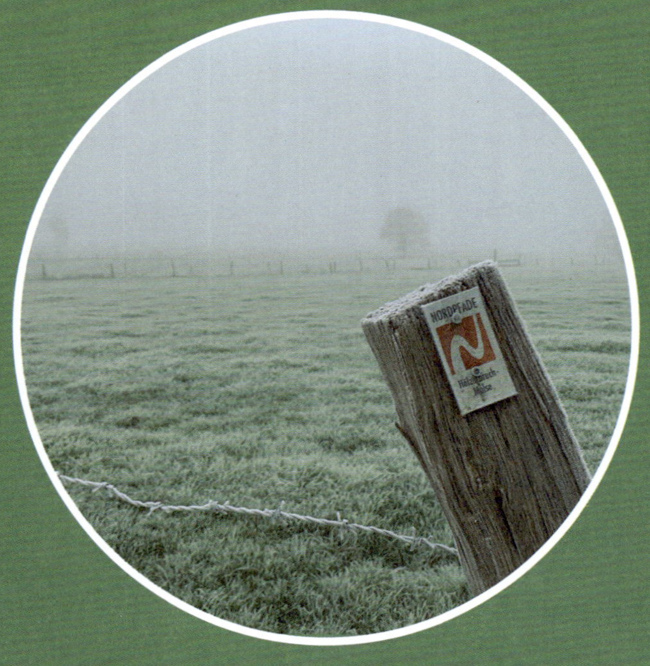

»Hölzerbruch – Malse« – Blair Witch Project reloaded

Startpunkt 2: 27432 Hipstedt, Rastplatz, In de Hörn

Es gibt diesen Moment, in dem man vollkommen entspannt aufwacht und dann erschrocken feststellt, dass man verschlafen hat. So wie heute. Um 7.45 Uhr öffnete ich ganz gelassen die Augen. Im nächsten Augenblick wurde mir bewusst, dass der Unterricht meiner älteren Tochter just begonnen hatte. In einer neuen Rekordzeit von unter zehn Minuten war sie abfahrbereit und befand sich im Auto meines Mannes auf dem Weg zur Schule. Mit unserem Nesthäkchen schaffte ich es ebenfalls, wenn auch mit beiderseitigen Heulattacken, die Morgenroutine auf knapp zehn Minuten einzudampfen. Kurz nach 8 Uhr lieferte ich – mit Amy-Winehouse-Gedächtnisfrisur und hastig übergeworfenen Klamotten – die Kleine im Kindergarten ab. Nach diesem Kaltstart musste ich erstmal Kaffee tanken und meine eigene Morgenroutine nachholen.

Jetzt stehe ich am ❖ **Rastplatz Hipstedt**, um den 13,4 km langen Nordpfad »Hölzerbruch – Malse« zu wandern, und frage mich, ob ich meine Kinder vor lauter Hast in Schlafanzügen oder ohne ihre Brotdosen abgegeben habe? Wegen des morgendlichen Fehlstarts stehe ich richtig neben mir. Schon als Kind fand ich Verschlafen blöd und brach regelmäßig in Tränen aus. Auch jetzt stehe ich kurz vor dem emotionalen Zusammenbruch, als mir bewusst wird, dass ich meinen Wander-Schokoladenkuchen zuhause vergessen habe. Das Wetter macht es nicht gerade besser: Es ist grau, neblig und minus 2 Grad kalt. Außerdem habe ich Muskelkater von meiner gestrigen Pilates-Einheit. Ganz schlechte Wandervoraussetzungen.

Entsprechend missmutig mache ich mich auf den Weg und folge der Straße *Zur Malse* nach Südwesten. Über der gesamten Landschaft liegt eine feine, weiße Frostschicht. Mit jedem Schritt knistert das teils gefrorene Laub unter meinen Füßen, und der Asphalt darunter ist eisglatt. Ich muss gehörig aufpassen, um nicht auszurutschen. Vielleicht sollte ich die Wanderung abbrechen? Nein, jetzt bin ich schon hier und habe mir dafür extra Urlaub genommen, also wandere ich gefälligst auch. Kaum ist der Entschluss gefasst, finde ich mich auf dem kalten Boden wieder. Autsch. Ich rapple mich mühsam wieder hoch, reibe die nun schmerzende Hüfte und setze meinen Weg stoisch fort. Diese Tour wird heute bewältigt, und wenn es das Letzte ist, was ich tue …

An Feldern entlang erreiche ich den ❖ **Forst Malse**. Zu meiner Erleichterung birgt der laubbedeckte Weg hier weniger Gefahrenstellen als die glatte Straße. Der Mischwald um mich herum wirkt wie verzaubert durch den zarten Raureif. Müsste ich einen Winterwald malen, dann sähe er aus wie dieser hier. Riesengroße dichte Tannen stehen am Wegesrand. Ihr sattes Grün ist im umgebenden Einheitsgrau eine richtige Wohltat für die Augen, und der Frost lässt ihre Spitzen festlich glitzern. Bewundernd betrachte ich die Landschaft und kann mich trotz der schlechten Laune an ihr erfreuen. Auch die Geräusche klingen heute anders. Eine eigentümliche Stille liegt über dem Wald, einzig durchbrochen durch meine knirschenden Schritte.

Tiefer im Wald ändert sich das Bild. Der Nebel kommt hier kaum durch die dichtstehenden Bäume, und ihre schützenden Dächer haben es dem Frost offenbar schwer gemacht. Ihre Kronen recken sich weit dem Himmel entgegen, während das Unterholz aus braunem Farn und kleinen Nadelbäumen besteht. Eine kleine umgesägte Tanne liegt am Wegesrand. Ob die wohl auf der Flucht zurückgelassen wurde? Schließlich steht das Fest vor der Tür. Ich selbst bin allerdings noch nicht so recht in Weihnachtsstimmung. Von mir aus könnten wir in diesem Jahr auf Tannenbaum und Co. verzichten. Doch der Rest der Familie freut sich so sehr auf das bevorstehende Fest, dass ich mein Bestes gebe, um nicht als Grinch zu enden.

Während ich im Kopf meine Geschenkliste durchgehe, ändert sich die Umgebung. Der Mischwald wird immer häufiger von dunklen Nadelbäumen und abgestorbenen Baumgruppen durchbrochen, die wie bizarre Kreaturen anmuten. Mehrfach komme ich an Lichtungen vorbei, in denen sich die Nebelwolken ausbreiten.

Dummerweise habe ich gestern Abend einen folgenschweren Fehler gemacht, der mir bei diesem Wetter zum Verhängnis wird: Ich habe mir eine Folge des True-Crime-Podcasts »Mordlust« angehört, den mir meine Freundin Petra empfohlen hat. Und selbstverständlich nicht irgendeine Fol-

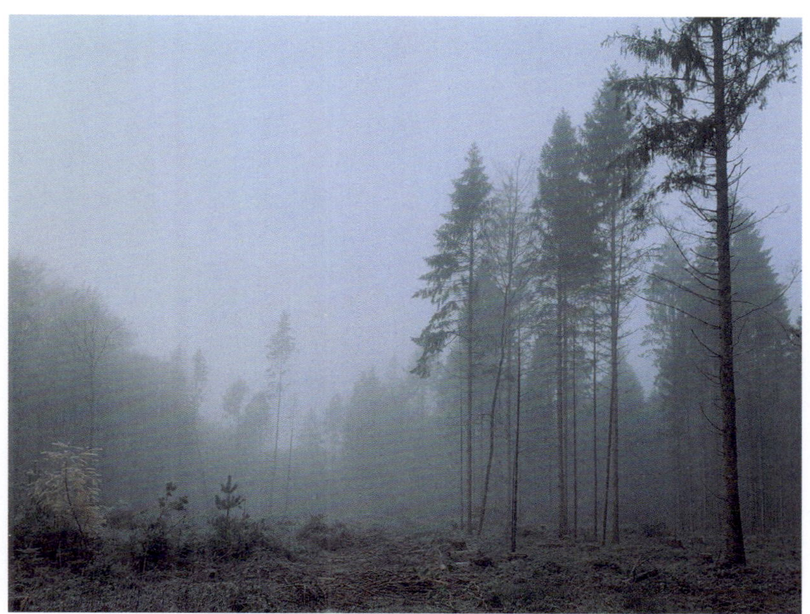

ge; natürlich musste es um Wanderer gehen, die ihr Leben gelassen haben. Allein auf dem »Appalachian Trail« in den USA scheint es bis heute mehr als zehn solcher Morde an Naturliebhabern gegeben zu haben. Die liegen mir nun schwer im Magen und lassen das Kopfkino zu Hochtouren auflaufen. Ich atme erleichtert auf, als ich auf dem *Malser Weg* wieder an einigen Häusern vorbeikomme und den dunklen Wald gegen die Helligkeit der vor mir liegenden Wiesenlandschaft eintauschen kann.

Der *Basdahler Weg*, auf den ich kurz darauf abbiege, führt laut Tourenbegleiter zur ❖ **Blauen Leiter.** Noch bevor ich mir ernsthafte Gedanken darüber machen kann, ob die Bezeichnung vielleicht eine Metapher ist, entdecke ich sie: Eine blaue Leiter steht frei und aufrecht mitten im gleichnamigen Skulpturen- und Landschaftsgarten, der weitere Kunstwerke aus upgecycelten Gegenständen und Naturmaterialien präsentiert. Da mich nach immerhin 4 km und einstündiger Wanderung allerdings der Hunger plagt, setze ich meinen Weg zügig fort, um mir ein schönes Pausen-Plätzchen zu suchen. Bereits nach wenigen Schritten werde ich fündig: Neben einer üppigen Birke steht eine vereiste Bank. Auf meiner Sitzunterlage lasse ich mir heißen Kakao und Toastbrot schmecken. Zum Nachtisch wäre jetzt ein Stück Brownie-Kuchen perfekt, aber der liegt ja warm und trocken zuhause …

Obwohl der Picknickplatz wunderschön zwischen malerischen Weiden liegt, halte ich es aufgrund der Kälte nicht lange hier aus und packe bald meine Siebensachen wieder ein. Auf einem grasbewachsenen Weg erreiche ich die ❖ **Lune**. Ich gestehe freimütig, dass ich ohne das eigens hier aufgestellte Hinweisschild die Lune als Graben abgetan und ihr keine weitere Bedeutung zugemessen hätte. Jetzt lerne ich, dass sie nicht weit von hier zwischen Hipstedt und Basdahl entspringt, um dann als breiter Fluss nördlich von Sandstedt in die Weser zu münden. Und so lehrt uns Mutter Natur mal wieder, dass aus Kleinem etwas ganz Großes werden kann.

Der Pfad führt weiter zwischen Feldern und Wiesen entlang, gesäumt von vereinzelten Bäumen. Auch hier liegt der Frost als weiße Schicht auf Gräsern und Zweigen. Ich genieße den idyllischen Wegabschnitt mit Weitblick (soweit der Nebel ihn zulässt) und bin mit mir im Einklang. Sogar die Sonne ist zu erahnen. Meine schlechte Laune von vorhin ist erstmal verflogen.

Bald biegt die Hauptroute nach links ab. An dieser Stelle könnte ich dem Weg *Barkhorn* weiter geradeaus zum ❖ **Grabhügel Sieversberg** folgen, doch für den Abstecher ist es mir heute zu kalt. Stattdessen gelange ich zu ❖ **Dircks Bruch**, einem kleinen Waldgebiet mit imposanten Eichen und Moorbirken. Ein Eisentor am Waldrand erregt hier meine Aufmerksamkeit. Während ich mich auf das mysteriöse Tor konzentriere und mich frage, welchen Zweck es hier mitten im Nirgendwo erfüllen könnte, knackt es plötzlich unter meinem rechten Fuß, der daraufhin im eiskalten Wasser einer Pfütze versinkt. Ein hohes und recht würdeloses Quietschen mit nachfolgender Fluch-Salve später, ziehe ich meinen nassen Fuß aus der Pfütze und versuche eilig, das Wasser warmzulaufen. Tatsächlich gelingt mir das schon nach kurzer Zeit, und ich kann trotz nasser Socken warmen Fußes weiterwandern. Ein Hoch auf meinen Körper, ebenfalls ein Wunderwerk der Natur.

Wenig später stehe ich an einem Rastplatz, der über ein spezielles Kommunikationsmittel verfügt: ein Baumtelefon. Offenbar kann das Holz nicht

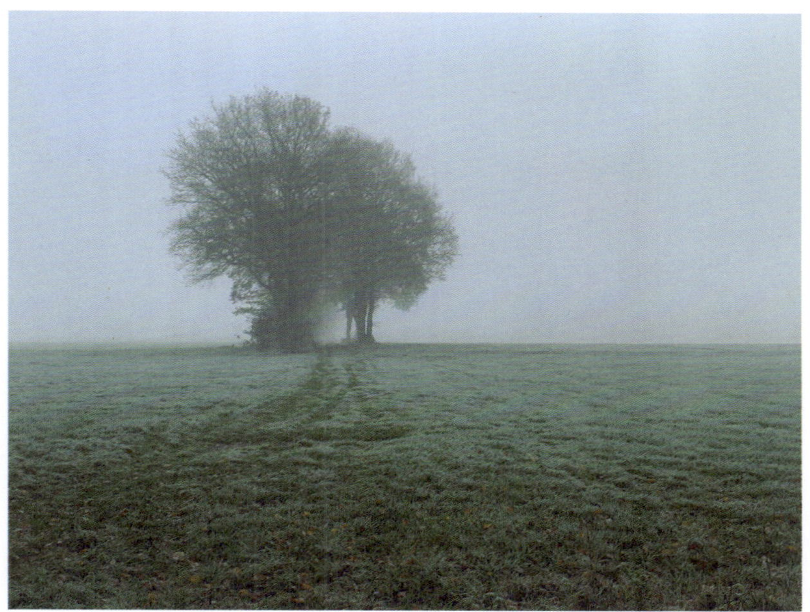

nur Wasser, sondern auch Geräusche durch den Stamm leiten. Wenn also jemand an einem Ende des Baumstamms kratzt oder darauf klopft, kann eine Person, die ihr Ohr am anderen Ende an den Stamm hält, die leisen Geräusche wahrnehmen. Ein Jammer, dass ich mangels Wanderbegleitung die Empfangsqualität heute nicht testen kann.

Als ich das Waldgebiet ❖ **Hölzerbruch** erreiche, ist der Nebel wieder dichter, die Sonne ist verschwunden. Die Sichtweite dürfte unter 50 m liegen, und die weißen Schleier hängen tief zwischen den Bäumen. Ich bin noch immer allein auf weiter Flur, und erneut wird mir mit jedem Schritt mulmiger. Viele Bäume strecken hier ihre Zweige wie Geisterhände aus, manche liegen umgestürzt auf dem Boden oder scheinen jeglichen Regeln der Erdanziehungskraft zu trotzen. Stellenweise ragen die Wurzeln meterhoch in die Luft. Über mir krächzen vereinzelte Krähen in beunruhigender Lautstärke. Die Atmosphäre ist mehr als unheimlich. Das findet wohl auch mein Gehirn, denn es nimmt den beklemmenden Moment zum Anlass, mich an den Film »Blair Witch Project« zu erinnern. Nicht gerade hilfreich, liebes Hirn. Doch es lässt nicht locker und weist mich in ganz unschuldigem Tonfall darauf hin, wie verblüffend ähnlich dieser Wald doch dem im Film ist, in dem die Leute nach und verschwinden. Als es mich auch noch darauf aufmerksam macht, dass überall um mich herum seltsame Reisig-Voodoo-Puppen in den Bäumen hängen könnten, habe ich genug und erteile mir selbst striktes Horrorfilm-Verbot. Auf den trotzigen Hinweis meines Hirns, dass der große Asthaufen ein Stück abseits des Weges auch ein Scheiterhaufen sein könnte, höre ich schon nicht mehr hin. »Lass dich nicht von deiner Angst leiten«, ermahne ich mich stattdessen. »Konzentriere dich auf die schönen Dinge des Waldes.«

Und tatsächlich: Als ich auf einer schmalen, rutschigen Holzbrücke den kleinen ❖ **Klustebach** überquere, zieht mich der Kontrast zwischen dem munteren Wasserlauf und dem kargen Winterwald in den Bann. Das Gewässer gräbt sich durch den Waldboden und hat die Wurzeln vereinzelter Eichen freigespült. Wie herrlich es hier im Sommer sein muss, wenn der Waldboden mit dichtem Grün bewachsen ist und das üppige Blätterdach Schatten spendet. Vielleicht hält man für einen kurzen Moment seine Füße in den Bach, um erfrischt weiterzugehen? Ich nehme mir vor, diese Tour noch einmal im Sommer zu wandern, und setze meinen Weg durch den Mischwald fort.

An einer Kreuzung mit der kleinen Straße ❖ **Hundesegen** lasse ich das Waldgebiet hinter mir und blicke auf gefrorene Weiten. Das Blassgrün der Wiesen trifft voll meinen Geschmack, und ich genieße die Aussicht, bis mein Magen erneut knurrt. Da über mir ganze Banden von Krähen kreisen und sich lautstark über meine Anwesenheit beschweren, traue ich mich nicht so recht, mein Essen aus dem Rucksack zu holen. Nicht, dass ich meiner Mahlzeit beraubt werde. Ich wandere also tapfer weiter, bis ich nach einiger Zeit schließlich den ❖ **Rastplatz Hohes Moor** erreiche. In einem geschützten Kreis sind hier Tisch und Bänke aufgestellt, und nach 11 km in unter 3 Stunden würde ich an dieser hübschen Stelle gerne eine Pause einlegen. Da die Sitzbänke jedoch völlig durchnässt sind, beschließe ich, meine vegetarische Wurst im Brötchen im Gehen zu essen. Gierig beiße ich ab – und muss wie in Zeitlupe mitansehen, wie ein Großteil des Brötchens

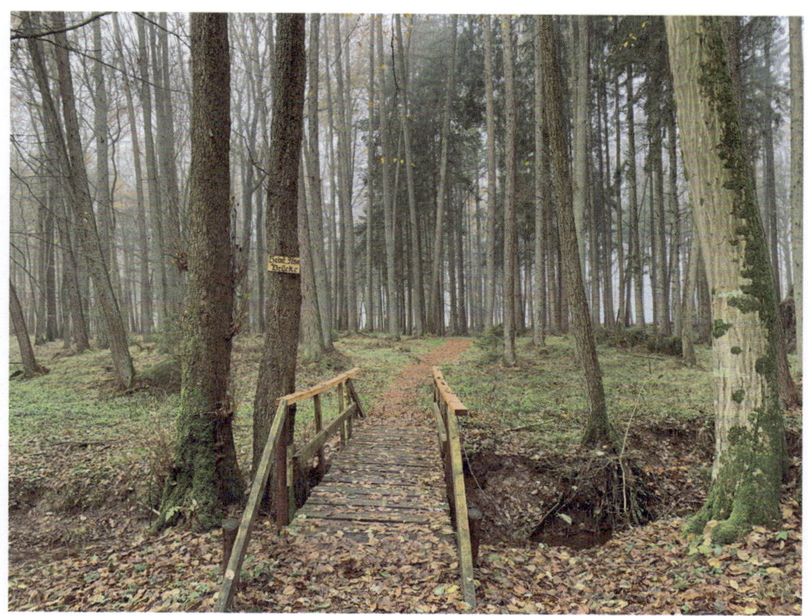

abbricht, sich auf den Boden zubewegt und schließlich im gefrorenen Gras in tausend Teile zerspringt. Ein langgezogenes »Neeeeeiiiiiiin« zerschneidet die Stille des trüben Tages. Einige Vögel fliegen erschrocken auf. Irgendwie ist der Tag doch echt verkorkst. Zum Trost verspreche ich mir selbst ein paar dicke Pfannkuchen nach Abschluss der Wanderung und mache mich auf zum Endspurt.

Die letzte Etappe führt mich auf Wirtschaftswegen an Bäumen, Feldern und Wiesen entlang. Das offene Gelände scheint hinter der dichten Nebelwand bis ins Unendliche zu reichen. Während ich dem *Sünderwalder Weg* und *Vor dem Holze* zurück zum Auto folge, lasse ich den heutigen Wandertag Revue passieren und muss mir eingestehen, dass ich aufgrund meiner negativen Grundstimmung der an sich wunderschönen Strecke nicht genügend positive Aufmerksamkeit geschenkt habe. Das will ich zukünftig ändern, klarer Vorsatz.

Fazit des Tages: Weniger Horrorstorys, mehr Glücksmomente!

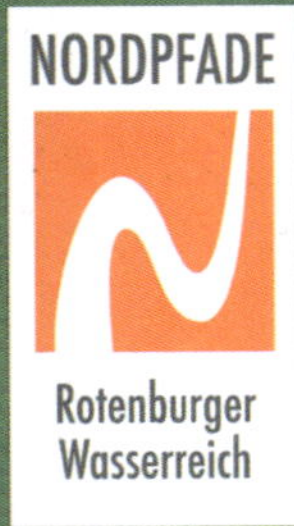

Strecke: 21,3 km

Dauer: ca. 7 ¼ Std.

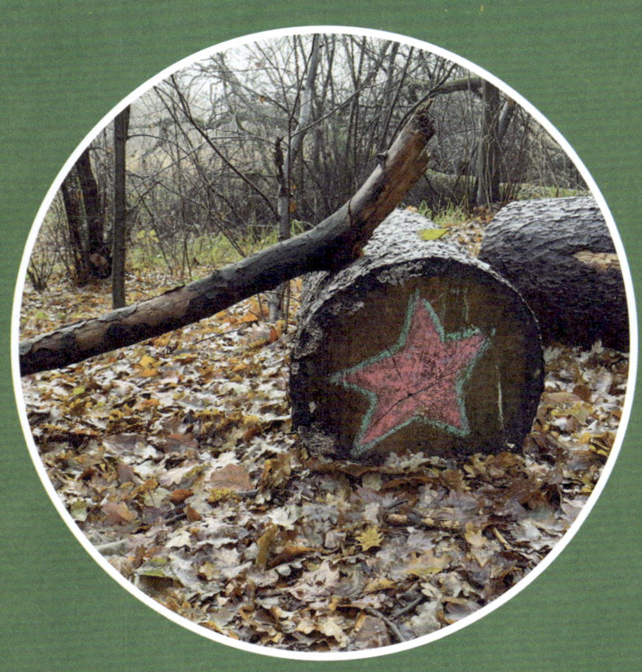

»Rotenburger Wasserreich« – Stern über Rotenburg

Startpunkt 2: 27356 Rotenburg (Wümme), Am Großen Bullensee

Vor dem Nordpfad »Rotenburger Wasserreich« habe ich einen mordsmäßigen Respekt. 21,3 km! Das ist echt viel, zumindest für mich. Die benötigte Gehzeit für diese Strecke beträgt laut Tourenbegleiter 7 Stunden und 15 Minuten. Dabei ist heute Wintersonnenwende: Zwischen Sonnenauf- und -untergang liegen gerade mal 7 Stunden und 37 Minuten. Alles in allem also eine enge Kiste. Dazu kommt noch dichter Nebel, der bereits die Anfahrt zu einem Abenteuer macht. Nicht die besten Voraussetzungen für einen erfolgreichen Wandertag … Bisher bin ich längere Strecken außerdem stets in Begleitung gewandert, um mich von den Strapazen abzulenken, doch die heutige Wanderung möchte ich aus absolut unerklärlichen Gründen allein bestreiten. »Ich bin Wander-Woman, ich schaffe das«, rede ich mir aufmunternd zu, glaube mir jedoch kein Wort. Immerhin: Von Selbstüberschätzung keine Spur mehr. Die Nordpfade haben mich Demut gelehrt.

Im tristen Grau bei 8 Grad Außentemperatur mache ich mich um 8.30 Uhr beim ❖ **Großen Bullensee** auf den Weg. Mit schwerem Rucksack – proviant-technisch bin ich heute hervorragend ausgestattet – schiebe ich mich über den feuchten Boden und bleibe ziemlich beeindruckt am Ufer stehen: Dicke Nebelschwaden wabern über die teilweise gefrorene Wasseroberfläche. Die Sichtweite beträgt hier nur wenige Meter. Einige Bäume sind als Umrisse auszumachen, der Rest verschwindet hinter einer weißen Nebelwand. Ich höre Stimmen, die ganz aus der Nähe zu kommen scheinen, doch Menschen sind nirgends zu entdecken. Begeistert versuche ich, die mystische Stimmung in Bildern einzufangen. Was für ein grandioser Auftakt für einen skeptisch begonnenen Wandertag.

Zunächst führt mich der Weg durch ein Waldgebiet. Hier zwischen den Bäumen ist der Nebel nicht ganz so dicht, doch die Sichtweite ist trotzdem erheblich eingeschränkt, und die Geräusche scheinen verstärkt. Zwei Jogger höre ich bereits lange, bevor sie mir entgegenkommen. Jedes Wort kommt klar und deutlich bei mir an. Natürlich sprechen sie über Weihnachten. Innerlich seufze ich. Früher machte ich regelmäßig der Weihnachtsfrau Konkurrenz, schmiss nur so mit Christbaumkugeln und Lametta um mich und verbreitete ab September Weihnachtsstimmung. Doch jetzt ist davon nichts zu spüren, und das nur wenige Tage vor Heiligabend. Warum ich keine Lust auf mein ehemaliges Lieblingsfest habe, kann ich mir nicht erklären. Die Kinder sind voller Vorfreude, und ich backe mit ihnen Plätzchen, singe brav den Rolf-Zuckowski-Hit »In der Weihnachtsbäckerei« und lasse sämtliche Wunschzettel wie durch Geisterhand verschwinden. Aber irgendwie bin ich nur halbherzig bei der Sache. Mein Mann hat das ganze Haus mit Schneemännern und Weihnachtssternen geschmückt, weil ihm offensichtlich ohne Deko etwas fehlte. Ich aber warte noch darauf, dass mich der »Geist der Weihnacht« nächtens heimsucht. Das rührselige Gefühl beim Anblick eines Weihnachtsbaums ist mir irgendwie abhandengekommen …

In Gedanken noch beim Thema Weihnachten lasse ich das Waldstück hinter mir und komme an den Ländereien des ❖ **Hartmannshofs** vorbei. Fleißige Arbeiter der »Rotenburger Werke«, einer Einrichtung für Menschen mit Behinderung, bessern gerade die Zäune aus. Wenig später tauche ich in das Waldgebiet Lintel ein. Immer wieder halte ich an, um faszinierende Nebelgebilde zwischen einzelnen Fichten und Buchen zu fotografieren. Ich genieße die Ruhe des Waldes und folge entspannt den Nordpfade-Markierungen. An einer Stelle stutze ich allerdings: Der kleine rote Pfeil schickt mich nach links auf einen schmalen Pirschpfad. Dazu müsste ich jedoch einen metertiefen Graben mit einem sportlichen Weitsprung überwinden, denn hier gibt es nicht mal einen Steg. Ich schaue mir den Pfeil-Aufkleber noch mal genauer an: Offensichtlich hat ihn jemand abgeknibbelt und neu positioniert. »Nachtigall, ick hör' dir trapsen«, denke ich und zücke meinen Tourenbegleiter. Aha, erwischt! Hier war ein Frechdachs am Werk! Stolz

Der Hartmannshof

Der Bio-Bauernhof Hartmannshof ist nicht nur ein Wohn- und Arbeitsprojekt für Menschen mit Behinderung, sondern verfügt über einen großen Mitmach- und Erlebnisgarten, den auch Kinder großartig finden. Der vom NABU konzipierte Garten bietet unter anderem verschiedene Spielstationen, Schaukeln und jede Menge Infos zu der hier heimischen Flora und Fauna. Außerdem gibt es im Hofcafé eine Auswahl an leckeren Kuchen.

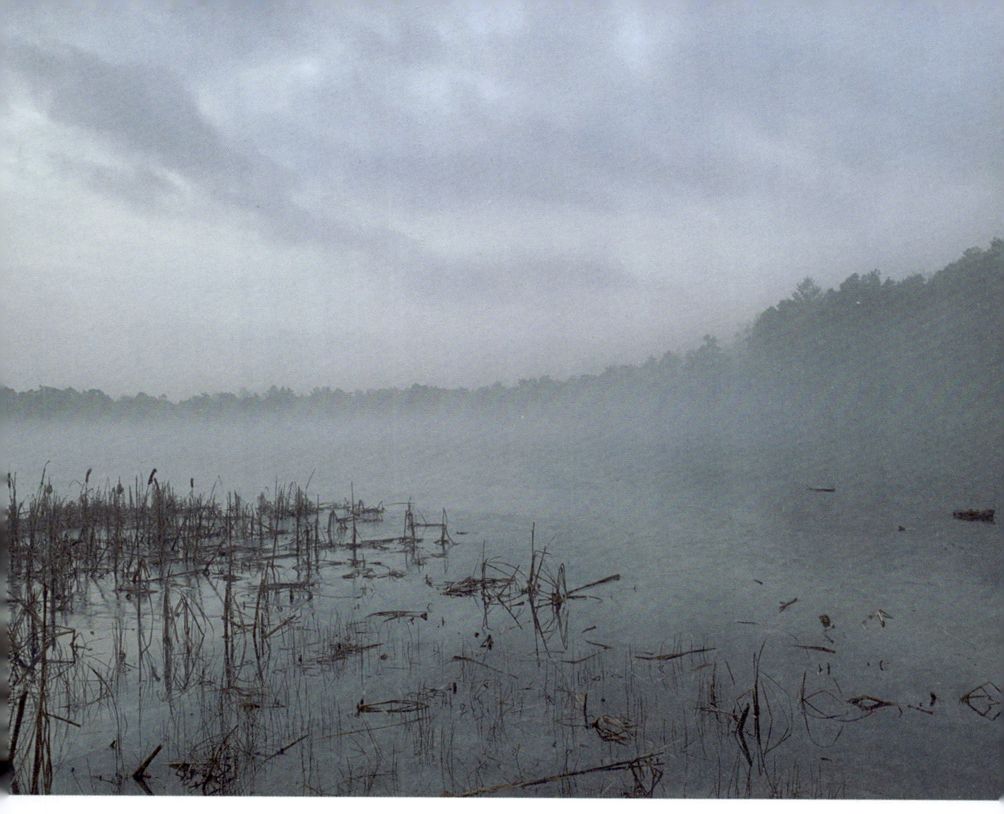

auf meine Spürnase gehe ich also weiter geradeaus. Die Mitarbeiter des Touristikverbandes werde ich auch noch informieren, damit sie das Markierungszeichen korrigieren können.

Mein Weg führt jetzt immer tiefer in den Wald, und zum Nebel gesellt sich leichter Regen. Ich bin skeptisch. Bisher habe ich rund 3 km zurückgelegt; ungefähr tausend weitere liegen noch vor mir. Hoffentlich regnet es sich nicht ein. Ich ziehe meine Kapuze über den Kopf, verzichte aber vorerst auf die Regenhose. Vielleicht hat Petrus ja Mitleid, wenn er nur meine Jeans sieht? Trotz meines geschickten Täuschungsmanövers wird der Regen jedoch stärker. Muss ich jetzt sicherheitshalber auch die Regenhaube über meinen Rucksack stülpen? Noch während ich überlege, hört der Schauer auf. Was bleibt, ist der Nebel und eine pitschnasse Kapuze.

Wenig später überquere ich todesmutig die gut befahrene *Bundesstraße B 440* und tauche sofort ein ins nächste Waldgebiet, den Bachenbruch. Der

Weg führt mich zur Anlage des ❖ **Tennisclubs Grün-Weiß**. Neidisch schiele ich auf die Tennisplätze, die an diesem grauen Wintermorgen völlig verwaist sind. Bereits als Kind hegte ich den Traum, mit weißen Schweißbändern den Schläger zu schwingen, und liebte den Geruch der kleinen gelben Bälle. Vielleicht nehme ich diesen Traum eines Tages in Angriff, doch heute wird gewandert.

Ich passiere das Gelände eines Reitvereins und ein Neubaugebiet, dann folge ich dem *Stockforthsweg* nach rechts und stehe plötzlich vor der gesperrten ❖ **Rodaubrücke** mitsamt Nordpfade-Umleitungsschild. Siedend heiß fällt mir ein, dass Dagmar (mein Wald-Schutzengel in »Federlohmühlen«) mich genau vor dieser Brückensperrung gewarnt hatte. Eine Umleitung klingt nach zusätzlichen Kilometern und damit nicht verlockend. Dagmar hatte das Verbotsschild einfach ignoriert, doch kann ich das auch?

Prompt nähert sich ein Mann mit Hund. Gespannt warte ich ab, was passiert. Selbstbewusst tritt der Mann an die rot-weiße Absperrung. Meine Augen weiten sich: Hund und Herrchen gehen einfach durch sie hindurch. Ist das Zauberei? Womöglich das »Gleis 9¾« von Rotenburg? Noch während ich an meinen sieben Sinnen zweifle, kommt ein Radfahrer vom gegenüberliegenden Ufer auf die Brücke zugefahren und – zack – drüber ist er. Jetzt reicht's aber. Ich knöpfe mir die Absperrung genauer vor und entdecke eine große Lücke zwischen den beiden Gittern. Dann schleiche ich vorsichtig, aber zügig über die Brücke. Geht doch!

Auf der anderen Uferseite hängt an einem Baum ein weißer Stern, der meine Aufmerksamkeit erregt. Er trägt einen Spruch in geschwungener Schönschrift: »Nachtfinsternis einfangen – mit Sternen füllen – Hoffnungslichter im Dunkel anzünden – unermüdlich«. Noch über den tieferen Sinn der Worte sinnierend, entdecke ich kurz darauf einen zweiten Stern, dann einen dritten. »Aufgeben werde ich nicht – das Herz in der Hand – einen Stern als Geleit – suche ich einen Weg durch die Nacht«, lautet die Botschaft des vierten Sterns. »Ich werde auch nicht aufgeben«, stimme ich mit fester Stimme zu und marschiere entschlossen weiter.

Von der Abgeschiedenheit des bisherigen Weges gelange ich nun in die Kreisstadt Rotenburg. Das Krankenhaus zu meiner Rechten kenne ich gut, sowohl von der Geburt und Neugeborenenintensivbehandlung unserer jüngsten Tochter als auch von einer kleinen OP bei unserer Älteren. Und dennoch wusste ich bislang weder von diesem Pfad noch von dem kleinen Fluss *Wiedau*, der sich hier unmittelbar am Klinikgelände entlangschlängelt. Überrascht stelle ich fest, dass die Wümme nicht der einzige Fluss in Rotenburg ist – und staune erneut über meine eigene Ignoranz. Der geteerte Weg führt mich am schilfbewachsenen Ufer über die ❖ **Wiedaubrücke** und dann zum »Kantor-Helmke-Haus«, das eine Bücherei beherbergt.

Kurz überlege ich, nach ausgemusterten Büchern zu stöbern, erinnere mich jedoch an meinen prall gefüllten Rucksack und setze meinen Weg entschlossen fort. Vorbei geht es an der neugotischen ❖ **Stadtkirche** und weiter auf der *Kirchstraße* in Richtung Innenstadt. Hier ist es jetzt zur Mittagszeit ziemlich belebt. Zahlreiche Menschen hetzen von Geschäft zu Geschäft auf der Suche nach den letzten Weihnachtsgeschenken. Da ich jetzt mit etwa 9 km knapp die Hälfte der Gesamtstrecke hinter mir habe, nutze ich die Gelegenheit für eine Mittagspause. In der »Stadtbäckerei Tamke« in der *Großen Straße* bestelle ich eine große heiße Schokolade mit Sahnehaube und erhole mich auf einem gepolsterten Stuhl von den ersten gut drei gelaufenenen Stunden meines Treks. Übrigens: Das ist die bisher bequemste Wanderpause, die ich mir auf meinen Nordpfaden gegönnt habe.

Von der Fußgängerzone folge ich der *Großen Straße* weiter über den ❖ **Stadtstreek** und vorbei am ❖ **Rathaus**, dann gehe ich weiter entlang der *Bahnhofstraße* und überquere die *Bundesstraße B 215*, um zum ❖ **Heimathaus** zu gelangen. Eine Infotafel auf dem Heimathaus-Gelände klärt mich über den Verlauf der einstigen Festungsmauer der »Rodeborg« auf. So sehr es auch angesichts des Namens »Rotenburg« naheliegt – dass hier einst eine Burg stand, deren Überreste noch zu bewundern sind, wusste ich nicht. Interessiert schaue ich mir die umstehenden Fachwerkhäuser mit weihnachtlichen Sternen an den Türen an und werfe einen Blick auf den Burgberg mit seinen Mauerresten. Auch einen Bauerngarten mit Kneippbecken gibt es hier, zu dieser Jahreszeit jedoch nichts für mich. Ich nehme mir vor, die Burgruine sowie den hiesigen Honig- und Wildbienenlehrpfad demnächst mit den Kindern zu erkunden, und setze meine Wanderung fort.

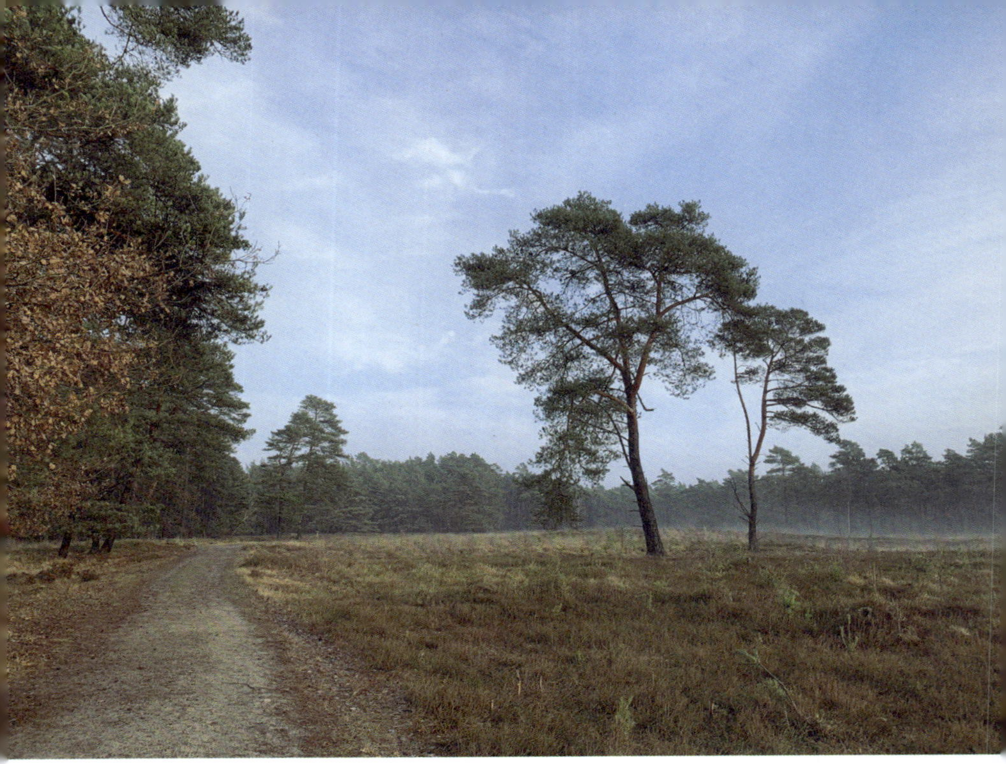

Ein gepflasterter Weg führt mich durch Grünflächen über die ❖ **Schulbrücke**, die einen weiten Ausblick auf die Wümme bietet. Imposante Eichen und Buchen stehen krumm am Wegesrand und strecken ihre Arme in den Himmel. Gleich daneben liegt ein bunt bemalter Baumstamm. Jemand hat mit Kreide einen wunderschönen rot-pinken Stern auf seine glatte Schnittfläche gezeichnet. Kurz danach wandere ich am ❖ **ehemaligen Schützenhaus** nebst Restaurant »Am Ahe Wald« vorbei, bis der nächste Wegweiser anzeigt, dass die Route über die Gothardbrücke und dann weiter zum Sternenweg führt. Aha, ich erkenne ein Muster: Offensichtlich begleiten mich heute Sterne auf meiner Wanderung. »Stern über Rotenburg«, singe ich lautlos, und ein leises Weihnachtsgefühl schleicht sich in meinen Bauch.

Ich folge dem gepflasterten Weg aus dem Ahe-Wald hinaus, als sich die Sonne sacht durch den Nebel schiebt und die hier offene Wiesenlandschaft in ein zartes Goldgelb taucht. Ich bin fasziniert von diesem Anblick und noch faszinierter, als ich eine trockene Sitzbank entdecke. Mit Wasser und

Schoko-Croissant lasse ich mich nieder und genieße die Aussicht auf die weite Wümmeniederung. Bisher fühle ich mich halbwegs fit und liege mit etwa 3,5 Stunden Wanderzeit gut im Zeitplan.

Nach der kurzen Pause überquere ich die ❖ **Gothardbrücke** und erreiche den schon erwähnten ❖ **Sternenweg**. Er führt mich an einem Wohngebiet entlang, und auch ein Nistkastenlehrpfad des NABU ist hier zu finden, aber dafür habe ich heute keine freie Kapazität. Stattdessen lasse ich Rotenburg hinter mir und wandere Richtung Unterstedt. Immerhin sind es laut Wegweiser nur noch 8,5 km bis zum Ziel. Innerlich klopfe ich mir auf die Schulter. Äußerlich mache ich auf der Straße *Am Vieh* einige albern anmutende Stretch-Übungen, um meine Muskeln zu lockern. Den Weg nehme ich nur am Rande wahr und lasse meinen Gedanken freien Lauf. Zunehmend spüre ich die gelaufenen Kilometer in den Beinen.

Bald erreiche ich erneut die *Bundesstraße B 215*, folge ihr ein kurzes Stück nach ❖ **Unterstedt** hinein und überquere sie dann. Auf dem *Reithenweg* lasse ich den Ortskern hinter mir und schleppe mich durch die Unterstedter Feldmark. Auf den asphaltieren Wegen komme ich an einen Tiefpunkt: Meine Hüfte schmerzt bei jedem Schritt, meine Schultern sind verspannt und ich kann kaum glauben, dass meine Füße noch nicht bluten. In einiger Entfernung kann ich das Haus meiner Schwägerin erkennen. Dort könnte ich bestimmt einen Kaffee bekommen und mich von meinem Mann abholen lassen … Die Versuchung ist riesig. Doch stattdessen setze ich mich auf eine Bank am Wegesrand, trinke Wasser und frage mich, warum ich mir diese Quälerei antue?

Erst vor Kurzem hatte mich eine Kollegin gefragt, ob mir das Wandern eigentlich weiterhin Spaß macht oder ob es mir nur noch um die Erfüllung meiner Mission geht. Ich konnte keine klare Antwort geben, denn ab einer gewissen Kilometerzahl und je nach Gewicht des Rucksacks kann die Freude am Wandern an sich durchaus verschwinden. Nach einer langen Tour, wenn ich erschöpft nach Hause komme und nur noch die Beine hochlegen kann, denke ich, dass ich nie wieder wandern möchte. Doch bereits am nächsten Tag sind meine Gedanken bei der nächsten Route und der Frage, was sie mir bieten wird. Die Neugier treibt mich an, Eindrücke und Erfahrungen sind mein Lohn. Während mein Körper schmerzt, jubiliert mein Geist. Meine Gedanken fliegen, ich komme innerlich zur Ruhe und schalte ab. So auch heute: Ich möchte nicht aufgeben, ich möchte stolz auf die gelaufene Strecke zurückblicken. Also gehe ich weiter.

Auf der Straße *Schwedekamp* gelange ich zum Grafeler Holz und lasse geteerte Wege und Wohngebiete hinter mir. Schritt für Schritt schiebe ich mich voran und belege inzwischen den Pfad mit gemeinen Flüchen. Ich beschimpfe die Bäume, die Büsche, einzelne Vögel und meine Schuhe. Das ist zwar nicht die feine englische Art, lenkt mich aber immerhin von meinen Schmerzen ab. Immer fiesere Wortkreationen finden ihren Weg in den unschuldigen Wald, bis ich an einer Weide des ❖ **Hofes Grafel** stehe. Ein paar Minuten nehme ich mir Zeit, dort die grauen, gemütlichen Esel zu bewundern, dann ziehe ich weiter und fluche nur noch sporadisch. Mehr als 18 km in knapp 6 Stunden liegen jetzt hinter mir. Die Sonne steht bereits tief, nicht mehr lange, und sie wird untergehen. Ich bin auf den Zielgraden zu den Bullenseen.

Inzwischen kommt mir der Weg bekannt vor, auf diesem Stück überschneidet sich die Route mit dem Nordpfad »Dör't Moor«. Letztes Mal war dieser Abschnitt mit zahlreichen Sonntagsausflüglern überlaufen. Heute habe ich ihn für mich allein – abgesehen von einer Herde Schafe, die am Wegesrand weidet und mich neugierig anstarrt. Ich starre zurück und beobachte die flauschigen Tiere beim Futtern, doch der Himmel färbt sich zartrosa und ermahnt mich weiterzuziehen.

Bald öffnet sich der Wald, und ich befinde mich mitten in einer kargen Heidefläche. Der Nebel steht knapp über dem Boden, während die Sonne hinter den umstehenden Bäumen versinkt und alles in orange-goldenes Licht taucht. Ich gönne mir Zeit, um das Schauspiel der Natur in Ruhe zu genießen. An dem nebelumhüllten Sonnenuntergang in dieser surrealen Kulisse kann ich mich kaum sattsehen. Meine Schmerzen sind für einen Moment vergessen. Nachdem ich mir noch eine Haselnussschnitte gegönnt habe, löse ich mich von diesem Traumplatz und gehe weiter zum ❖ **Kleinen Bullensee**. Auch hier zaubert der tiefe, dichte Nebel ein mystisches Bild, doch ich halte mich nicht lange auf und folge stattdessen einem schmalen

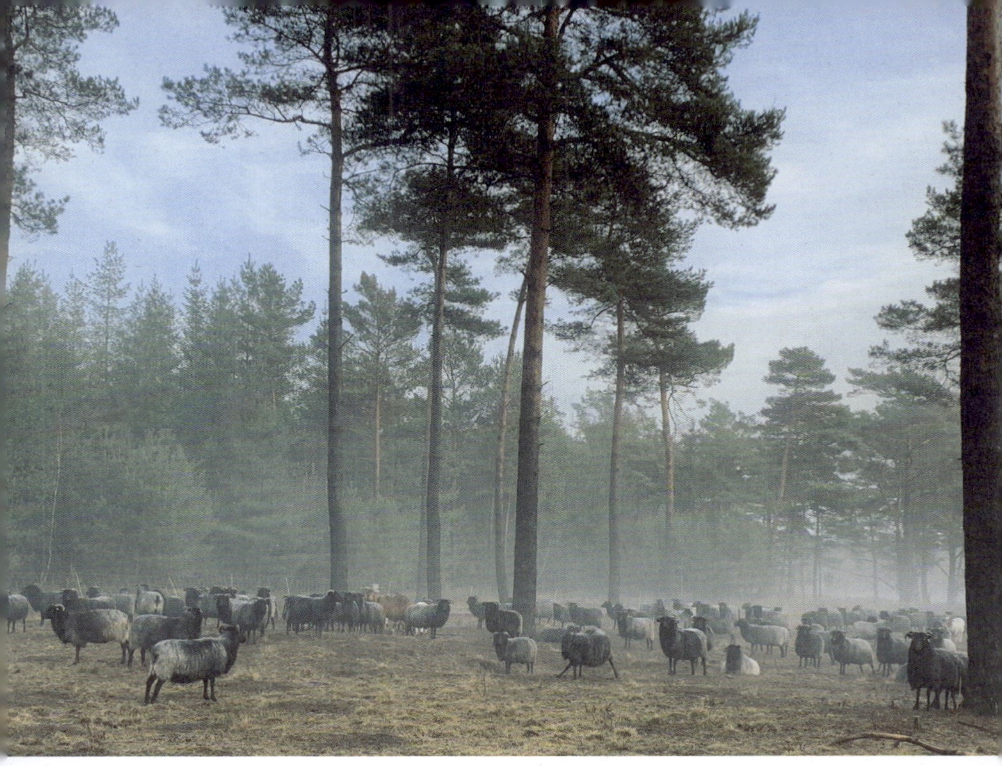

Waldweg. Ganz allein zwischen den Blaubeerbüschen kann ich den gewundenen Pfad genießen. Der weiche Boden ist eine Wohltat für meine Hüfte und Beine. Vereinzelt fallen Tropfen von den Bäumen in raschelndes Laub, sonst ist es still. Es fühlt sich an, als würde ich durch Watte laufen. Mein ständiges Fluchen ist einem glückseligen Lächeln gewichen.

In einigen Minuten befinde ich mich wieder am Großen Bullensee, der seine Faszination vom Morgen nicht eingebüßt hat. Der Nebel ist weiterhin dicht und schwer, genau wie meine Beine, doch in wenigen Schritten bin ich am Auto. Ein Blick auf die Uhr zeigt, dass ich knapp 7 Stunden unterwegs war. Mein Körper schmerzt und wird sich in den nächsten Tagen sicherlich für die Strapazen rächen. Aber ich bin stolz auf meine Leistung. Und dieser Wanderweg war ein Highlight, für das sich die Plackerei gelohnt hat.

Fazit des Tages: »Was zählt, ist die Mission« – Wander-Woman

Strecke: 10,9 km

Dauer: ca. 3 ¾ Std.

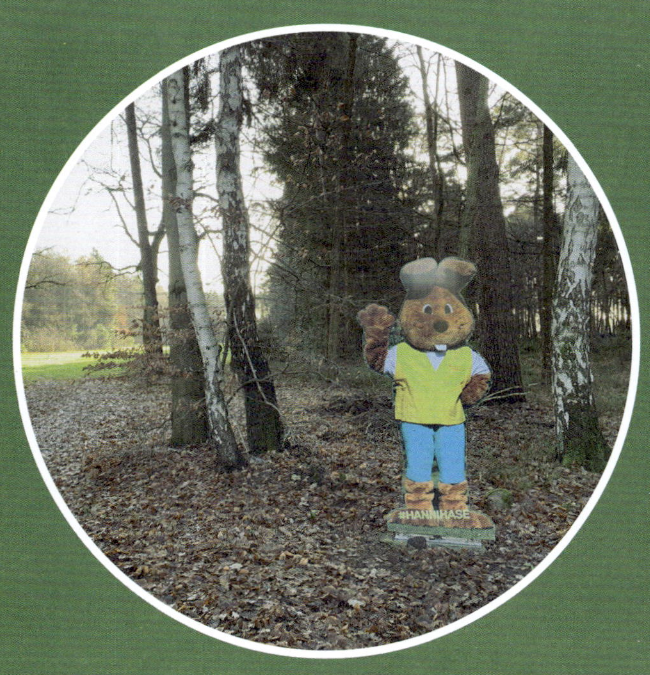

»Zwei Mühlen« – Bitterkalte Raunächte

Startpunkt 2: 27404 Bademühlen, Wassermühle, Zum Badetal 13

Meine heutige Wanderung war nicht geplant. Sie ist vielmehr eine kurzfristige Notfallmaßnahme, um den Hausfrieden zu bewahren. Quasi eine Notwendigkeit, bevor ich »mal eben Zigaretten holen« muss und mich komplett aus dem Staub mache. Denn die Weihnachtsfeiertage liegen gerade hinter mir: Drei Tage, vollgepackt mit Familienbesuchen, Geschenken, übermäßig üppigen Mahlzeiten, die sowohl vorbereitet als auch verdrückt werden wollten, überdrehten Kindern und ständig zu bändigendem Chaos. Selbstverständlich habe ich nicht alles allein erledigt, aber bei so viel Trubel und kaum Zeit für meine eigenen Gedanken schlägt meine Laune irgendwann um. Mein kluger Ehemann kennt die lauernde Gefahr. »Geh wandern«, hat er deshalb heute Morgen zur mir gesagt. Ich bin erstaunt, wie schnell ich mit gepacktem Rucksack aus dem Haus war. Zurück blieben nur eine Staubwolke und ein wieder einmal unaufgeräumtes Heim.

Zum Herunterkommen habe ich mir den 10,9 km kurzen Nordpfad »Zwei Mühlen« in der Nähe von Zeven herausgesucht. Knapp 4 Stunden Gehzeit in nur 20 Minuten Entfernung, ideal für ein Wanderintermezzo am späten Vormittag. Da die Sonne scheint und die Temperaturen um die 6 Grad liegen, habe ich mich für leichte Wanderkleidung entschieden. Die Funktionsunterwäsche und der heiße Kaffee sind zuhause geblieben. »Ist ja warm draußen«, war mein Gedanke. Mal wieder ein grober Anfängerfehler, wie ich bald feststellen werde.

Startpunkt meiner Wanderung ist die ❖ **Wassermühle Bademühlen**, die an einem malerischen See mit laut schnatternden Enten liegt. Der Mühlenteich wird von der Bade gespeist, einem kleinen Nebenfluss der Oste. Die Mühle selbst wurde bereits im Jahr 1542 erbaut, lese ich auf einer Infotafel vor Ort. An den Wochenenden kann sie auch besichtigt werden; da heute jedoch Dienstag ist, ziehe ich ohne Blick in ihr Inneres los. Bereits nach wenigen Metern wird mir klar: Ich habe mich zu dünn angezogen. Zwar scheint die Sonne, aber der eisige Wind weht erbarmungslos. Er kriecht mit kalten Fingern durch mein Stirnband und die Jeans, selbst durch den Reißverschluss meiner Jacke findet er mühelos einen Weg. Zwischen den offenen Feldern muss ich mich gebeugt gegen ihn stemmen, um überhaupt voranzukommen. Innerhalb von Minuten fühle ich mich halb erfroren. Wehmütig denke ich an meine »lange Elli«, die warm und gemütlich zuhause liegt, sowie den heißen Kaffee, den ich vorhin noch für unnötigen Ballast gehalten habe. Soll ich umkehren und abbrechen? Ich lege meine gefrorene Stirn unter leisem Knacken entschlossen in Falten, funkle den kalten Wind böse an und drohe ihm mit der Faust. »Du gewinnst heute nicht«, rufe ich ihm grimmig entgegen und lege einen Zahn zu, um mich warmzulaufen.

Ich durchquere einige bewaldete Wegabschnitte entlang des ❖ **Godenstedter Holzes**, die jedoch die tosenden Böen kaum fernhalten. Nach kurzer Zeit erreiche ich den ❖ **Hanni Hase Wald** und mache am Wegesrand, Arm in Arm mit dem Osterhasen, zitternd ein paar Selfies. Hanni Hase wohnt nämlich hier in der Nähe von Ostereistedt. Wer möchte, kann dem Osterhasen auch Briefe schreiben, dann schreibt er zurück. Aber an Ostern mag ich heute noch gar nicht denken, schließlich bin ich heilfroh, dass ich Weihnachten just überstanden habe …

Der Weg führt rund 2 km am Waldrand entlang, wo mich der Wind weiterhin ungestört, wenn nun auch von der Seite, angreifen kann. Meine Augen tränen, die Landschaft verschwimmt um mich herum wie ein Aquarellbild, und ich kann kaum etwas erkennen. Also bin ich mit meinen Gedanken allein. »Raunächte«, haucht eine Stimme in meinem Kopf. Ich reagiere nicht. »Rrrraaauuunäääächteee«, ruft die Stimme schon aufdringlicher. Ist ja gut, ich habe es kapiert. Ich denke also darüber nach, was diese Zeit zwischen Weihnachten und dem Dreikönigstag für mich bedeutet. Angeblich sollen die Träume in diesen besonderen Nächten ja einen Ausblick auf das geben, was uns im kommenden Jahr erwartet. Die Idee stimmt mich ziemlich mulmig. Habe ich nicht erst letzte Nacht geträumt, dass ich wieder zur Schule gehe? Auch wenn ich gerade die letzten Jahre meiner Schulzeit sehr genossen habe, wünsche ich mir keine Wiederholung. Als ein Highlight der Raunächte gilt die Silvesternacht – zufällig mein Geburtstag. Um böse Geister und Dämonen zu vertreiben, wird zu dieser Zeit traditionell

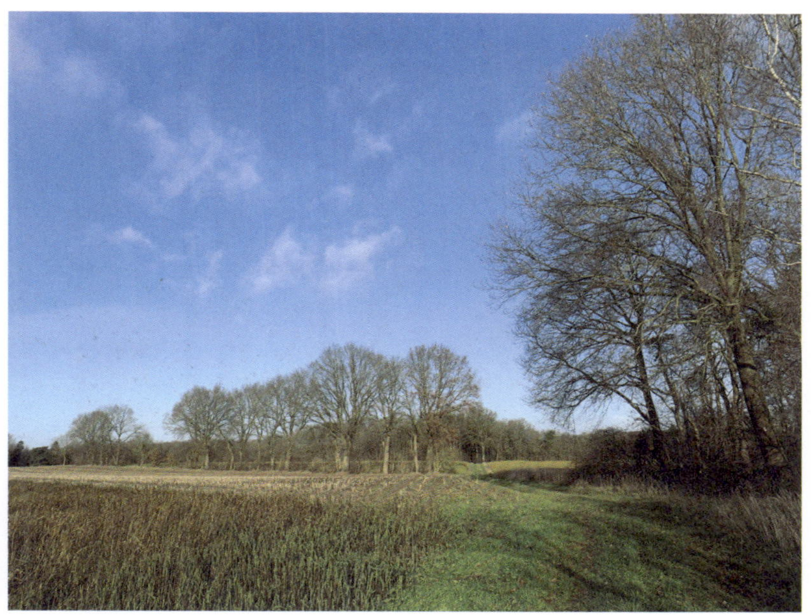

geböllert. Und es werden gute Vorsätze gefasst (und im neuen Jahr gebrochen, auch wenn dies keine klassische Raunächte-Tradition ist). Ich habe für das kommende Jahr jedoch keinen einzigen guten Vorsatz – was man nicht hat, kann man nicht brechen.

Nach einem schier endlosen Trek durch eisigen Wind überquere ich die *Rockstedter Straße*. Auf dem neben ihr verlaufenden Fuß- und Radweg komme ich am ❖ **Hof Martens** vorbei, einem großen Bauernhof mit mehreren Scheunen, einem hübschen Garten und einem eigenen Windrad, das ich noch lange hören kann. Ein Stück weiter erregt etwas Weißes im Grünstreifen meine Aufmerksamkeit. Ein Ei! Ich hebe es vorsichtig an, es scheint roh zu sein und sieht wie ein normales Hühnerei aus. Aber wie kommt es hierher? Hat Hanni Hase bereits erste Ostereier verteilt? Kopfschüttelnd biege ich nach rechts auf einen Feldweg ab. Hier lässt der Wind endlich nach, und ich taue wieder auf. Nach etwa einer Stunde und vier gelaufenen Kilometern traue ich mich hier auch endlich, kurz den Rucksack abzusetzen und meinen Proviant herauszuholen, ohne einen qualvollen Erfrierungstod

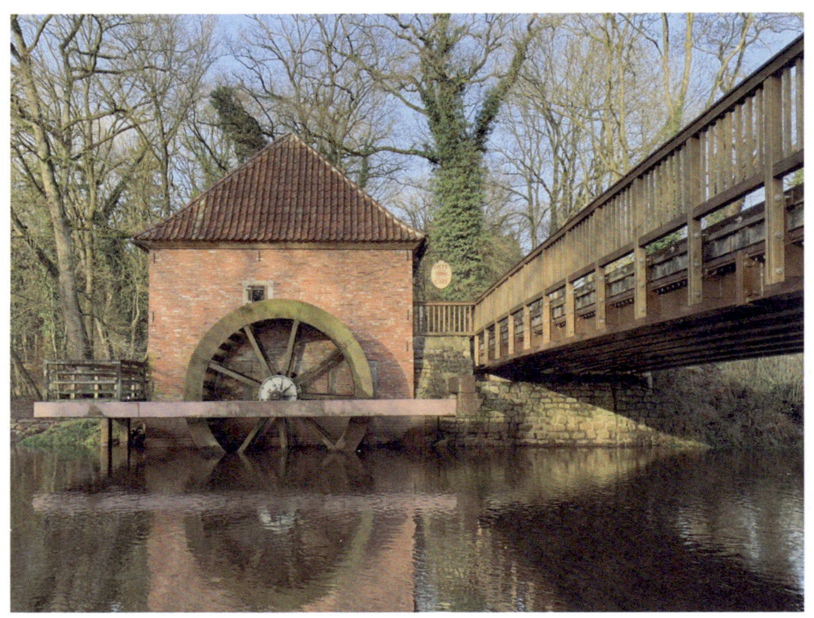

befürchten zu müssen. Alle Bänke in der Umgegend sehen nass und ungemütlich aus, also esse ich im Gehen.

Bald gelange ich zur ❖ **Wassermühle Eitzmühlen**, wo ich zunächst am Ufer des Flusslaufs hinunterkraxle, um einen Blick auf das imposante Mühlenrad zu werfen. Das bräunliche Wasser der Oste fließt langsam an mir vorbei, rechts neben mir führt eine Holzbrücke zur Mühle. Ein paar Minuten verweile ich und genieße den idyllischen Anblick. Dann wage ich den Gang über die rutschige Brücke und stehe direkt am Mühlengebäude. Hier ist inzwischen ein Cafè eingezogen. Überall hängen Girlanden in den Bäumen, dazwischen gibt es allerlei Sitzmöglichkeiten. Was für ein hübscher Ort muss das im Sommer sein, aber jetzt hat alles geschlossen!

Der schmale Pfad führt mich weiter durch ein kleines Waldgebiet. Ein Mountainbiker, der mir entgegenkommt, überfährt mich um ein Haar. Mit einem heldenhaften Satz nach links ins Gebüsch kann ich mich gerade noch retten – zum Glück, denn zu meiner Rechten schlängelt sich der schmale Godenstedt-Ostereistedter Moorgraben am Weg entlang. Nach einiger Zeit stehe ich an einem kleinen See, der ehemaligen ❖ **Mergelkuhle**. Hier gibt es eine Schutzhütte mit trockenen Bänken, doch da ich gerade erst meinen Schoko-Brownie im Gehen verdrückt habe, verzichte ich auf eine Pause und gehe weiter. Kurz hinter dem See entdecke ich ein ungewöhnliches Schild an einem Baum: eindeutig ein Mammut mit zottigem Fell und Stoßzähnen. Ich bin verwirrt, aber schon bald klärt mich eine Infotafel in Godenstedt auf: In der Mergelkuhle wurde vor Jahren der Stoßzahn eines Wollhaarmammuts gefunden, wow!

Kurz vor Godenstedt passiere ich eine große Biogasanlage und gehe langsamer, um sie durch meine besondere Brille als Technische Redakteurin zu bewundern. Mehrere Fermenter (das sind die großen runden Behälter mit den verlockenden »Sprungkissen« oben drauf) sind mit dicken Rohren verbunden, überall liegen Kabel von Sensoren und Überwachungssystemen. An einigen Stellen sind Piktogramme mit aufgedrucktem »EX« angebracht. Das bedeutet erhöhte Explosionsgefahr, was an dem methanhaltigen Biogas liegt. Am liebsten würde ich jetzt neugierig über das Gelände schleichen, Warnschilder prüfen und Erbsen zählen, kann mich aber gerade noch zügeln. Umso größer ist meine Freude über das Infoschild, das darüber aufklärt, dass hier Zuckerrüben, Mais- und Grassilo vergoren und in jährlich rund fünf Millionen Kilowattstunden Strom umgewandelt werden.

Ein Wollhaarmammut in Godenstedt

Die Mergelgrube in Godenstedt wurde 1850 entdeckt und 1890–1914 zum kommerziellen Abbau von Kalkmergel genutzt, wodurch Godenstedt zu einer eigenen Bahnanbindung gelangte. Auch Wissenschaftler interessierten sich damals für die Grube, und Überlieferungen zufolge wurde in diesem Zeitraum bei den Ausgrabungen ein Stoßzahn entdeckt, der einem Wollhaarmammut zugeordnet werden konnte. Der Stoßzahn wurde nach zeitgenössischen Berichten um 1940 an ein Museum in Hannover übergeben, jedoch vermutlich im Verlaufe des Zweiten Weltkriegs zerstört.

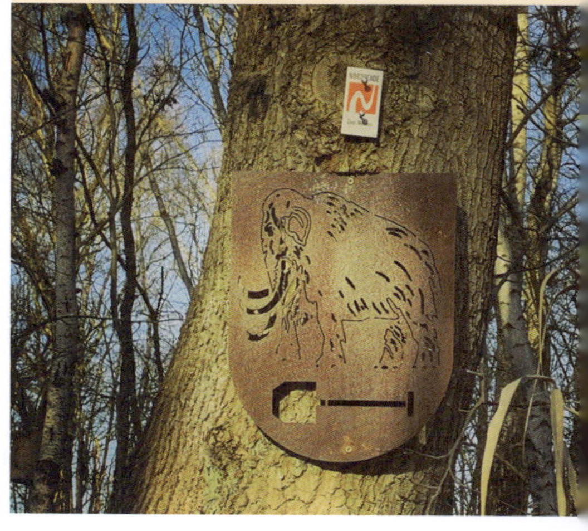

Nach diesem kleinen technischen Exkurs erreiche ich die Ortschaft Godenstedt, wo der Nordpfad »Zwei Mühlen« eine dritte Mühle passiert: die ❖ **Ölmühle**. Hier werden seit 2013 kaltgepresste Öle in bester Bioqualität erzeugt, und das ausschließlich mit erneuerbaren Energien. Ich bin beeindruckt, was sich die Godenstedter alles haben einfallen lassen, um die schädlichen CO_2-Emissionen zu reduzieren. Sie sind außerdem sehr geschichtsbewusst: Jedes zweite Haus ist mit einer Tafel ausgestattet, die über dessen Geschichte und Besonderheiten informiert. So wie die ehemalige Schule, in deren Fenster zwei ausgestopfte Tiere ausgestellt sind, ein Fuchs und eine Katze. Sie erinnern mich an eine einstige Klassenfahrt, auf der ein ausgestopfter Iltis eine wesentliche Rolle in unseren Schülerstreichen spielte … Wie gesagt, ich habe meine Schulzeit genossen. Während ich noch über die leicht morbide Tier-Deko nachsinne, erreiche ich auch schon die Ortsmitte. Vorbei an einem einladend aussehenden ❖ **Rastplatz** an der Oste sowie dem ❖ **Glockenturm** führt mich die Straße *Unter den Eichen* wieder aus Godenstedt hinaus.

Vor mir liegen die letzten 3 km, gute 2 Stunden bin ich jetzt unterwegs. Ein unbefestigter Weg führt mich zwischen Feldern, Wiesen und Waldstückchen durch das ❖ **Badetal**. Der kleine Fluss speist hier eine Vielzahl von Teichen, die eine malerische Kulisse bilden. Doch hier schlägt mir auch wieder der kalte Wind ins Gesicht, vor allem, als ich am südlichen Rand des ❖ **Godenstedter Holzes** entlanggehe. Zum Glück erreiche ich bald darauf mein Auto in Bademühlen und kann mich auf den warmen Sitz flüchten.

Im Ergebnis bin ich knapp 11 km in etwas mehr als 3 Stunden gegangen, ohne richtige Pause – und ohne einen Tropfen Wasser zu trinken, weil mir das in den stürmischen Böen einfach zu kalt war. Nun schmerzen meine Beine, und mein Körper verlangt klagend nach Flüssigkeit. Meine Zunge klebt regelrecht am Gaumen fest, die Lippen sind trocken, und mein Kopf schmerzt. Gierig öffne ich meine Wasserflasche und verschlinge den eiskalten Inhalt, bis Hirnfrost einsetzt. Vielleicht sollte ich mir eine Trinkblase zulegen? Durchaus überlegenswert!

Fazit des Tages: Trink mehr Wasser, Kind.

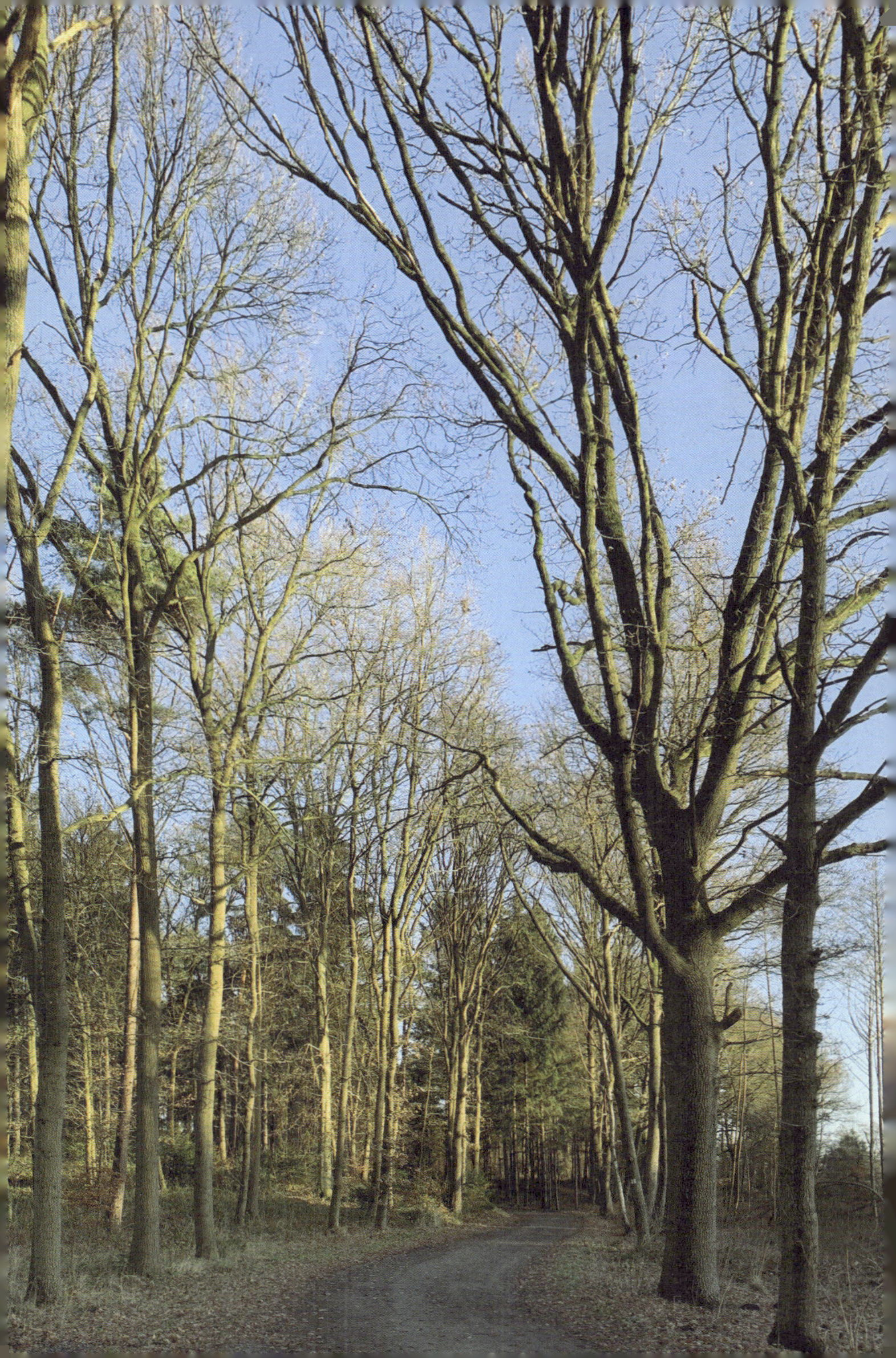

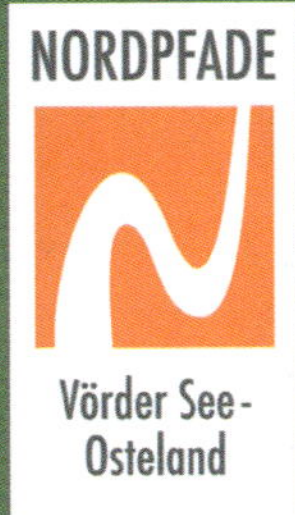

Strecke: 20 km

Dauer: ca. 6 3/4 Std.

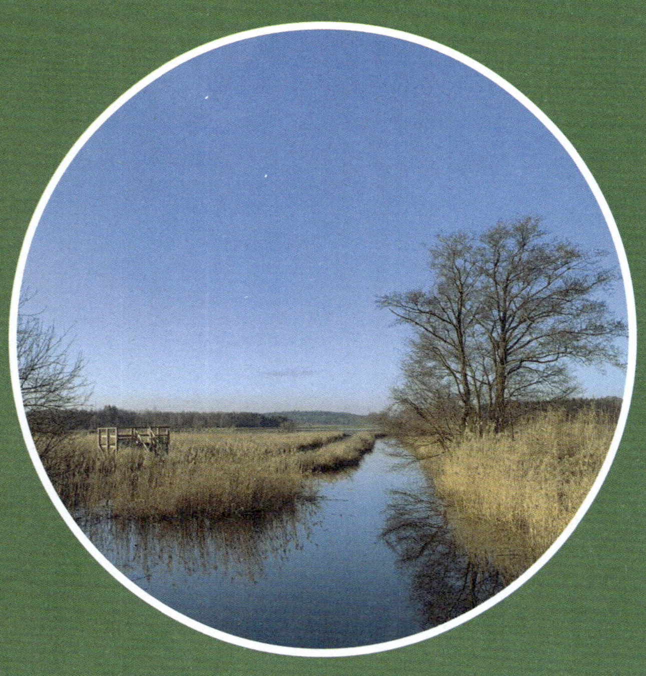

»Vörder See – Osteland« – Polizeieinsatz am Wasser

Startpunkt 1: 27432 Bremervörde, RiesenEi beim Vörder See, Huddelberg

Wir haben Anfang Januar, und seit Tagen regnet es. Auch für morgen ist wieder Schietwetter mit starken Windböen und literweise Niederschlag angekündigt. Heute soll der einzige Tag ohne meteorologischen Weltuntergang sein, daher habe ich mir trotz Urlaub den Wecker auf 7 Uhr gestellt. Denn heute steht der 20 km lange Nordpfad »Vörder See – Osteland« auf dem Programm. Um nicht bei Dunkelheit durch die Landschaft zu irren, muss ich pünktlich aufbrechen. Dass diese Tour heute dran ist, haben meine Instagram-Follower per Abstimmung für mich entschieden. Mir wäre die Alternative, der ähnlich lange Nordpfad »Kirchsteg – Moore – Bäche«, aufgrund der kürzeren Anreise lieber gewesen, doch ich beuge mich tapfer dem Mehrheitsbeschluss.

Los geht es beim ❖ **RiesenEi** in Bremervörde, einem imposanten Betongebilde des Künstlers Armin Kölbli, das mit Regenbogenstreifen und bunten Handabdrücken dekoriert ist. Nach wenigen Schritten stehe ich bereits am ❖ **Vörder See**, der im Sommer auch gerne von Anglern und Wassersportlern genutzt wird. Wir selbst waren im letzten Jahr mit den Kindern hier, denn von der »Welt der Sinne« über Tretbootverleih, Minigolf oder Spiellandschaften gibt es hier allerlei Möglichkeiten des Zeitvertreibs.

Am heutigen Wintertag ist vom Trubel des Sommers nichts zu spüren. Nur ein paar Gassi-Geher und Jogger sind unterwegs, sonst bin ich alleine. Ich gehe nach links am See entlang, vorbei an der Skulptur ❖ **»Seemann«**, einem kleinen Männchen mit dicker Knubbelnase auf einem Pfahl im Wasser. Doch meine Aufmerksamkeit wird schnell von der aufgehenden Sonne gefesselt. Die schiebt sich am gegenüberliegenden Ufer langsam in warmen Orange-Tönen über die Baumwipfel, das stille Wasser des Sees reflektiert die Farben. Ich bin hingerissen und nehme mir Zeit, diesen Anblick zu genießen. Was für ein wunderschönes Naturschauspiel. Selbst als ich am See entlang weiterwandere, halte ich steten Blickkontakt zur Sonne, bis mir nach kurzer Zeit bunte Punkte vor den Augen herumtanzen und ich die restliche Umgebung kaum noch erkennen kann. Von der Nachbildung eines Sumpfwaldes zu meiner Rechten sowie dem ❖ **ehemaligen Haus des Waldes** und der Seebühne zur Linken erahne ich deshalb nur Umrisse.

Nach einiger Zeit führt der Weg nach links, weg vom See in eine Wiesenlandschaft, das ❖ **Fresenburgsmoor**. Lieber würde ich jetzt weiter dem Ufer folgen und das herrliche Farbspiel der Sonne auf dem Wasser beobachten … Seufzend ergebe ich mich meinem Schicksal und folge den Markierungszeichen. An der Straße *Fresenburg* biegt der Nordpfad erneut ab, dieses Mal nach rechts, was ich sehr begrüße, denn in der entgegengesetzten Richtung steht in geringer Entfernung ein Rettungswagen mit Blaulicht am Straßenrand – da möchte ich jetzt nur ungern vorbei.

Zunächst ist der Weg von weiten Grünflächen, kleinen Wäldchen und Gräben gesäumt, doch bereits nach wenigen Minuten eröffnet sich mir ein neuer atemberaubender Anblick: Die Wiesen zu beiden Seiten sind überschwemmt, und die Straße führt schnurgerade wie ein Steg zwischen ihnen hindurch. Auf dem Wasser sind hunderte von Vögeln: Enten, Möwen und Gänse, die lautstark ihrem Morgenritual nachgehen, mal in kleinen Schwärmen in die Luft starten oder unter großem Getöse landen.

Die Sonne ist inzwischen etwas höher über den Horizont gestiegen, die Orange-Töne sind einem sanften Gelb gewichen, das sich zart um die zahlreichen Schäfchenwolken am blauen Himmel legt. Doch diese Idylle wird jäh durch ein lauter werdendes »Flapp-Flapp-Flapp« unterbrochen: Just in diesem Moment erhebt sich ein Rettungshubschrauber über die Bäume und fliegt davon. »Oje, da muss was Schlimmeres passiert sein«, denke ich mitfühlend und ziehe in gedämpfter Stimmung weiter.

Mein Magen knurrt und ich überlege gerade, ob ich mein Brot zwischen den vielen Vögeln gefahrlos auspacken kann, als sich von hinten ein Auto nähert. Ein Polizeiwagen fährt sehr langsam an mir vorbei. Ob die wegen des Rettungseinsatzes hier sind? War es womöglich ein Mord, suchen sie nun den Täter? Am Ende der Straße wendet der Streifenwagen, fährt erneut langsam auf mich zu und hält dann neben mir an. Augenblicklich werde ich nervös. Die Polizistin wirft mir ein schroffes »Hallo« entgegen, während ihr Kollege mich mit starrem Blick fixiert. »Seit wann sind Sie hier unter-

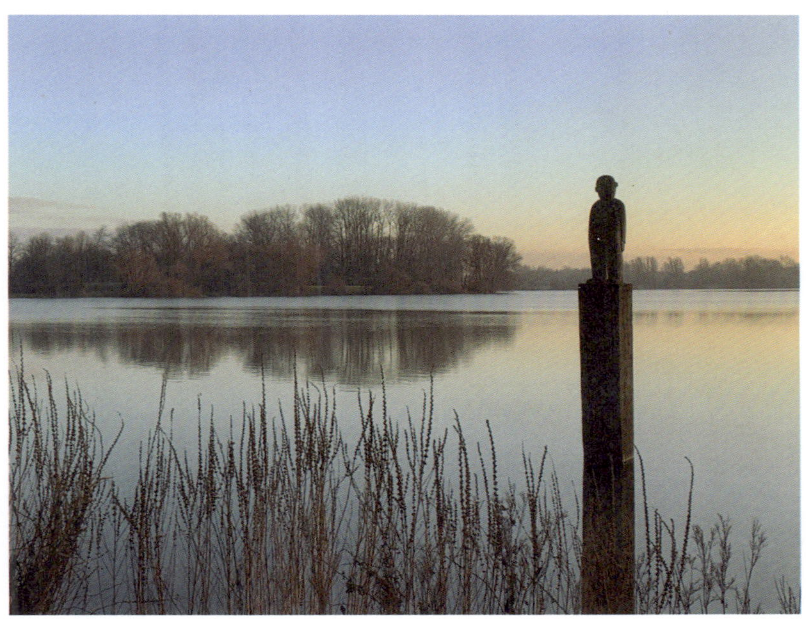

wegs?«, blafft die Polizistin mich an. Panisch überlege ich, ob ich irgendetwas dabeihabe, das mir als Tatwaffe untergejubelt werden könnte, und sehe mich schon auf der Rückbank des Wagens Platz nehmen. »Ich bin gegen 9 Uhr beim Osterei gestartet«, stammle ich. »Haben Sie etwas von dem Verkehrsunfall mitbekommen?«, lautet die nächste Frage. Oh, damit bin ich als tatverdächtige Mörderin wohl raus. Ich verneine. »Haben Sie eine Fußgängerin mit Rottweiler gesehen?« Ich überlege kurz und verneine abermals.

Die beiden Polizisten schauen sich kurz an, dann verabschieden sie sich – und lassen mich verwirrt zurück: Wird die Frau gesucht, weil sie »Fahrerflucht« (oder in diesem Fall Fußgängerflucht) begangen hat, oder ist sie eine Zeugin? Und was soll ich tun, wenn mir jetzt ein Rottweiler begegnet? Am nächsten Tag werde ich aus den Medien erfahren, dass besagte Frau tatsächlich das Unfallopfer war und die Polizei vermutlich nach Zeugen gesucht hat. Hoffentlich hat sich die Dame inzwischen wieder gut erholt.

Noch während ich über diese merkwürdige Begegnung nachdenke, quere ich auf einer kleinen Brücke den ❖ **Fresenburger Kanal** und tauche in ein Waldgebiet ab. Das Grün um mich herum senkt mein Stresslevel mit jedem Schritt zurück in Richtung Normalniveau. Ich atme tief ein und hole meine Brote aus dem Rucksack. Erstmal Essen, wenn auch im Gehen. Auf der *Mühlheimer Straße* passiere ich einige Ferienhäuser und erreiche Nieder Ochtenhausen. Der kleine Ort begrüßt mich mit ein paar Häusern und Höfen. Bald stehe ich vor dem ❖ **Historischen Kornspeicher** mit seinem beeindruckenden Walmdach, das sich rundherum aus steilen Mansarden mit Lüftungsschlitzen zusammensetzt und auf einem Holzständerwerk ruht.

Von hier aus führt mein Weg weiter an Grünflächen vorbei, bis ich auf dem *Vorfeldring* wieder aus der Ortschaft herausgelange. Erneut geht es durch eine Wiesenlandschaft, dieses Mal allerdings ohne Überflutung und stattdessen mit einigen Entwässerungsgräben. Die Sonne scheint mir direkt ins Gesicht, die Wiesen sind satt grün und bilden einen wunderschönen Kontrast zum blauen Himmel. Wieder einmal danke ich dem Wanderwettergott für seine Unterstützung. An einem der Gräben, dem »Hauptvorfluter Süd«, entlang gelange ich zum ❖ **Ostedeich**. Der wird mit einen Zaun gegen unbefugtes Betreten gesichert, hat aber in regelmäßigen Abständen Übertrittmöglichkeiten. Eine davon nutze ich, um einen kurzen Blick auf die Oste zu werfen, die gerade viel Wasser führt und mit einer beachtlichen Strömung an mir vorbeifließt.

Anschließend folge ich dem geteerten Weg am Deich entlang, der stark von Fußgängern und Fahrradfahrern frequentiert wird. Nach einer Weile stelle ich fest, dass ich schon seit über 3 Stunden unterwegs bin und etwa 10 km, also rund die Hälfte der Strecke, hinter mir habe. Also suche ich mir eine trockene Picknickbank in der Sonne für eine kleine Pause. Rechts von mir liegen die überschwemmten Wiesen, zu meiner Linken fließt die Oste, und vor mir habe ich einen heißen Kaffee samt Milchbrötchen mit Nussnougatcreme. Läuft bei mir, würde ich sagen.

Nach der Stärkung setze ich meine Wanderung am Ostedeich entlang fort. Am ❖ **Aussichtsturm Vörder See** lege ich einen weiteren Zwischenstopp ein, um noch einmal den Weitblick über den See, die Oste und die gefluteten Wiesen zu genießen. Ab hier wird die Strecke immer belebter. Zahlreiche Familien und Pärchen, Hundeführer, Jogger und Spaziergänger

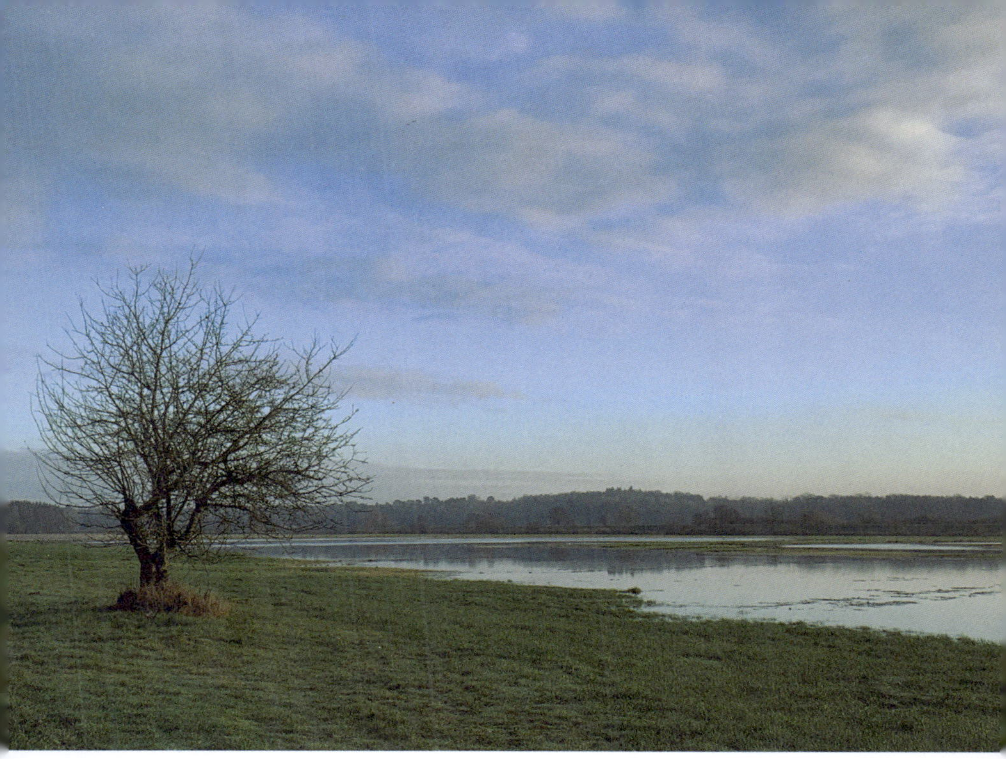

teilen sich mit mir den Weg, der nun oben auf dem Deich zwischen der Oste und dem östlichen Ufer des Vörder Sees verläuft.

Vom See führt die Route geradeaus Richtung Hafen. Kurz überlege ich: Soll ich an dieser Stelle abkürzen und nach rechts zum Parkplatz beim RiesenEi laufen – und auf rund 4 km Wegstrecke verzichten? Ich horche in mich hinein, und mein Körper antwortet patzig: »Du bist topfit, wandere gefälligst weiter, du faule Socke!« Also marschiere ich zum ❖ **Bremervörder Hafen** und bestaune die kleinen und größeren Sportboote, die hier auf der Oste herumdümpeln. Durch eine Unterführung der stark befahrenen *Bundesstraße B 71* gelange ich in einen Park und muss mich an einem Nordpfade-Wegweiser für eine von zwei möglichen Richtungen entscheiden. Etwas lustlos biege ich nach links ab; nach den ungebändigten Naturschönheiten, die ich heute bereits erleben durfte, kann ich diesem gepflegten Stadtpark nicht viel abgewinnen, auch wenn er zur einstigen Festungsanlage Vörde samt Vorwerk gehört. Aber nach wenigen Schritten erreiche ich die hölzerne ❖ **Vorwerksbrücke**, und als ich die Oste überquere, erhasche ich einen Blick auf die Wehr- und Schleusenanlage zu meiner Linken mit ihrem kleinen Backsteinhäuschen mitten im Wasser. Nun packt mich die Umgebung doch wieder, und ich bin hochmotiviert weiterzugehen.

An einigen Häusern vorbei lasse ich die Stadt allmählich hinter mir und darf kurze Zeit später endlich wieder Bahnschienen überqueren. Diesmal führt der unbeschrankte Bahnübergang über eine aktive Trasse, auf der stündlich die Regionalbahn zwischen Bremerhaven und Buxtehude verkehrt. Schienen waren auf meinen letzten Wanderungen für meinen Geschmack unterrepräsentiert. Eigentlich müssten alle Nordpfade mit ihnen nachgerüstet werden, finde ich. »Nordpfade, nur echt mit den Bahnschienen« – wäre doch ein guter Werbeslogan.

Gleich hinter dem Bahnübergang gelange ich in den Landeswald Vorwerk. Zunächst laufe ich auf einem klassischen Forstweg, der mir das Gefühl gibt, in einem »zivilisierten« Stadtrandwald unterwegs zu sein. Doch nach etwa 500 m biegt die Route nach links auf einen schmalen »Weg« ab, der eher einem dichten Buschland ähnelt. Ich schaue mir die Nordpfade-Markierung nochmal genauer an. Kein Zweifel, der Pfeil zeigt in diese Richtung, und diesmal scheint ihn auch kein Witzbold manipuliert zu haben. Seufzend ergebe ich mich meinem Schicksal und bereue die Entscheidung schon nach wenigen Schritten. Der Pfad ist extrem schmal, zu beiden Seiten von schwarzem Brackwasser umspült und komplett zugewuchert. Binnen kürzester Zeit hole ich mir nasse Füße, bleibe mit den Schuhen im Schlamm und mit dem Gesicht an Zweigen hängen und muss abwechselnd über den Boden robben und waghalsige Kletteraktionen einlegen, um umgestürzte Bäume zu überwinden.

Am Ende dieses »Abenteuerpfads« stehe ich nervlich und körperlich angeschlagen mutterseelenalleine vor einem sumpfigen Gebiet. Ein paar Krähen krächzen unheilvoll, ein modriger Geruch hängt in der Luft. Bäume wachsen wie riesige Spinnenbeine aus dem Wasser. Was für ein gruseliger Ort! Zum Glück erreiche ich relativ flott die ❖ **Aussichtsplattform Vorwerk**, von der ich einen weiten Blick in das angrenzende Moorgebiet werfen kann. Dieser Ausguck ist nicht ganz so hoch, aber beim Abstieg auf den rutschigen Holzstufen bin ich besonders vorsichtig – wenn ich hier stürze, findet mich tagelang kein Mensch.

Erleichtert stehe ich bald wieder auf klassischen, breiten Forstwegen und atme auf. Kurz darauf muss ich mich noch einmal durch mannshohe Farnbüschel schlagen, doch dann überquere ich die ❖ **Ostetalbrücke** und darf den Wald hinter mir lassen. Von hier aus führt der Weg direkt am linken Ufer der Oste zurück nach Norden. Dieser Streckenabschnitt imponiert mir besonders: Die Oste scheint einen halben Meter höher zu stehen als der Trampelpfad, und nach den Gesetzen der Schwerkraft müsste er längst zu meiner Rechten vom Fluss überflutet werden, so wie die zahlreichen Flächen links von mir. Aber dieser kleine tapfere Weg bleibt standhaft trocken. Ich bestaune die Oste, die scheinbar nur von der Oberflächenspannung des Wassers im Zaum gehalten wird. Sobald ein weiterer Regenguss einsetzt, ist dieses Gebiet sicherlich komplett »Land unter«. Die Gefahr übt einen abenteuerlichen Reiz auf mich aus, und als ich wieder asphaltierte Straßen betrete, bin ich trotz nasser Füße begeistert.

Erneut passiere ich die Bahnschienen, diesmal unter der Eisenbahnbrücke hindurch, die über die Oste führt. Der Weg leitet mich auf einer anderen Route zurück durch den Park, vorbei an der ehemaligen Schlossanlage und dem über 400 Jahre alten Kanzleigebäude, in dem heute das regionalgeschichtliche und naturhistorische ❖ **Bachmann-Museum** untergebracht ist. Auch die *Bundesstraße B 71* unterquere ich ein weiteres Mal und gehe am Bremervörder Hafen vorbei, bis ich wieder am Vörder See ankomme. Genau in diesem Moment setzt Regen ein. Nicht bloß ein leichtes Nieseln, sondern dicke Tropfen, die in sintflutartigen Mengen vom Himmel fallen. Kein Problem, denke ich, schließlich bin ich in wenigen Metern beim Parkplatz. Aber das Seeufer beschreibt noch einen zusätzlichen Bogen … Nass wie ein begossener Pudel erreiche ich schließlich mein Auto. Bei aufgedrehter Heizung lasse ich die frisch beendete Wanderung gedanklich Revue passieren. Wahnsinn, wie viele unterschiedliche Eindrücke man auf 20 gelaufenen Kilometern sammeln kann!

Fazit des Tages: Sonnenaufgang am See und – schwupps – glücklich!

Familienvariante

Strecke: 5,7 km

Dauer: ca. 2 Std.

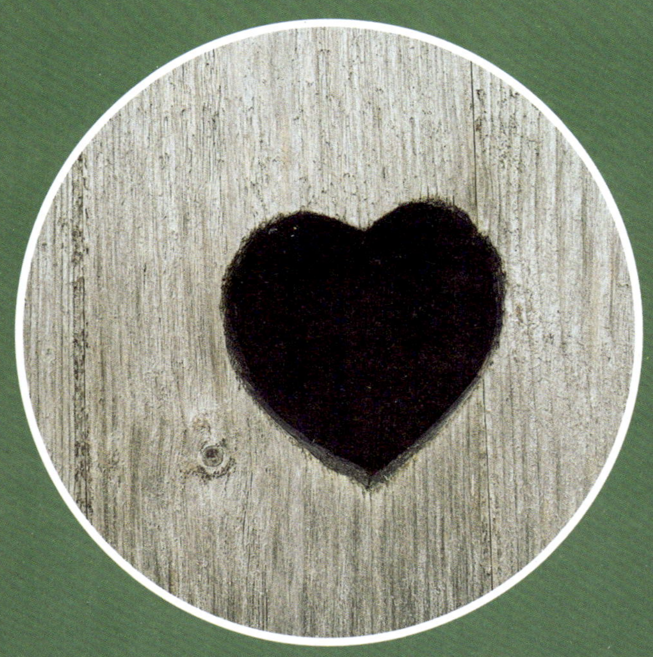

»Osterberg« – Schatzsuche am Eierberg

Startpunkt 1: 27389 Fintel, Osterberg, Am Osterloh

»Jaaaa, wir wandern heute über den Eierberg!«, jubelt meine Jüngste und hüpft aufgeregt auf und ab, als ich meiner Familie vorschlage, meinen zwanzigsten Nordpfad gemeinsam zu absolvieren. Lachend erkläre ich, dass er »OSTERberg« heißt. Offensichtlich sitzt die Verknüpfung zwischen Ostern und Eiern tief. Mit vollgepacktem Rucksack machen wir uns also an einem grauen Samstag im Januar zu viert auf nach Fintel zum östlichsten aller Nordpfade. Anstatt der 8,2 km langen Hauptroute werden wir allerdings die »familienfreundliche« Variante von rund 5,7 km gehen – so ambitioniert sind die Kinder dann doch nicht. Ihr erklärtes Ziel für heute: Viele Steine und einen Schatz suchen. Ich bin gespannt!

Kaum ist die Jüngste am ❖ **Osterberg** aus dem Auto gekrabbelt, johlt sie vor Begeisterung laut auf. »Mama, ich habe den Schatz schon gefunden!«, erklärt sie freudestrahlend und hält mir stolz drei goldfarbene Münzen entgegen. Offensichtlich hat hier jemand Kleingeld verloren, das sofort unter den Kindern aufgeteilt wird. »Jetzt muss ich nur noch schöne Steine finden, dann können wir wieder nach Hause«, informiert mich die Kleine, während sie den Boden wie ein Spürhund absucht. Auch wenn wir die Wanderung knapp halten wollten, so schnell muss sie dann ja doch nicht enden. Zur Bestechung stelle ich den Kids eine Muffin-Pause nach halber Strecke in Aussicht und scheuche sie umgehend den bewaldeten Osterberg hinauf. Mein Mann Felix und ich kraxeln gemächlich hinterher, während die Mädchen bereits in jede Schlammpfütze treten, die sie finden können. Ich seufze innerlich, aber lieber dreckig und glücklich als durchgestylt und depressiv.

Als wir auf dem ganze 58 Meter hohen Berg stehen, fragen wir uns scherzhaft, ob dies wohl einst die Müllkippe des Ortes war, die irgendwann mit Erde abgedeckt wurde, denn an einigen Stellen liegt Unrat zwischen den Bäumen, und außerdem wurde hier offensichtlich Laub entsorgt. Das würde auch den einsamen Hügel mitten im flachen Land erklären … In Wahrheit ist der Osterberg aber selbstverständlich eine natürliche Erhebung, die in der Tat von Ortsansässigen auch als offizielle Laubsammelstelle genutzt werden darf.

Wir verlassen den Gipfel und folgen einem grasbewachsenen Weg in Richtung Osten, als unsere große Tochter eine tiefgründige Frage stellt: »Mama, warum geht man eigentlich wandern?« Ich schlucke. Bislang galt für mich in erster Linie: »Was zählt, ist die Mission«, also das Abwandern aller 24 Nordpfade auf der Suche nach dem Glück. Aber warum geht man generell wandern? Während ich innerlich um Worte ringe, werfe ich taktisch raffiniert die Frage zurück: »Ja, was meinst denn du?« – »Um sich zu bewegen und in der Natur zu sein«, antwortet das Nesthäkchen prompt. Gute Antwort, ich nicke zustimmend. »Aber da kann man doch auch zuhause bleiben und ums Haus gehen«, wendet die Ältere ein. Stimmt auch wieder. Wir haben daheim einen schönen Wald gleich um die Ecke, in dem wir oft spazieren gehen.

»Früher wurden Leute auf Wanderschaft geschickt, wenn sie mit der Ausbildung fertig waren«, gibt die Große ihr »tiptoi«-Bücher-Wissen zum Besten. Das stimmt, auch heute noch gehen viele Handwerker als Wandergesellen auf die Walz, um ihre Fertigkeiten zu verbessern und ihren Horizont zu erweitern. »Wir erweitern unseren Horizont ebenfalls durch eine Wanderung, auf der wir andere Landschaften und andere Menschen sehen. Außerdem wirkt Wandern entschleunigend«, ergänze ich. »Was wirkt das?!«, fragt die Jüngste entsetzt. Wir beruhigen sie damit, dass das etwas Gutes ist, und mühen uns ab, das Konzept der bewussten Langsamkeit kindgerecht zu erklären.

Bald erreichen wir den kleinen ❖ **Himbergsee** (oder »Himbeersee«, wie die Mädchen ihn spontan umgetauft haben), der auf einem dreieckigen Flurstück mitten zwischen weiten Feldern und Wiesen hinter einer Reihe von Bäumen versteckt liegt. Wir halten uns nicht lange auf und biegen nach links auf einen weiteren Feldweg ab. Währenddessen überlegen wir weiter, welche Formen des Wanderns es eigentlich gibt? Da ist zum Beispiel die sehr populäre Pilgerreise – spätestens seit Hape Kerkelings Bestseller »Ich bin dann mal weg« berühmt. Sie hat in der Regel einen religiösen Ort zum Ziel, wie etwa Santiago de Compostela, Mekka oder auch das Wallfahrtszen-

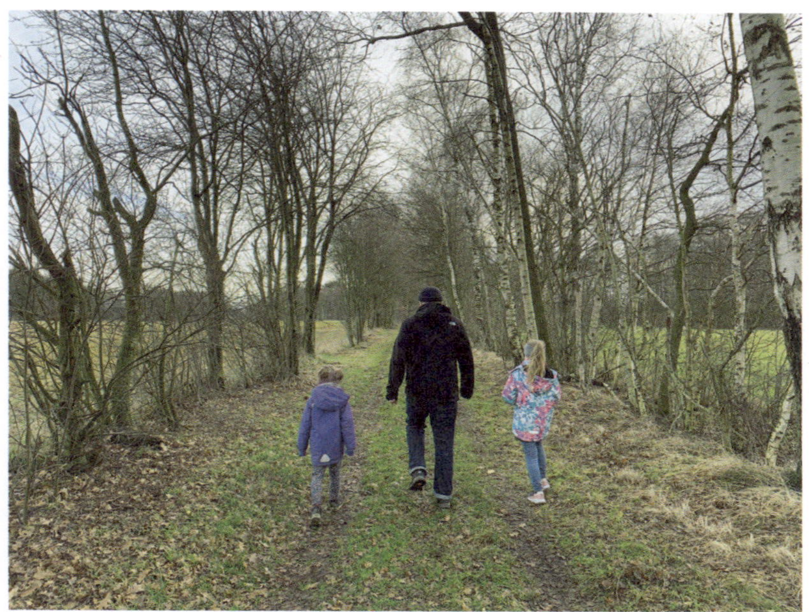

trum im Örtchen Bethen in der Nähe meines Geburtsortes. Natürlich gibt es auch nicht-religiöse Fernwanderungen, die über mehrere Tage, Wochen oder Monate gehen. Ich verbinde sie mit Schilderungen von tonnenschweren Rucksäcken, vernachlässigter Körperhygiene und Haferbrei.

Die Mädchen führen die Nachtwanderung ins Feld – wer kennt sie nicht? Als Kind war sie das Highlight eines jeden Zeltlagers. Der Schriftsteller Dirk Liesemer hat Nachtwanderungen quer durch Deutschland unternommen. Für mich Ober-Angsthasen wäre das nichts, aber unsere Töchter finden die Idee natürlich klasse. Mein Mann wirft mutig den Begriff des Fastenwanderns ein. Tagelang keine feste Nahrung und dennoch wandern? Definitiv nichts für mich. Meine Familie stimmt emphatisch zu: absolut undenkbar. Und dann ist da natürlich noch die Wattwanderung, die wohl norddeutscheste Art des Wanderns. Im Idealfall unter fachkundiger Führung, denn das Watt mit seinen zahlreichen Prielen ist nicht ungefährlich. Schließlich fällt uns noch die Nacktwanderung ein. Ziemlich selbsterklärend: Es wird splitterfasernackt gewandert, wahlweise auch mit Schuhwerk.

Wobei ich mich frage, ob der Rucksack nicht auf der bloßen Haut scheuert? Und dann die Mücken, Zecken und Co. …

Nach einer weiteren Linksabbiegung ist der Grund unter unseren Füßen leicht sandig, und am Wegesrand stehen einige Bäume. Die Jüngste klebt mit den Augen am Boden, betrachtet jeden Stein und steckt mindestens die Hälfte davon in ihre eigens dafür mitgebrachte Stofftasche. Ihre Auswahlkriterien sind vielfältig: besondere Oberfläche, Farbverläufe oder beachtliche Größe, alles wird als Schatz gefeiert. Die ältere Tochter hingegen zieht es hoch hinaus. Sie klettert auf den dicken Stamm einer krummen Kiefer am Wegesrand, lässt die Beine baumeln und jubelt uns stolz zu.

Als wir den ❖ **Schafstall in der Osterheide** erreichen, wandern wir zunächst ein kleines Stück durch die angrenzende Heidefläche. Hinter dem Stall entdecken wir ein kleines Klohäuschen, das bei den Kindern reges Interesse entfacht. »Da haben die früher Pipi gemacht?«, fragt die Kleine entgeistert. »Warum ist da ein Herz in der Tür?«, möchte dagegen die Große wissen. »Zur Belüftung«, tippe ich. Aber warum die Öffnung eine Herzform hat, weiß ich auch nicht. Ein Quadrat wäre doch viel einfacher auszusägen …

Da wir nun mit knapp 3 km etwa die Hälfte der Strecke in einer Stunde geschafft haben, fordern meine Kinder die versprochenen Muffins ein. Wir setzen uns also auf eine niedrige moosbewachsene Mauer, und ich tische auf: Muffins, Typ Schoko und Stracciatella, dazu Wasser und für die Großen zusätzlich Kaffee. Glückselig mampfen wir vor uns hin und philosophieren über die Vor- und Nachteile eines Reetdaches wie demjenigen vor uns auf dem Schafstall. Da unsere jüngere Tochter schon seit Monaten an natürlichen Baumaterialien interessiert ist, findet sie die Dachbedeckung aus Schilfrohr besonders interessant. Als ich ihr jedoch von der erhöhten Brandgefahr erzähle, wird sie ziemlich nachdenklich.

Frisch gestärkt gehen wir wieder los und werden bald über das Gelände eines großen Bauernhofs geleitet. Der Weg hier ist sehr aufgeweicht, und die Kinder springen in jede Matschpfütze. Wir Elterntiere lassen sie gewähren – man muss nicht jeden Kampf austragen. Anschließend geht es weiter über einen nassen Sandweg (noch mehr Matsch, welch Glück, schließlich konnte man die Farben der Kinderschuhe bislang noch erahnen), vorbei an einigen Weiden. Auf einer davon grasen braune Rinder, und wir finden eine halbwegs trockene Picknick-Bank. »Können wir hier Pause machen und was essen?«, fragt die Ältere mit flehendem Blick. Also packe ich erneut die Verpflegung aus: kleine Schoko-Brownies und Salzcracker – Grundsteine einer jeden gesunden Ernährung. Aber hey, wir gehen ja nicht alle Tage wandern.

Nach der zweiten Pause innerhalb von nicht mal 2 km haben die Kinder richtig viel Energie. Offensichtlich entfaltet der Zucker seine Wirkung. Sie spielen Ticken, laufen um die Wette und erkunden hopsend die Landschaft. Anschließend spielen wir eine Runde »Ich sehe was, was du nicht siehst«. Meistens ist das gesuchte Objekt wahlweise grün oder braun, einzig ein paar Nordpfade-Markierungen bringen Rottöne ins Spiel. Nachdem wir am Weg ❖ **Redderberg** erneut links abgebogen sind, bewundern wir eine riesige Eiche mit einem unglaublichen Stammumfang. Für den Rest der Strecke unterhalten wir uns über dies und das, bis wir kaum einen Wimpernschlag später wieder vor dem Osterberg stehen, den die Kinder erneut erklimmen.

Die Schafställe in der Osterheide

Die ehemaligen Heide- und Moorflächen in der Osterheide boten einst ideale Bedingungen für die Heidschnuckenhaltung. Vor etwa 150 Jahren gab es noch 15 Herden mit je 200 Schafen rund um Fintel, die in Schafställen wie dem an diesem Nordpfad untergebracht waren.

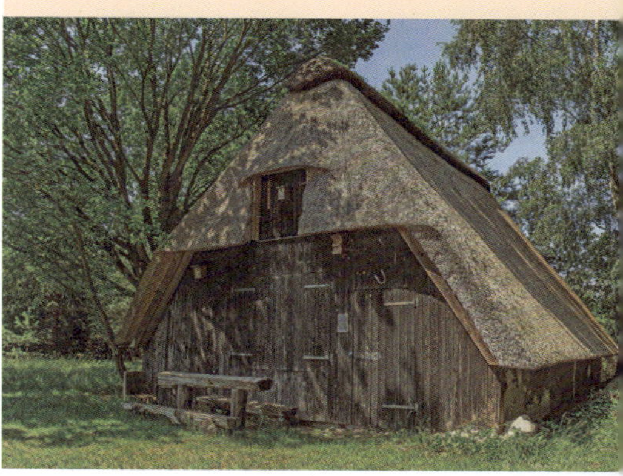

Auch wir Erwachsenen klettern nochmal hinauf, beobachten die herumtollenden Mädchen und beschließen, unser Mittagessen bei einer bekannten Fast-Food-Kette einzunehmen – Wandern macht schließlich hungrig. Tatsächlich haben die Kids während dieser Wanderung kein einziges Mal gefragt, ob es noch weit ist. Das nächste Mal dürfen es also vielleicht auch ein paar Kilometer mehr sein!

Fazit des Tages: Nur wer danach sucht, wird auch einen Schatz finden.

Strecke: 23,3 km

Dauer: ca. 7 3/4 Std.

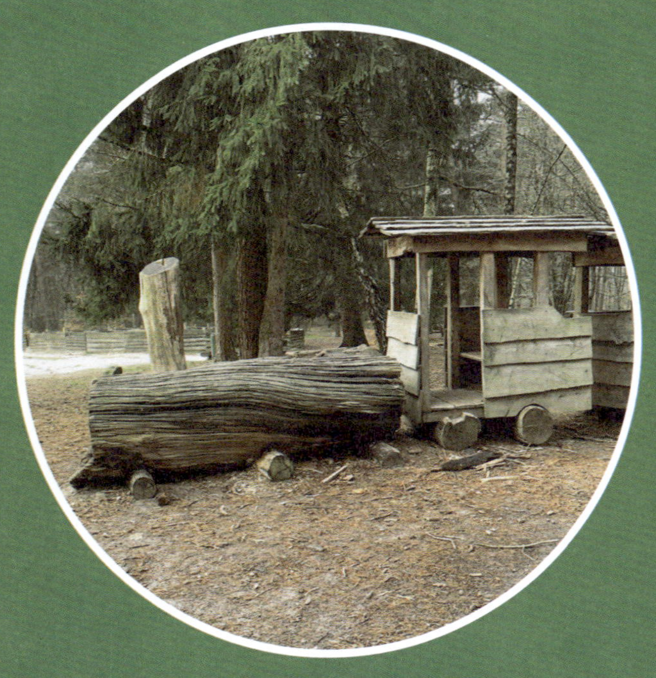

»Zevener Geest« – Auf Abwegen

Startpunkt 2: 27404 Zeven, Parkplatz im Großen Holz, L 133

Ich stehe im Wald und atme tief ein. Der erdige Geruch des feuchten Untergrunds steigt in meine Nase und entfaltet in Sekundenschnelle seine Wirkung: Mein Puls fährt herunter, ich entspanne merklich, meine Lippen formen ein Lächeln. Wobei Letzteres auch am überdimensionierten Penis liegen könnte, den ein Frechdachs mit Edding auf die Nordpfade-Infotafel gemalt hat. Aber Ursache hin oder her, das Lächeln tut gut. Denn vor mir liegt die 23,3 km lange Wanderstrecke des Nordpfads »Zevener Geest«. Wir haben Ende Januar, die Temperaturen dümpeln um den Gefrierpunkt, die Sonne ist seit Tagen abgetaucht, und bei mir hat sich ein leichter Winterblues zusammengebraut: Weihnachts- und Silvesterstress sind vorbei, im neuen Jahr läuft alles wie im alten, die Tage sind dunkel, meist gefüllt mit Dauerregen und grauem Himmel. Da kann man ja nur Trübsal blasen. Bestes Therapiemittel: Wandern, und zwar draußen an der frischen Luft und vorzugsweise allein. So kann ich in meinem eigenen Tempo gehen, Pausen einlegen, wenn mir danach ist, und muss mich nicht unterhalten. Was mir zu Beginn der Touren noch befremdlich vorkam, ist inzwischen meine Idealvorstellung, und ich bin froh über die schweigsamen Stunden auf meinen Wanderstrecken.

Ich stelle mein Auto mitten im Wald auf dem ❖ **Parkplatz Großes Holz** abseits der *Landstraße L 133* ab und starte hochmotiviert. Zunächst folge ich dem Waldlehrpfad, bis ich – wieder einmal – vor einem Zug stehe und mich über die Allgegenwärtigkeit des Schienenverkehrs auf den Nordpfaden freue. Der hölzerne Zug vor mir ist jedoch etwas Besonderes: Mit seinen vielen kleinen Waggons fährt er nicht auf Bahnschienen, sondern steht auf feinem hellen Sand und ist Teil des ❖ **Abenteuerspielplatzes Großes Holz**. Hier habe ich mit meiner Familie bereits zahlreiche Stunden verbracht.

Heute balanciere ich nur kurz über ein Klettergerüst, bevor mich der Pfad tiefer in den Wald hineinführt. Am Wegesrand finden sich zahlreiche Lehrtafeln, Insektenhotels und zu lösende Aufgaben, darunter Weitspringen oder die Suche von Tierspuren im Wald. Dem gemeinen Wanderer wird hier mit anderen Worten einiges geboten. Zu dieser frühen Stunde bin ich jedoch die Einzige, die sich für die Infoschilder interessiert. Ein paar zarte Sonnenstrahlen schieben sich nun durch den leichten Nebeldunst und tauchen den Wald in ein sanftes Licht. Sie erhellen nicht nur den Waldboden, sondern auch mein Gemüt. Ich begrüße die Sonne freudig und mit einem stillen Dank an den Wanderwettergott; schön, dass er auch heute wieder auf meiner Seite ist.

Ich höre einen Specht hämmern, und die ersten mutigen Vögelchen stimmen bereits ihren Frühlingsgesang ein, vermutlich zeitlich etwas verwirrt aufgrund des zu milden Winters. Vogelgezwitscher soll sich ja positiv auf unsere Gesundheit auswirken und steht auf Platz eins der gesundheitsfördernden Klänge – noch vor dem Meeresrauschen. Ich genieße den Moment, während ich auf dem weichen Waldboden entlangmarschiere. Der Weg führt mich zum sogenannten »Indianerdorf« mit seinen durch Hängebrücken verbundenen Holztipis nebst Baumtelefon und Klangspiel.

Ein Stück weiter weicht der breite Waldweg einem Trampelpfad, der kaum mehr ist als ein schmaler Wildwechsel. Ich schlage mich durchs Unterholz, kämpfe mit der leichten Steigung und versuche, mein neuestes Wandergadget zu nutzen: meine Trinkblase. Doch so sehr ich auch an dem Mundstück sauge, kein Tropfen Wasser erreicht meine Lippen. Ich setze den Rucksack ab und prüfe, ob man ein Ventil direkt an der Blase betätigen muss. Als ich den einzig vorhandenen Knopf drücke, halte ich plötzlich Trinkschlauch und -blase getrennt in den Händen. Entnervt befestige ich den Schlauch wieder. Vielleicht habe ich nur nicht kräftig genug gesogen? Ich versuche es noch einmal, bis mir schwindelig wird. Muss ich noch ein Schutzsiegel vom Mundstück entfernen? Ich friemle an dem Plastikstutzen herum, bis er sich plötzlich dreht. Triumphierend setze ich das Mundstück ein weiteres Mal an und sauge erwartungsvoll: nichts. Erneute Inspektion des Mundstücks. Muss man da vielleicht draufbeißen? Ich teste die Theorie und endlich: Wasser. Hah, der Sieg ist mein! Er schmeckt nach Plastik.

Noch während ich einige Schlucke Wasser tanke, verlasse ich das große Waldgebiet, überquere die *Landstraße L 122* und gehe auf einem Feldweg

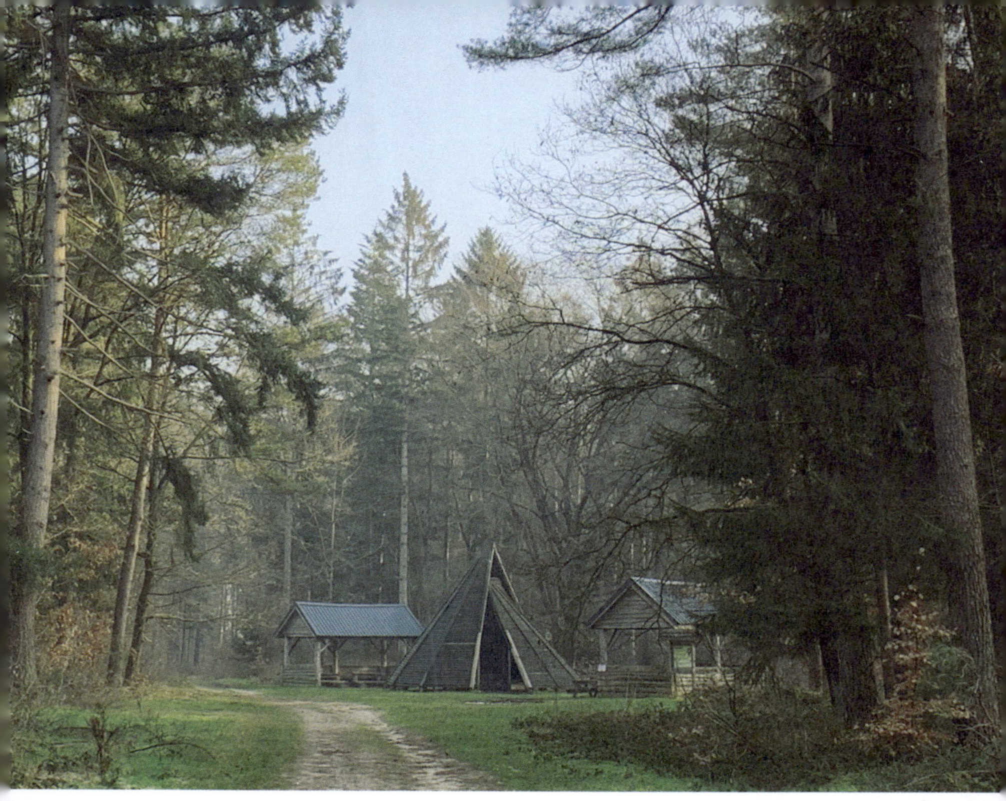

durch offene, grüne Landschaft. An der »Kriegsgräberstätte Kronshusen«, an welcher die Strecke entlangführt, verweile ich kurz und lese die Namen der sowjetischen Kriegsgefangen, denen hier die letzte Ehre erwiesen wird. Sie sind in Deutschlands schwärzesten Zeiten als Zwangsarbeiter in der nahegelegenen Heeresmunitionsanstalt Zeven-Aspe umgekommen. Viele von ihnen waren kaum erwachsen. Mich überkommt ein kalter Schauer.

Bald darauf gelange ich zum *Nord-West-Ring*, auf dem ich über eine Brücke wieder einmal Bahnschienen überquere – diesmal die ehemalige Bahnstrecke Bremervörde–Walsrode, die heute nur noch in Teilen für den Güterverkehr genutzt wird. Jetzt habe ich die Stadt Zeven erreicht. Nach einem kurzen Stück biege ich rechts ab, überquere eine weitere Bahntrasse (die Strecke der ehemaligen Wilstedt–Zeven–Tostedter Eisenbahn, einer alten Bekannten vom Nordpfad »Kuhbach – Oste«) und folge der *Kanalstraße* durch eine Siedlung. Neugierig betrachte ich die Häuser und Gärten. Während ich mir vorstelle, wie wohl die Wohnzimmer aussehen und was für Leute darin wohnen, verliere ich den Nordpfad aus dem Blick. Als ich das bemerke, kann ich nicht einmal sagen, wann ich das letzte Markierungszeichen gesehen habe. Ich seufze und drehe resigniert um: wieder zurück zu den letzten Bahnschienen und noch einmal von vorne.

Als ich über die Straßen *Lühnenfeld* und *Gaußweg* wieder auf dem richtigen Weg bin, meldet sich mein Magen zu Wort. Natürlich, er hat Hunger, das kann ich ihm nach knapp 7 km und fast 2 Stunden Wanderung nicht verdenken. Zum Glück sind wir hier mitten in Zeven, und wo eine Stadt ist, da gibt es auch einen Bäcker, mit anderen Worten: Kuchen. Definitiv verlockender als das Brot in meinem Rucksack. Also überzeuge ich meinen Magen, sich noch ein paar Minuten zu gedulden, und marschiere weiter.

Kurze Zeit später verliere ich den Nordpfad erneut aus den Augen und irre verloren durch die Straßen. Schon wieder umdrehen mag ich nicht, und hinter jeder Kreuzung vermute ich ein rettendes Café. Mein Zuckerspiegel sinkt auf ein grenzwertiges Niveau, nun muss Google Maps aushelfen. Noch 20 Minuten bis zur Innenstadt. Was?! Nach viel zu langer Zeit stehe ich endlich in der Fußgängerzone der ❖ **Stadtmitte** und entdecke auf der anderen Straßenseite das Schild »Café«. Ich eile hinüber – das Café ist geschlossen, dem Anblick nach zu urteilen für immer. Also weiter, immer der Nase nach. Aber auch das nächste Café hat geschlossen.

Die Verzweiflung ist groß, als ich aus dem Augenwinkel eine Bäckerei entdecke. Was soll ich sagen? Der wohl beste Mohnkuchen der Welt gepaart mit einer herrlich heißen Schokolade verhelfen mir in Windeseile zu neuer Kraft. Aber das eigentliche Highlight ist das stille Örtchen mit allerlei kreativen Fakten aus dem Bereich »unnützes Wissen« an den Wänden: vom Kaloriengehalt einer Briefmarke über das Größenverhältnis zwischen Augen und Hirn beim Vogel Strauß bis hin zu der Tatsache, dass das Feuerzeug vor dem Streichholz erfunden wurde (stimmt wirklich, das habe ich nachträglich noch einmal geforscht).

In Gedanken noch bei Straußenhirn und kalorienreichen Briefmarken, mache ich mich gestärkt wieder auf den Weg und gelange nun auch endlich zum ❖ **Stadtpark**. Doch bereits an dessen Rand, beim ❖ **Museum Kloster**

Zeven, erwische ich ein drittes Mal die falsche Strecke. Verärgert drehe ich nach rund 500 m wieder um, als mir klar wird, dass die stark befahrene Straße, an der ich gerade entlanggehe, wohl kaum die eigentliche Wanderroute sein kann. Bei meinem Neustart am Kloster bewundere ich die dicken Klostermauern, das Flüsschen Mehde und einen attraktiven Mehrgenerationen-Spielplatz. Eine leichte Grundgenervtheit bleibt jedoch: Laut Schrittzähler habe ich dank der Irrwege bereits drei zusätzliche Kilometer zurückgelegt. Mir tun die Füße weh!

Auf dem Weg entlang der Mehde kann ich den Nordpfad zum Glück nicht mehr verfehlen. Zur Linken fließt der seichte Bach, zur Rechten erstreckt sich ein Waldgebiet mit kleinen Tümpeln. Ich atme tief ein und aus. Der Trubel der Stadt liegt hinter mir, und ich genieße den weichen Waldboden unter meinen Füßen. An einer Stelle fällt das Ufer zum Fluss ganz flach ab und lädt zum Baden ein, doch heute lehne ich dankend ab. Im Sommer muss es eine Wohltat sein, die strapazierten Wanderfüße hier abzukühlen. Wehmütig denke ich an sonnige Tage, laue Nächte, Nickerchen in der Hängematte und gesellige Grillabende. Ich wäre jetzt schon bereit für die warme Jahreszeit. Ein sehnsüchtiges Seufzen, dann stapfe ich trotzig weiter durch den trüben Wintertag, bis ich vor dem ❖ **Naturbad Zeven** stehe.

Das Kloster Zeven

Im Klostergut ist das Museum Kloster Zeven untergebracht. Hier können Interessierte nicht nur die mittelalterliche Klosteranlage mit imposanten Backstein- und Findling-Mauern sowie einem Kellergewölbe besichtigen, sondern auch einen 500 Jahre alten Münzschatz aus Heeslingen, original Zevener Porzellan, Trachtenmode und Bildergalerien.
Weitere Infos: www.zeven.de

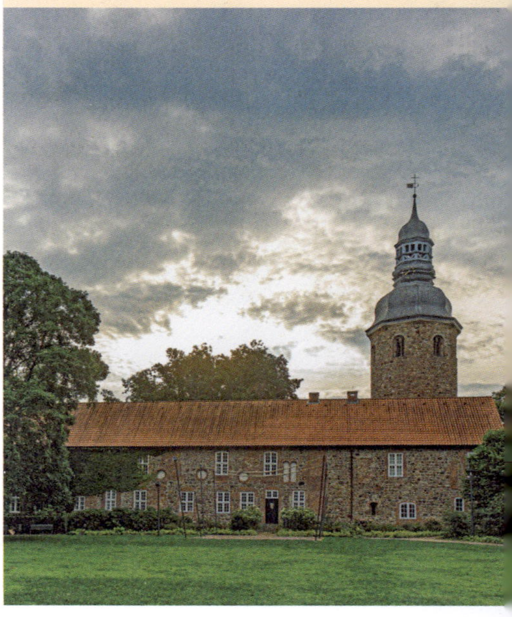

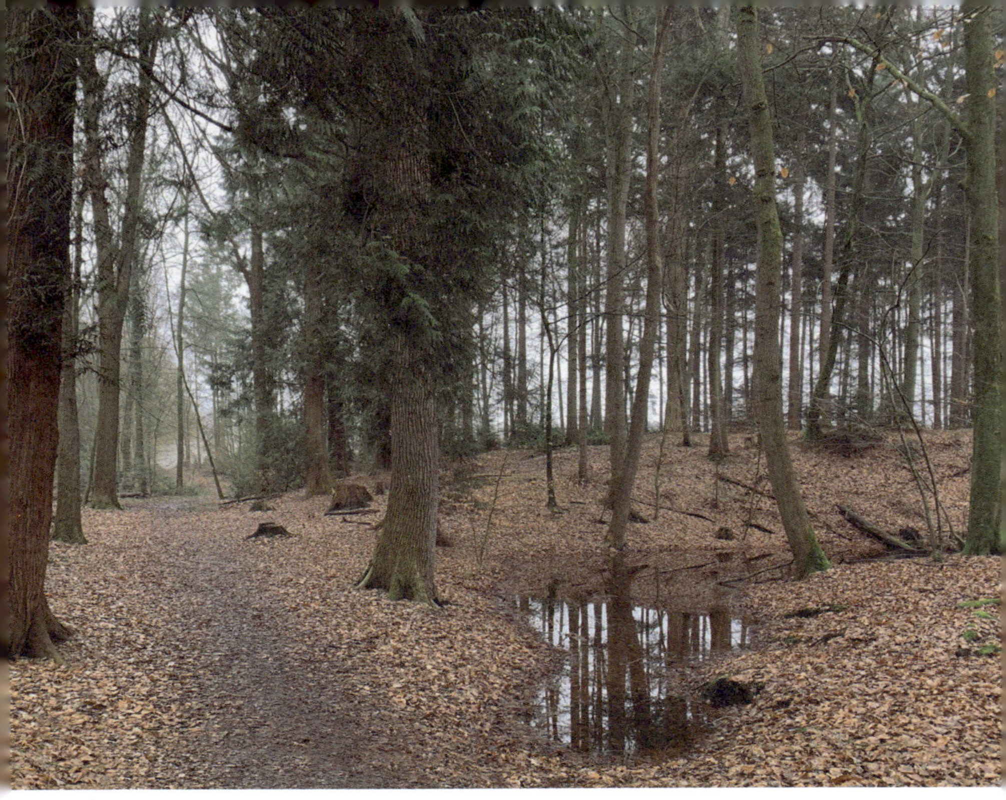

Das Gelände des Freibads liegt verlassen vor mir. Ich werfe einen Blick durch den Zaun und komme zu dem Schluss, dass ich es unbedingt im kommenden Sommer mit der Familie testen muss. Holzstege und Brücken, künstlich angelegte Felsen sowie geschwungene Wasserbecken fügen sich harmonisch in die Landschaft ein. Traumhaft. Dann lasse ich die Mehde hinter mir, kreuze auf der Straße *Sonnenkamp* erneut die Bahnstrecke Zeven–Tostedt und gelange in das nächste Waldgebiet. Ein kurzer Blick auf das Smartphone: 13 neue Nachrichten. Ein Anflug von Gereiztheit macht sich breit, also packe ich das mobile Endgerät wieder weg und versuche, mich mit der Natur abzulenken.

Für die nächste Stunde bin ich damit jedoch leider erfolglos. Erst als ich aus dem Wald heraustrete und sich der Blick in die Oste-Niederung öffnet, verlässt mich meine persönliche Gewitterwolke. Ich überquere die Mehde auf einer Holzbrücke und nutze die überdachte Sitzgruppe am ❖ **Rastplatz**

Mehde für eine Pause. Nach etwa 3,5 Stunden Wanderung spendiere ich mir eine Käsestulle samt Schokomilch. Wie unnötig eigentlich, sich seine positive Energie von solchen Belanglosigkeiten wie nervigen WhatsApp-Gruppen rauben zu lassen. Ich beschließe, solche Dinge öfter zu ignorieren. Noch während ich mir dafür viel Glück wünsche, breche ich wieder auf. Laut Nordpfade-Wegweiser habe ich noch rund 12,5 km vor mir, also erst knapp 11 km geschafft. Doch aufgrund meiner Zusatzkilometer bei Zeven fühle ich mich schon ziemlich erschöpft …

Auf dem *Mehdeweg* gelange ich nach kurzer Zeit in die kleine Ortschaft ❖ **Brauel** mit ihrem alten Glockenturm. Zügig laufe ich weiter, überquere die *Bundesstraße B 71* und passiere auf dem *Wallweg* einen zu dieser Jahreszeit nahezu verlassenen Campingplatz. Mit Feldern zu meiner Linken und dem Rand des Waldgebiets Düngel zur Rechten wandere ich weiter in Richtung Nullmoor (was für ein Name!). Aber ganz ehrlich: Ich habe langsam mit den Kilometern zu kämpfen. Auf einem Baumstumpf nehme ich Platz, strecke meinen knackenden Glieder, lege kurz den Kopf auf die Knie und überlege, einfach sitzen zu bleiben. Stattdessen trinke ich etwas Wasser und schaue mir im Tourenbegleiter den nächsten Streckenabschnitt an. Demnach führt der Pfad vom Nullmoor aus zunächst 1 km nach Südosten, nur um nach zwei Rechtsabbiegungen auf einem parallelen Weg wieder 1 km zurück nach Nordwesten zu verlaufen. Die nächsten Etappenziele sind ❖ **Badetal**, ❖ **Godenstedter Holz** und die ❖ **Wassermühle Bademühlen**. Moment – da war ich doch erst kürzlich auf dem Nordpfad »Zwei Mühlen«!

Diese Erkenntnis trifft mich wie ein Schlag. Und im selben Moment verbrüdert sich mein müder Körper mit meinem ausgeprägten Überlebensinstinkt, und gemeinsam formen sie folgenden Beschluss: »Nein, da gehen wir heute nicht mehr hin, und damit basta.« Gegen eine solche Mehrheitsentscheidung bin ich machtlos. Also sattle ich, überrascht von der schicksalhaften Wendung, den Rucksack und gehe weiter zu meinem nunmehr letzten Etappenziel.

Statt einer sagenumwobenen Moorlandschaft finde ich beim besagten ❖ **Nullmoor** ein Gelände, das ausschaut wie jedes gemeine Grünland. Wüsste ich nicht, dass dies ein Moorgebiet ist, hätte ich es nicht als solches erkannt. Da ich inzwischen mit jeden Schritt zu kämpfen habe, marschiere ich ohne Aufenthalt weiter, bis ich die Entscheidungskreuzung erreiche. Rechts in Richtung Bademühlen oder links zurück in Richtung Zeven? Mein Überlebensinstinkt-Körper-Duo bietet mir einheitlich die Stirn und schickt mich zielstrebig nach links. Von hier aus lasse ich mich wieder von Google Maps leiten. Erneut gehe ich durch ein Siedlungsgebiet am Stadtrand von Zeven und am belebten *Nord-West-Ring* entlang, dann biege ich nach rechts ab – und stehe vollkommen überrascht vor einer Nordpfade-Markierung. Verwirrt schaue ich mich um. Was ist hier los? Da verbringe ich den halben Tag damit, die Route zu verfehlen und suchen zu müssen, aber jetzt, als ich dem Nordpfad bewusst den Rücken kehre, holt er mich plötzlich ein? Ein paar Sekunden dauert es, bis der Groschen fällt: Ich befinde mich wieder auf der Strecke entlang der Kriegsgräberstätte, die ich vorhin in entgegengesetzter Richtung gelaufen bin.

Inzwischen wird der Weg von zahlreichen Joggern und Spaziergängern frequentiert, so dass ich mich um eine würdige Körperhaltung bemühe. Muss ja nicht jeder mitbekommen, dass ich umzufallen drohe. Das Waldgebiet Großes Holz liegt in greifbarer Nähe. Ich verabschiede mich erneut vom Nordpfad und suche mir einen möglichst direkten Weg zum Parkplatz. Selbstverständlich verlaufe ich mich auch hier noch einmal, doch in diesem schönen Wald sind die zusätzlichen Meter nur halb so schmerzhaft. Nach über 24 km (laut meinem Schrittzähler) und gut 6,5 Stunden erreiche ich endlich mein Auto. Trotz Abkürzung habe ich eine längere Strecke zurückgelegt als von der eigentlichen Tour vorgesehen. Ich bin froh über meine spontane Entscheidung, den Nordpfad zu verlassen – alles richtig gemacht, würde ich sagen.

Fazit des Tages: Du musst den Weg auch mal verlassen, um ihn zu finden.

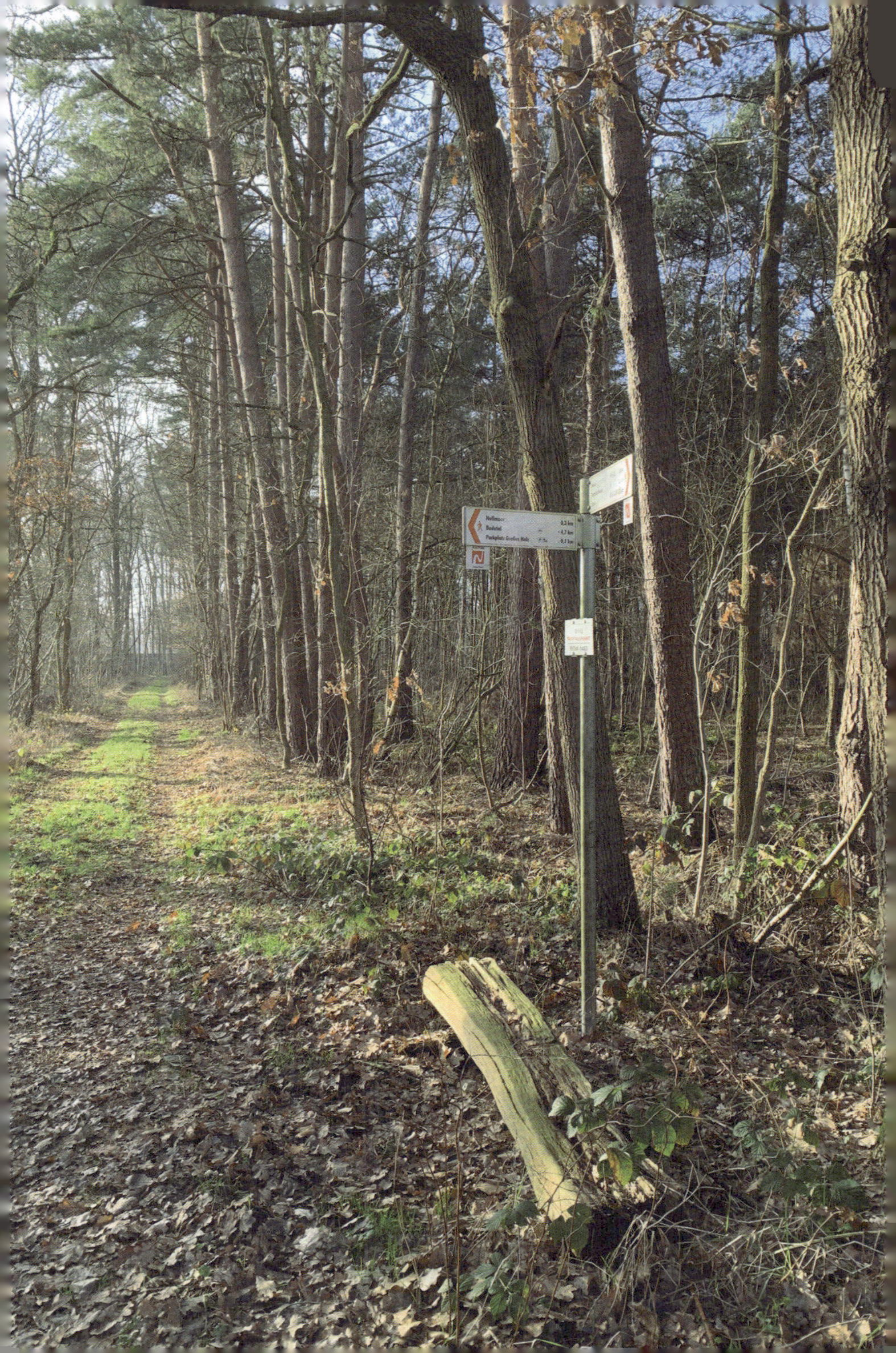
Bodetal

Strecke: 10,5 km

Dauer: ca. 3 ½ Std.

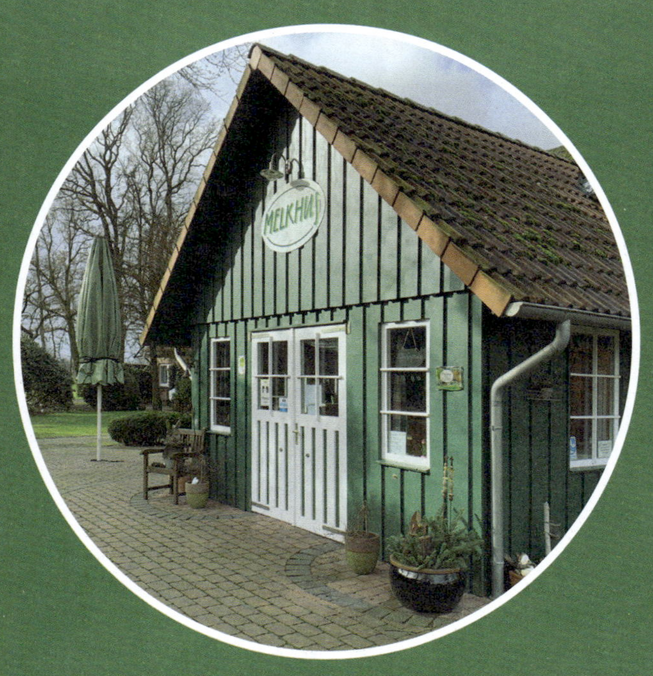

»Haxloher Erde« – Vom Winde verweht

Startpunkt 1: 27389 Fintel, Melkhus, Wohlsberg 81

Es ist Freitagmorgen, Anfang Februar. Ich sitze im Auto und schaue fasziniert hinaus. Regen strömt monsunartig an den Scheiben herunter. Dabei befinde mich auf dem Parkplatz gegenüber vom ❖ **Melkhus Fintel**, in voller Wandermontur – bereit, den 10,5 km langen Nordpfad »Haxloher Erde« zu wandern. Weil mein Magen knurrt, beschließe ich, erstmal eine gepflegte Frühstückspause im Auto einzulegen, bevor ich mich rauswage. Dass ich trotz des Wetters wandern gehe, steht fest, denn zum einen muss ich meinen kinder- und arbeitsfreien Tag ausnutzen, und zum anderen habe ich mit den Kollegen in diesem Monat eine Schritte-Challenge gestartet. Und wo bitteschön kann man besser Schritte sammeln als auf einem Nordpfad? Aber während ich mein Käsebrot kaue, kommen mir ernsthafte Zweifel. Für heute sind Sturmböen mit Geschwindigkeiten von bis zu 60 km/h vorhergesagt, die just mein gesamtes Auto bedrohlich wackeln lassen. Soll ich die Wanderung doch abblasen? Nein, ich ziehe das heute durch.

Also schlüpfe ich zum ersten Mal (!) für eine Nordpfade-Wanderung in meine Regenhose und hülle meinen Rucksack in den leuchtend gelben Regenschutz. Dann steige ich tapfer aus und stelle fest: Zumindest der Regen hat aufgehört, nur der Wind weht weiterhin heftig. Dem Wanderwettergott scheint meine Nordpfade-Mission ernsthaft zu gefallen. Mutig mache ich mich auf in Richtung Nordwesten, entlang der Straße ❖ **Wohlsberg**. Ein Landwirt, der mich von seinem Kuhstall aus erblickt, grüßt mich ungläubig. Ich kann es ihm nicht verübeln. Wer geht bei so einem Wetter schon wandern? Ich hoffe, dass ich die Entscheidung nicht bereue …

Nach wenigen hundert Metern muss ich nach links in einen Feldweg abbiegen. Die riesige Pfütze mitten auf der Abzweigung umgehe ich über den feuchten Grünstreifen, auf dem ich anschließend auch weiterwandere, denn der Weg gleicht einem reißenden Fluss, und schwimmen möchte ich heute nicht. Während ich zwischen dem wässrigen Pfad und einem tiefen Graben entlangbalanciere, greift mich der Wind immer wieder in tückischen

Böen von der Seite an und schiebt mich gelegentlich in Wasserlöcher. Meine Schuhe sind in kürzester Zeit schlammbraun, die Regenhose ist ebenfalls auf dem besten Wege dahin. Immerhin bleibt es regenfrei. Dass ich heute trockenen Fußes nach Hause komme, schließe ich trotzdem kategorisch aus. Mit einem skeptischen Blick auf die gefluteten Felder zu meiner Linken hoffe ich, dass die Route zumindest vollständig begehbar ist.

Ich gelange in die matschige Niederung der Fintau und wandere an Feldern, Wiesen und Baumgruppen entlang, bis ich einen schmalen Waldstreifen erreiche. Nach der stürmischen Geräuschkulisse tut die (Wind-) Stille hier richtig gut und bringt neue Klänge zum Vorschein: Überall um mich herum zwitschern Vögel in den schönsten Melodien. Ich bleibe stehen, schließe die Augen und genieße ihren wunderschönen Gesang. Lieber Frühling, ich wäre dann so weit, von mir aus darfst du kommen.

Die Strecke führt mich weiter an ein paar kleineren schilfbestandenen Teichen vorbei. Nach wenigen Schritten stehe ich bereits auf der hölzernen ❖ **Fintaubrücke**. Das Flussbett unter mir ist bis zum Bersten gefüllt, an einigen Stellen ist die Fintau sogar über die Ufer getreten. Das bräunliche Wasser fließt beeindruckend schnell unter mir entlang. Ein paar Meter weiter wartet eine graue Bank auf müde Wanderer. Für eine Pause ist es mir jedoch noch zu früh, also lasse ich die Bank hinter mir. Weiterhin versperren mir zahlreiche kleine und große Pfützen den Weg. Immer wieder muss ich ausweichen, drüberhüpfen oder mittendurchlaufen. Doch entgegen meiner anfänglichen Skepsis habe ich dabei jede Menge Spaß.

Actionbound

Auf diesem Nordpfad bietet sich eine digitale Schnitzeljagd an. Dazu muss die App »Actionbound« auf dem Smartphone installiert werden, und schon lässt sich die Erlebnistour, der sogenannte »Bound«, laden – entweder über die Suchfunktion der App oder durch Scannen des entsprechenden QR-Codes am Startpunkt des Nordpfads »Haxloher Erde«. Auf diese Weise kann man den Wanderweg interaktiv erkunden und spielerisch jede Menge spannende Infos über die regionale Landwirtschaft sammeln.

Wenig später schickt mich eine Nordpfade-Markierung nach rechts, quer über das Flurstück ❖ **Langewiese**. Auch hier ist der Weg nass und matschig, der Wind drückt jetzt in starken Böen von hinten und schiebt mich

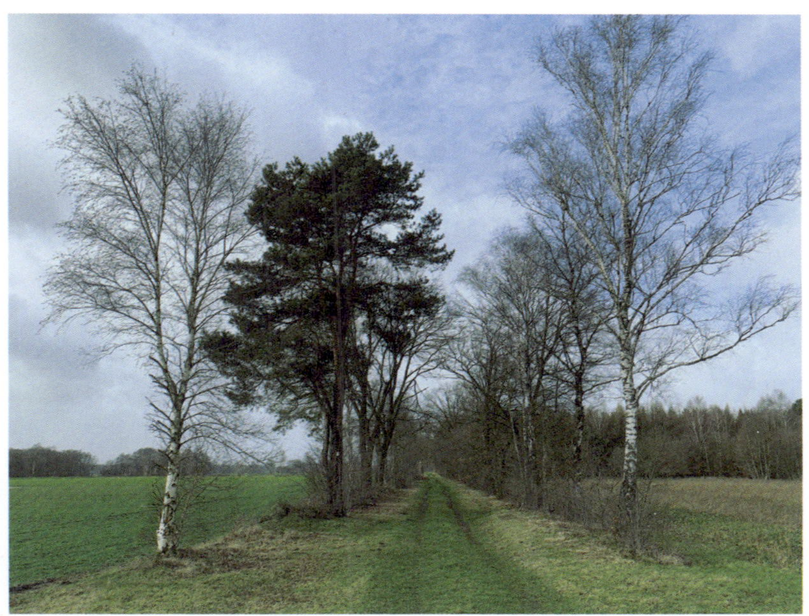

drängelnd voran. Das Spiel der Naturgewalten stimmt mich überraschend glücklich. Beim Hüpfen über die Pfützen fühle ich mich kindlich ausgelassen. Und dann passiert es: Bei einem meiner rehgleichen Sprünge finde ich mich nur wenige Zentimeter über dem matschigen Boden in einem nahezu perfekten Spagat wieder, mit beiden Händen auf dem Weg abgestützt. Dass mein alter Körper zu so viel Beweglichkeit im Stande ist, erstaunt mich, wenn ich auch zugeben muss, dass es in den Beinen leicht zwickt. Schade, dass keiner diese akrobatische Meisterleistung gesehen hat. Und anstatt mich über meine unfreiwillige Bruchlandung zu ärgern, fühle ich mich lebendiger und wacher als zuvor. Ich könnte Bäume ausreißen!

Als ich die Wiese hinter mir lasse, muss ich feststellen, dass der Wind mir diesen Job bereits abgenommen hat: Ein paar schlanke Bäumchen, die hier den Pfad gesäumt haben, liegen entwurzelt auf dem Boden. Auch die Baumspitzen wackeln bedrohlich. Als ich an der nächsten Kreuzung nach links auf die kopfsteingepflasterte Straße ❖ **Im Vieh** abbiege und um ein Haar weggeweht werde, fühle ich mich der Naturgewalt vollends ausgeliefert.

Der Wind kommt jetzt wieder von der Seite und hält stur auf die Birken und Eichen zu, die am Wegesrand aufgereiht stehen. Die Bäume biegen sich heftig unter den hinterlistigen Böen. Immer wieder fallen kleinere Zweige zu Boden, und ich beobachte die Wipfel aufmerksam, um nicht getroffen zu werden. Das Tosen des Windes ist höllisch laut, ich kann kaum mein eigenes Wort verstehen (ja, ich führe Selbstgespräche). Und dennoch – irgendwie genieße ich das Abenteuer. Dabei muss ich nicht nur auf die Bäume achten, sondern auch meine Schritttechnik anpassen, jeden Windstoß ausgleichen, um nicht vom Weg gepustet zu werden. Mit meiner ganzen Aufmerksamkeit bin ich im Hier und Jetzt und voll bei der Sache.

Ich überquere den Florgraben, der genau wie die Fintau zur Zeit sehr viel Wasser führt, und biege kurz darauf rechts ab in den nächsten Feldweg. Hier weht der Wind nicht mehr ganz so scharf um die Ecke, aber sein Rauschen ist weiterhin deutlich zu hören. Ich atme tief ein und aus, fühle mich topfit – und hungrig. Als ich das ❖ **Feienbuschs Moor** zu meiner Linken passiere, fliegen ein paar Kraniche vom Wegesrand auf. Sie müssen schon wieder auf der Rückreise sein, oder vielleicht haben sie auch hier überwintert? Ich schaue den Vögeln eine Weile lang erstaunt hinterher, bis ein paar Rehe auf dem Feld zur Rechten meine Aufmerksamkeit erregen. Doch auch sie nehmen vor mir Reißaus.

Bald überquere ich den *Tostedter Damm*, wo der Wind erneut heftig zuschlägt. Ich muss lachen, als er mich ein paar Schritte kräftig vor sich herschiebt, während meine Zöpfe um meinen Kopf tanzen – was für ein besonderes Erlebnis diese Wanderung doch ist! Ohne Nordpfade-Mission und Schritte-Challenge hätte ich bei diesem Schietwetter vermutlich nicht einmal das Haus verlassen, doch jetzt stehe ich hier und freue mich des Lebens. Hin und wieder brauche ich feste Ziele, um meinen inneren Schweinehund zu überwinden, das wird mir heute einmal mehr bewusst.

Wenig später stehe ich am ❖ **Rastplatz Wiesenblick**, der seinem Namen durch die Aussicht auf weites, grünes Land alle Ehre macht. Der angrenzende Wald bietet ein wenig Schutz gegen den Wind, und so mache ich nach sechs zügig gelaufenen Kilometern eine wohlverdiente Pause. Als ich gerade mein Schoko-Creme-Brot vernasche, rumst es hinter mir im Wald – da muss es wohl einen Baum zerlegt haben. Ich lasse mich davon jedoch nicht aus der Ruhe bringen, denn just schiebt der Wind die grauen Wolken für einen Moment zur Seite und lässt die Sonne auf mich herabscheinen. Ich strahle mit ihr um die Wette vor lauter Glück. Kein Groll, kein schlechter Gedanke und kein Winterblues machen mir die Wanderung heute madig.

Gestärkt und motiviert starte ich meine nächste Etappe entlang des ❖ **Waldstücks Hammoor**. Immer wieder bestaune ich riesige Pfützen und den vollen Florgraben, den ich erneut überquere. Für ein kurzes Stück des Weges begleitet mich eine Gruppe von Spatzen, die im Schwarm von Busch zu Busch fliegen. Wie eine freche Räuberbande sehen die kleinen Vögelchen aus. Am Rande des ❖ **Naturschutzgebiets Oberes Fintautal** biege ich ab und gehe dann geradeaus, vorbei an einer Biogasanlage und wieder zurück über den *Tostedter Damm*, immer entlang der Fintau, die sich in geringer Entfernung durch den Bruchwald zu meiner Linken schlängelt. Bald befinde ich mich erneut auf einer kopfsteingepflasterten Straße. Hier schüttelt mich der Sturm nun von vorne durch, so dass ich nicht mehr nur auf absturzgefährdete Äste achten, sondern mich auch kräftig gegen den Wind stemmen muss, um voranzukommen. Zum Glück erreiche ich bald danach die ❖ **Mühlenbachswiesen**, biege kurz dahinter links ab und überquere auf der Straße *Wohlsberg* erneut die ❖ **Fintau**.

Wenig später, nach insgesamt knapp 3 Stunden, stehe ich wieder beim ❖ **Melkhus**. Leider ist es im Winter geschlossen, sonst würde ich mir hier zum Abschluss der Tour Kuchen, Eis oder einen herrlich cremigen Milchshake gönnen. Das Melkhus-Konzept – die kleinen Cafés, in denen Landfrauen und Bäuerinnen leckere Milchprodukte anbieten und zu einer Kaffeepause direkt auf dem Hof einladen – ist einfach super und immer einen Besuch wert. Doch auch ohne Leckerei steige ich heute glücklich wieder in mein Auto. Die Wanderung ist mir trotz Sturm und nassen Wegen extrem leicht von den Füßen gegangen. Kein Anzeichen von Erschöpfung oder Schmerzen, stattdessen ein absolutes Hochgefühl. Ich hoffe, dass es mich noch eine Weile lang begleiten wird!

Fazit des Tages: Lass dir öfter den Kopf vom Wind freipusten, es lohnt sich.

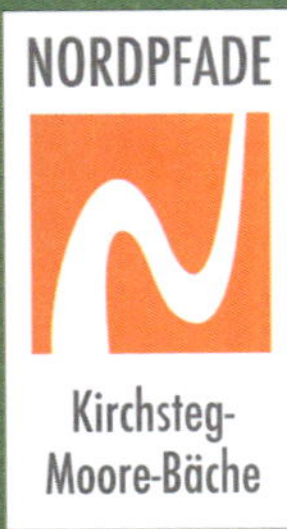

Strecke: 21,7 km

Dauer: ca. 7 1/4 Std.

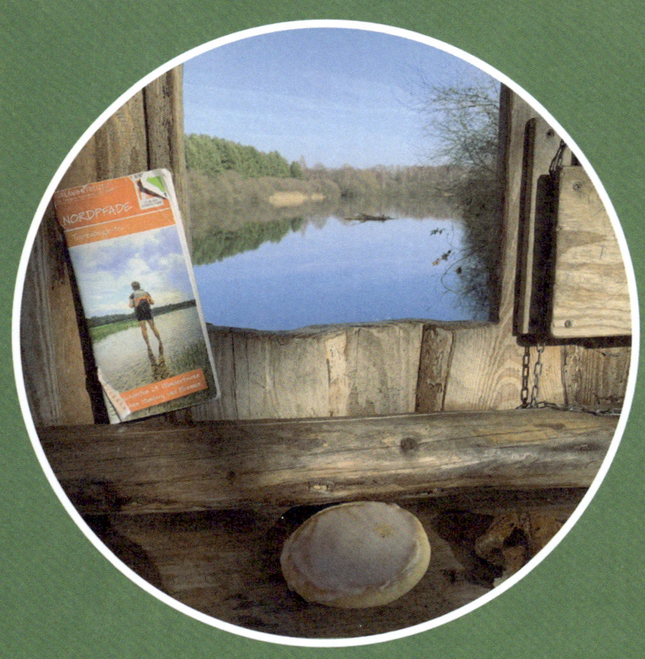

»Kirchsteg – Moore – Bäche« – Spirit in the Sky

Startpunkt 1: 27383 Scheeßel, Bahnhof Ost-Eingang, Hinter der Bahn

Es ist Mitte Februar, und es liegen zwei Wochen Siechenhaus hinter mir: Zahlreiche Arzttermine, tonnenweise Medizin, Fiebermessen im Akkord – und nach den Kindern und dem Ehemann traf es dann mich. Die ganze Familie fest im Griff der Streptokokken! Heute, nach vier fieberfreien Tagen, fühle ich mich endlich wieder wie ein Mensch. Spontan habe ich mir freigenommen und mache mich gespannt auf zum 21,7 km langen Nordpfad »Kirchsteg – Moore – Bäche«. Mit knapp 10 Grad ist es angenehm mild, der Wind weht schwach. Dennoch bin ich skeptisch, ob ich die lange Strecke als frisch gebackene Rekonvaleszentin schaffe …

Kurz bevor ich den Parkplatz am Startpunkt ❖ **Bahnhof Scheeßel** erreiche, ertönen leicht psychedelische Töne aus dem Autoradio: »Goin' up to the spirit in the sky …« Schlagartig fühle ich mich in meine Kindheit zurückversetzt, als ich auf der Rückbank vom 2CV meines Papas saß und der Hit von Norman Greenbaum laut aus den Boxen dröhnte. Auf der Stelle weiß ich: Der heutige Tag wird ein Erfolg. Tatsächlich wird mich das Lied den ganzen Tag begleiten – genau wie die Erinnerungen an rasante Fahrten in Papas Hippie-Ente.

Gut gelaunt starte ich also auf der Straße *Hinter der Bahn* (da ist sie wieder, die Bahn) und stehe direkt vor der Wahl: nach links in Richtung Scheeßeler Holz oder geradeaus in Richtung Bartelsdorfer Kirchsteg? Da ich mir schon seit Monaten ausmale, wie ich auf dem Kirchsteg einem endlosen Bohlenweg über das Wasser folge (und dort eine Frühstückspause einlege), steht die Entscheidung schnell fest. Ich folge dem *Ruhlohkampsweg*, biege dann für ein kurzes Stück rechts in den *Küsterkampweg* und lasse Scheeßel in einer weiten Grünlandschaft hinter mir.

Während »Spirit in the Sky« in Dauerschleife durch meinen Kopf hallt, schiebt sich die Sonne durch die Wolken, und der Himmel wechselt von grau zu blau. Schnell schicke ich eine Dankessalve zum Wanderwettergott und freue mich über mein unfassbares Glück. Die Sonne scheint nicht nur, sie wärmt mir das Gesicht wie an einem Frühlingstag. Das scheinen auch die Vögel zu empfinden, denn sie übertreffen sich im schönsten Gezwitscher und fliegen in kleinen Schwärmen über die schier endlose Weite der Landschaft. Nur einige wenige Bäume stehen wie vergessene Wanderer am Wegesrand und winken mir freundlich zu. Das Sonnenlicht taucht alles in ein sanftes Gold-Grün, ein Hauch Dunst liegt noch in der Luft. Ich atme tief ein und aus, während ich leise das Lied des Tages summe, das wie für diesen Moment geschrieben scheint.

Am Ende der Wiese stoße ich auf den geteerten *Finteler Weg*, auf dem ich rasch zum ❖ **Hof Bassen** gelange. Hier steht auf einer Weide ein älterer Mann in Arbeitskleidung, umringt von geschäftig scharrenden Hühnern und neugierigen Ziegen. Ich betrachte belustigt die vorwitzigen Tiere, die ihm auf Schritt und Tritt folgen und sich aufdringlich anschmiegen. Eine Ziege ist besonders hartnäckig. »Na, Peter, was ist los?«, fragt der Mann und streichelt dem Bock den dicken Bauch. Peter genießt das sichtlich. Ich grinse über diese liebevolle Szene und grüße den Ziegenbesitzer freundlich. Dabei gewinne ich den Eindruck, dass hier Landwirtschaft mit Leib und Seele betrieben wird. Und in der Tat lese ich wenige Schritte weiter auf einem Plakat, dass die Familie Bassen hier mit »Bassen's Bauernladen« einen Hofladen nebst Melkhus betreibt und man hier auch noch Tiere streicheln kann. Beschwingt wandere ich weiter dem Kirchsteg entgegen.

Ich platze fast vor Neugier auf besagten Steg. Wie viele Kilometer wird er mich wohl durch die Landschaft führen? Auf den Fotos im Internet schaut er unendlich lang aus. Gespannt folge ich der Straße und biege dann nach links auf einen weiteren Wirtschaftsweg ab, überquere den kleinen Linnlohgraben und wandere an Stoppelfeldern und kleinen Waldgebieten entlang. Der Weg wird immer schmaler, bis ich auf einem unscheinbaren Trampelpfad durch ein Dickicht geführt werde – und plötzlich direkt vor dem Holzsteg meiner Träume stehe. Oder vielmehr vor seiner Realität, denn tatsächlich ist der ❖ **Bartelsdorfer Kirchsteg** nur rund 120 m lang.

Kurz muss ich schlucken, dann lache ich über meine unrealistischen Erwartungen. Der schmale Eichenbohlen-Steg mit dem einseitigen Geländer führt über das kleine Flüsschen Veerse und dessen Überschwemmungsgebiet, das zur Zeit in der Tat unter Wasser steht. Nachdem meine anfängliche Enttäuschung verdaut ist, genieße ich den kurzen Marsch über den Steg. Jeder Schritt lässt ein dumpfes »Tock« ertönen, und der optische Kontrast von tiefblauem Himmel, grünen Wiesen und den Spiegelungen im Wasser fasziniert mich. Ein kleines Stück weiter entdecke ich eine trockene Bank für meine Frühstückspause. In der erstaunlich warmen Sonne genieße ich in aller Ruhe mein Käsebrötchen und eine warme Schokolade, dann schnüre ich meinen Rucksack und marschiere wieder los.

Der Bartelsdorfer Kirchsteg

Der historische Bartelsdorfer Kirchsteg über die Veerse war einst die wichtigste Verbindung zwischen Bartelsdorf und Scheeßel. Seine Ursprünge reichen bis ins 14. Jahrhundert zurück, als Scheeßel seine erste Kirche bekam. Auch heute noch ist der 120 m lange Holzsteg, übrigens der längste im Landkreis, die kürzeste Verbindung zwischen den beiden Orten.

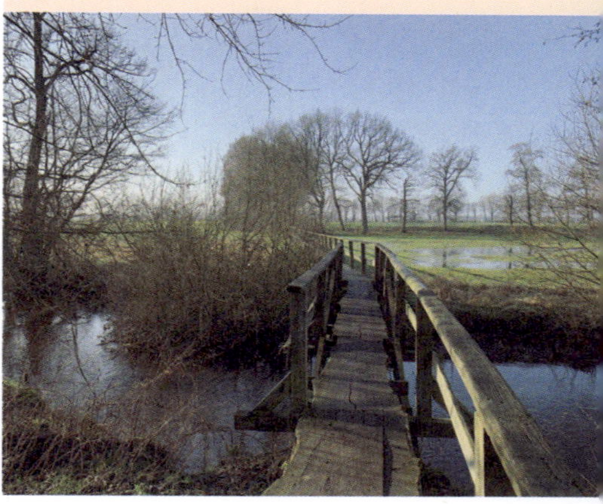

Stets geradeaus auf einer schmalen Teerstraße, erreiche ich bald ❖ **Bartelsdorf**. Hier riecht es nach kaltem Kaminrauch, Silo und Rindern. Der Ort scheint aus einem einzigen großen Bauernhof zu bestehen. An jeder Ecke muhen mir Kühe entgegen, fahren Traktoren oder kreuzen Hofkatzen meinen Weg. Jeder einzelne der Höfe wirkt aufgeräumt, einladend und gepflegt. Ich staune, während ich durch den Ort laufe. Auch hier wird Landwirtschaft sichtlich gelebt und geliebt. Auf der Straße *Moorkamp* verlasse ich die Ortschaft bald wieder und biege gegenüber vom Friedhof nach links in ein kleines Wäldchen. Dahinter öffnet sich die Landschaft, und ich befinde mich wieder zwischen weitläufigen grünen Flächen. Ich genieße die Einsamkeit und Ruhe dieser Gegend.

Als ich eine Weile später die *Scheeßeler Straße* überquere, verlasse ich die idyllische Landschaft und gerate stattdessen auf eine riesige Baustelle. Ein wenig mulmig ist mir schon, als ich die offensichtliche Baustellenzufahrt betrete, doch die Nordpfade-Markierung ist eindeutig: Da muss ich lang. Also gehe ich mitten durch den »Bartelsdorfer Windpark«, auf dessen Gelände derzeit weitere Windräder errichtet werden. Nun sind Windkraftanlagen ja ein kontroverses Thema, doch auf mich üben die überdimensionalen Türme einen großen Reiz aus. Ich mag sie schlicht gerne leiden, nicht nur optisch, sondern auch als beeindruckendes Zeugnis dessen, was der Mensch erschaffen kann.

Die breite Baustraße führt mich jetzt weiter an kleinen Waldgebieten entlang. Den Abzweig zum ❖ **Libellenbiotop Wensebrock** lasse ich aber aus; ein Abstecher dorthin lohnt sich sicher mehr im Sommer. Nach wenigen Schritten erregt eine dicke Eisenkette an einer Fichte meine Aufmerksamkeit. Ich ziehe an der Kette; sie sitzt bombenfest. Ist sie das Überbleibsel einer Protestaktion? Haben sich hier Naturschützer an die Bäume gekettet, um die Windkraftanlagen zu verhindern? Ich wickle die Kette zum Spaß um mich selbst, während meine Fantasie wieder einmal zu Hochtouren aufläuft. Könnte das hier sogar der Schauplatz eines Verbrechens sein, und das Opfer wurde im anliegenden Waldgebiet verscharrt?

Mit einem Lachen über den Unfug in meinem Kopf löse ich mich (im wahrsten Sinne des Wortes) von der Kette und folge weiter der Baustraße. Während die Landschaft zu meiner Linken praktisch einmal auf links gedreht wurde, begleitet mich rechter Hand ein wunderschöner »Rotkäppchen-Wald«. Die Sonne scheint durch die Baumkronen auf das weiche Moos, das sich über das gesamte Waldgebiet erstreckt. Ich kann der Versuchung nicht widerstehen und folge einen schmalen Pirschpfad hinein in diesen Märchenwald. Auf einer Lichtung bleibe ich ein paar Minuten stehen und lasse die Umgebung auf mich wirken. Die sonnengewärmten Kiefern sondern einen leichten Harzduft ab. Erste Insekten tanzen im Sonnenlicht wie kleine Elfen, während weiter oben am Himmel Vögel trällern. Wieder kommt mir die Textzeile »Spirit in the Sky« in den Sinn. Von mir aus kann diese Wanderung noch ewig weiter gehen. Hinter mir liegt knapp die Hälfte der über 20 Kilometer, und ich fühle mich fit und tiefenentspannt.

Der Weg führt weiter durch ein Waldgebiet, das immer wieder von Feldern und Wiesen durchbrochen wird, und dann durch das ❖ **Bösenkamper**

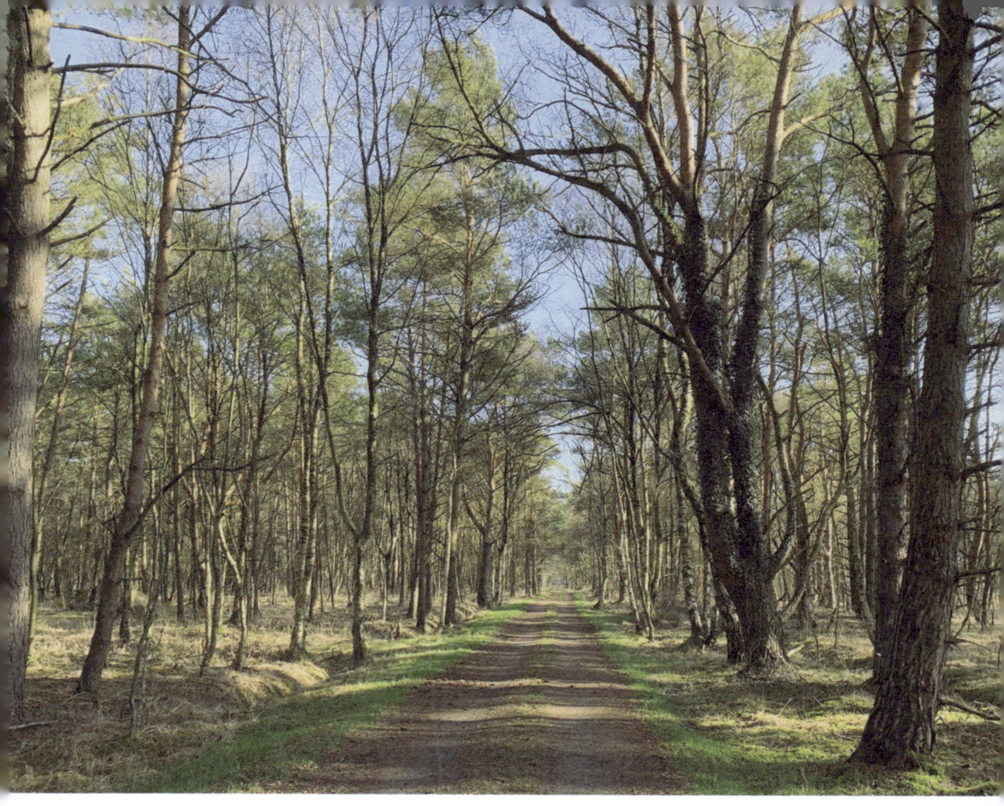

Moor. Hier halten zahlreiche schlanke Birken ihre Füße in nahezu schwarzes Wasser und scheinen ihre Moorpackung zu genießen. Wie schon auf dem Großteil dieser Wanderung begegne ich auch hier keiner Menschenseele, und dennoch fühle ich mich nicht unwohl. Wenig später führt der Weg wieder aus dem Waldgebiet heraus, an einer imposanten Eiche mit geradezu perfekter Krone vorbei und durch ein Stück freies, flaches Land zum ❖ **Naturschutzgebiet Hemslinger Moor**. Dass es sich hier um ein Hochmoorgebiet handelt, kann ich anhand der Landschaft erahnen. Vor mir breiten sich große Flächen mit hellbraunen Gräsern aus, kaum ein Baum unterbricht die Weite. Einzig mein Hunger fällt negativ in Gewicht. Leider ist die Bank am hiesigen Rastplatz nass und leicht morsch, so dass ich mir die Pause noch verkneifen muss.

Auf einem Fußweg setze ich die Wanderung fort und erreiche wenig später den See im ❖ **Lohmoor**, wo mich Holzschilder zu einem niedrigen

Beobachtungsturm leiten. Ich erklimme die wenigen Stufen und bin sofort überwältigt von dem Ausblick: Durch kleine Fensteröffnungen wird der Blick auf den naturnahen See freigegeben. Das ruhige Wasser spiegelt den blauen Himmel und die Bäume ringsherum wider, und auf einer kleinen Insel in der Mitte des Sees entdecke ich Kanadagänse. Im Inneren des Turms gibt es Infotafeln zu den hiesigen Wassertieren, und es liegt ein Büchlein bereit, in dem jeder Besucher seine Sichtungen eintragen darf. Ich schreibe die Gänse hinein, packe meinen Proviant aus und genieße die geniale Pause.

Gut gelaunt setze ich danach meine Wanderung fort. Als ich auf die breite Straße *Zum Kleinen Loh* gelange, entdecke ich zur Linken ein mit schwerem Stacheldraht gesichertes Areal. Ein Schild verbietet streng das Betreten des Firmengeländes. Auch Männer in Sicherheitskluft sind zu sehen. Sofort dreht sich meine Gedankenmaschine: Werden hier Waffen getestet? Oder befinde ich mich gar, wie Indiana Jones im »Königreich des Kristallschädels«, auf einem Atomtestgelände und muss mich im Inneren eines Kühlschranks in Sicherheit bringen? Die Auflösung erhalte ich erst 1,5 km später am ❖ **Rastplatz Veerse**; hier informiert mich ein Schild, dass es sich bei dem Sperrgebiet um das Betriebsgelände der »Bothmer Pyrotechnik« handelt – knapp daneben ist auch vorbei.

Von hier aus folge ich einer schmalen Straße und kann meine Jacke öffnen, so mild ist es geworden. Meine dicke Wintermütze ist bereits vor einigen Kilometern im Rucksack verschwunden. Die warmen Strahlen locken auch erste Schmetterlinge: Zwei Zitronenfalter flattern ein kleines Stück vor mir her, ehe sie ihren Weg über die Wiesen fortsetzen. Der Frühling ist offensichtlich da. Ich hoffe sehr, dass er gekommen ist, um zu bleiben.

Auf der baumgesäumten Straße wandere ich entlang von Feldern und Weideflächen durch die Veerseniederung, hin und wieder überholt mich ein Radfahrer. Dann biege ich nach rechts auf einen Feldweg ab, der vor wenigen Tagen noch überschwemmt gewesen zu sein scheint: Die moorigen Gebiete zu beiden Seiten stehen noch unter Wasser, auf dem Weg selbst liegen angeschwemmte Wassergräser und Schlamm. Ich kann jedoch trockenen Fußes weiterlaufen und über eine Brücke die ❖ **Veerse** und ein nachfolgendes Waldstück durchqueren.

Auf der Straße *Zum Sportplatz* passiere ich den belebten ❖ **Westerveseder Sportplatz**, gehe über den Lünzener Bruchbach und biege dann nach links in einen weiteren Feldweg. Die Landschaft ändert sich erneut. Mein Pfad ist auf beiden Seiten von Baumreihen eingefasst. Dahinter begleitet mich zur Linken die Veerse in ihrer naturnahen Niederung. Die Graslandschaft ist von großen Pfützen bedeckt und wird stellenweise von kleinen Gräben und Bächen durchschnitten. In einigen Gebüschen schrecke ich aufgeregt zwitschernde Spatzen auf, und ein Eichhörnchen flüchtet vor mir auf einen Baum. Als sich der Weg nach rechts von der Veerse entfernt, kann ich in der Ferne vereinzelte Häuser und Gehöfte am Rand von Westervesede ausmachen, doch kurz darauf lasse ich sie mit einer Linksabbiegung hinter mir. Ansonsten ist das Gebiet einsam und menschenleer.

Obwohl ich inzwischen über 18 km in 5 Stunden zurückgelegt habe, bin ich, abgesehen von leicht müden Beinen, fit und munter. Kaum ein Anzeichen von Erschöpfung, als ich das ❖ **Scheeßeler Holz** erreiche. Hier tauche ich ein letztes Mal in einen dichten Mischwald ab. Sofort strömt mir der erdige Geruch der Bäume entgegen. Ich atme tief ein und mache ein paar Dehnübungen, um meinen Körper auf der letzten Etappe frisch zu halten. Dann erkunde ich auf dem Nordpfad den Wald und entdecke eine dreistämmige Buche, die eigens als Naturdenkmal gekennzeichnet ist. Ehrfürchtig betrachte ich den mächtigen Baum – oder sind es drei, die miteinander kuscheln? Nach einer sachten Berührung des lebenden Monuments durchstreife ich den restlichen Wald.

Bald erreiche ich den *Moorhofweg* und folge ihm zurück in Richtung Scheeßeler Bahnhof, bis ich wieder bei meinem Auto stehe. Mit einem letzten Blick gen Himmel und einem leisen »Spirit in the Sky« zum Abschied endet eine wunderschöne Wanderung.

Fazit des Tages: Hin und wieder spürst du den »Spirit in the Sky«.

Gewanderte Variante:
Rundtour ab Hellwege über Rotenburg

Strecke: 23,3 km

Dauer: ca. 8 Std.

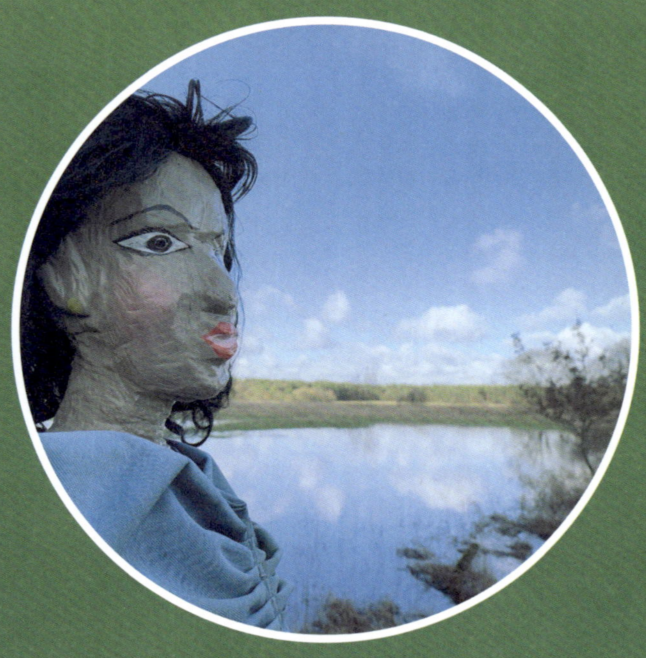

»Wümmeniederung«, Teil 2 – Kalte Füße

Startpunkt: 27367 Hellwege, Viehweg 54

Eigentlich wollte ich meine zweite Etappe des 32,5 km langen Nordpfads »Wümmeniederung« ja schon vor Wochen in Angriff nehmen. Bisher gab es allerdings ein Problem: das Winterhochwasser. Wann immer ich in den vergangenen Wochen die Nordpfade-Internetseite gecheckt habe, standen die Wege noch knöcheltief unter Wasser. Natürlich gibt es für solche Fälle extra wasserdichte Silikonüberzieher für Schuhe und Unterschenkel, mit denen man trotzdem trockenen Fußes wandern könnte … Ich habe es mir bereits im Detail ausgemalt: Die Temperatur liegt um den Nullpunkt, blauer Himmel spiegelt sich auf der Wasseroberfläche, die mich von allen Seiten umgibt. Während ich mich waghalsig Schritt für Schritt auf dem überschwemmten, unsichtbaren Weg voranschiebe, tritt mein Fuß plötzlich ins Leere. Wie in Zeitlupe stürze ich vorwärts ins eisige Nass, das mich erbarmungslos in die dunkle Tiefe zieht … Also habe ich dann doch lieber auf den Rückgang des Hochwassers gewartet.

Nun ist die Wümme zum Großteil wieder zurück in ihr Flussbett geklettert, also breche ich an einem schönen Sonntagmorgen im Februar endlich zur zweiten Nordpfad-Etappe in der »Wümmeniederung« auf. Auf dem Plan steht die 23,3 km lange Teilstrecke von Hellwege nach Rotenburg und wieder zurück, die ich bei meiner sommerlichen Tour ausgelassen habe. Daher stehe ich jetzt mit Rucksack bewaffnet in Hellwege, ganz in der Nähe der Wümmeschleuse. Ich bin gespannt, was mich heute erwartet.

Erstmal lasse ich die Häuser von ❖ **Hellwege** hinter mir. Dazu muss ich zwei imposante Freileitungsmasten unterqueren. Direkt unter den Leitungen knistert die Luft geradezu. Ich kann den Strom am ganzen Körper fühlen, und ein lautes Surren ist zu hören. Die Wümme liegt irgendwo linker Hand in einiger Entfernung, von hier aus kann ich sie nicht entdecken. Stattdessen begleitet mich für ein längeres Stück der Ahauser Mühlengraben, bis ich ihn nach einer Linksabbiegung überquere und näher an die Wümme heran geführt werde.

Die umliegenden Wiesen sind Teil des Naturschutzgebiets Wümmeniederung mit Rodau, Wiedau und Trochelbach und dienen dem Schutz der Gewässerläufe. Hier bietet sich ein atemberaubender Ausblick über eine kilometerweite Wiesenlandschaft. Weiß-graue Wölkchen schweben über einem azurblauen Himmel. Offensichtlich sind sie ein Stück näher an die Erde herangerückt, um mich bei der Wanderung zu begleiten. Wie kann die Welt nur so schön sein? Ich halte den Anblick kaum aus. Eigentlich müsste jetzt noch eine Melodie irgendwo zwischen »Freude, schöner Götterfunken« und »Over the Rainbow« ertönen. Während ich dem Wanderwettergott wieder einmal danke, queren regelmäßig kleine Gräben den matschigen Grasweg, dem ich folge.

Einige Wiesen um mich herum sind noch wasserdurchtränkt, doch der Pfad ist nahezu trockenen Fußes begehbar. Nach einer sanften Kurve stehe ich endlich direkt am Ufer der Wümme und beobachte die Strömung. Das Flussbett ist komplett gefüllt. Ringsherum stehen ockerfarbene Gräser. Das Blau des Himmels spiegelt sich im Fluss, die tiefhängenden Wolken scheinen fast ins Wasser zu fallen. Dazwischen wachsen Bäume und versuchen, nicht gleichfalls baden zu gehen. Kurz halte ich inne und genieße das Naturschauspiel, dann wandere ich weiter, vorbei am Flurstück ❖ **Kreienhoop**, bis ich auf Höhe des Hassendorfer Wehrs zum ❖ **Ahauser Bach** gelange.

Den kenne ich bereits von sommerlichen Familienausflügen, doch so prall gefüllt wie heute habe ich ihn bisher nicht erlebt. Das ansonsten kleine Bächlein misst jetzt locker vier Meter in der Breite. Die Eichen und Nadelbäume rings herum bekommen nasse Füße, einige lehnen sich gefährlich schräg an ihre Artgenossen. Offensichtlich hat ihnen ein Sturm schwer zugesetzt. Ich gehe nach rechts am Ahauser Bach entlang und biege kurz darauf links in ein Waldgebiet. Zunächst kann ich noch überschwemmte Wiesen zwischen den

Eine Paddeltour auf der Wümme

Wer möchte, kann eine Wanderung auf einem Teilstück des Nordpfads »Wümmeniederung« auch mit einer Reise zu Wasser verbinden. In Hellwege gibt es entsprechend einen Kanuverleih. Eine Paddeltour ist zum Beispiel vom Unterstedter und Hassendorfer Wehr oder der Wümmeschleuse bis zur Brücke am Wümmebogen möglich. Anreise, Transport und Abholung organisiert dabei der Kanuvermieter.

Weitere Infos: www.kanuverleih-hellwege.de

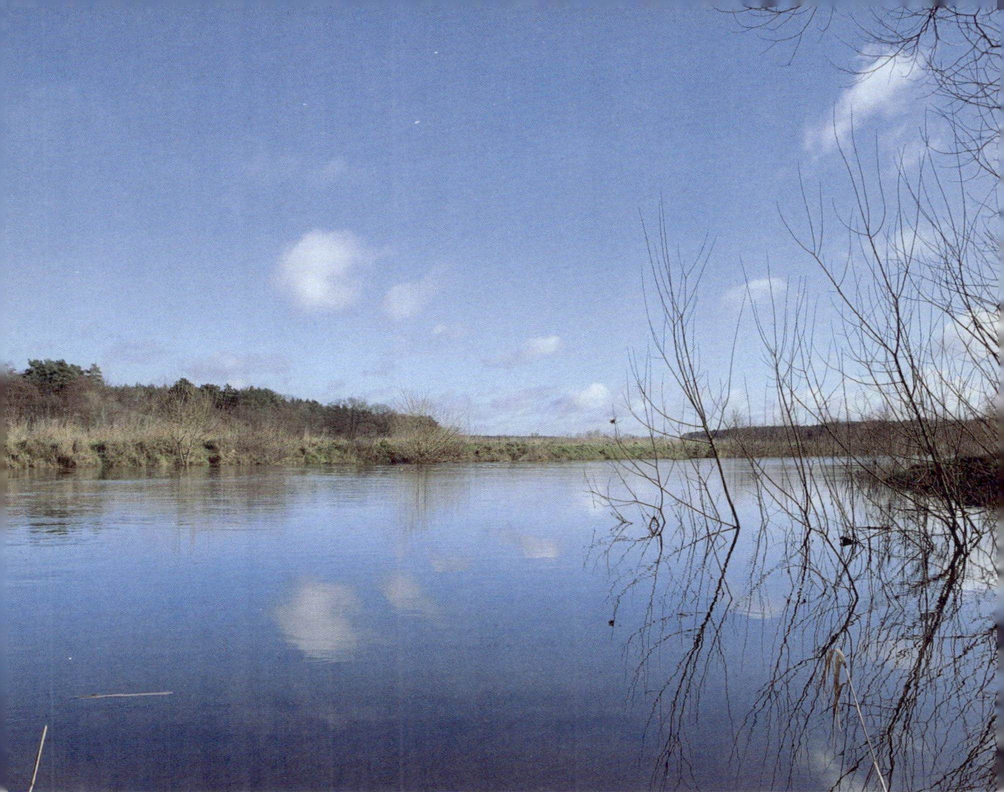

Bäumen ausmachen, bis sich der Wald dicht um mich legt und die Wümme nicht einmal mehr zu erahnen ist.

Sofort fehlen mir der Fluss und die weite Landschaft. Heute fühle ich mich von den Bäumen eingeengt, weil ich den Himmel kaum erkennen kann. Außerdem sind hier im Wald zahlreiche Sonntagsspaziergänger unterwegs – viel zu viel Trubel für meinen Geschmack. Also bewege ich mich so schnell wie möglich über die breiten Waldwege. Schon bald überquere ich den *Waffenser Weg* und folge dem Pfad *Vor der Wümme*, bis ich an dessen Kreuzung mit dem *Grenzweg* in offene Landschaft ausgespuckt werde: Nach 5 km Wanderung in etwas mehr als 1 Stunde bin ich an der ❖ **Trienenwiese** angelangt.

Auch hier bin ich nicht allein: Zwei aufgetakelte Damen, ein Mönch, ein feiner Herr mit Anzug und Krawatte sowie ein Wolf in Großmutters Nachthemd stehen herum und versperren mir die Sicht, eine sechste Person ist laut Schild gerade »zur Reha«. Bei diesen »Pilgern« handelt es sich um lebensgroße, bunt bemalte Skulpturen, die von Ahauser Künstlerinnen aus Eichenpfählen gefertigt und hier am Rande einer Wiese aufgestellt wurden. Die Dame im blauen Abendkleid hat es mir besonders angetan, weil sie sehr grimmig dreinschaut. »Erstmal böse zu gucken, ist nie verkehrt«, stimme ich ihr zu. Wie oft wurde mir schon vorgeworfen, ich sähe grimmig aus, obwohl das mein neutraler Gesichtsausdruck ist? Leider sind meine fünf Mitwanderer nicht in Plauderlaune, also setze ich meinen Weg fort.

Ich passiere am Waldrand einige Wochenendhäuser und muss feststellen, dass diese Strecke nicht nur bei Wanderern, sondern auch bei Radfahrern sehr beliebt ist. Weil in diesem Gebiet so viel los ist, lasse ich es zügigen Schrittes hinter mir. Eine Abbiegung nach rechts und gleich darauf wieder nach links führt mich weiter auf einen Feldweg an bewirtschafteten Flächen entlang. Als ich ein kleines Waldgebiet passiere, erregt der Staatsviehgraben mit einem Mini-Wasserfall meine Aufmerksamkeit. Ich lausche gerade seinem Plätschern, als Motorengeräusche aufheulen: Ein Crossmoped windet sich im lockeren Sand an mir vorbei, direkt gefolgt von zwei Mountainbikern. Sie haben offensichtlich bereits einige wilde Strecken im Schlamm hinter sich, denn ihre Kleidung ist großzügig mit braunem Matsch verziert. Wie unschön, denke ich und muss grinsen. Zum Glück weiß ich nicht, dass sich das Karma für meine Schadenfreude noch rächen wird …

Der Weg wird jetzt immer sandiger, die Landschaft um mich herum ändert sich in eine Heidefläche. Dazwischen liegen vereinzelte Sandhügel und ein paar knorrige Kiefern. Das müssen die angekündigten ❖ **Westermoorer Dünen** sein. Ich laufe weiter an den Dünen vorbei und stehe bald voller sentimentaler Freude vor Schienen. Diesmal gehören sie zur aktiven Bahnstrecke Verden–Rotenburg und führen zur Abwechslung nicht ebenerdig über den Nordpfad; ich darf sie durch einen Rundbogen-Tunnel unterqueren. Kurz danach stoppe ich ratlos vor einem Hindernis: Die Nordpfade-Markierung lotst mich hinter dem Tunnel nach links durch ein schmales Waldstück, doch dort kreuzt ein Graben den Weg. Nicht etwa ein zartes Rinnsal, nein, ein reißender Strom mit beachtlichen drei Metern Breite und sicher an die 30 cm Tiefe.

Verwirrt ziehe ich den Tourenbegleiter zu Rate, aber in der kleinen Karte ist eindeutig diese Strecke neben dem Bahndamm eingezeichnet. Im Begleittext steht allerdings nichts von nassen Füßen oder einer Amazonasquerung. Ich schaue mich noch einmal um. Zu meiner Rechten steht auf einem Schild »Wasserdüker«, und zur Linken führt extra für diesen Graben ein Tunnel unter den Bahnschienen hindurch. Ich komme zu dem logischen Schluss, dass der Graben noch als Folge des vergangenen Hochwassers über seine Ufer getreten sein muss. »Denken Sie an Ihre Schwimmweste«, ergänze ich den Text im Tourenbegleiter, als ich seufzend Schuhe und Socken ausziehe. Dann schiebe ich meine Hose bis zu den Knien hoch und tunke versuchsweise meinen großen Zeh ins Wasser.

Atlantische Sandlandschaften

Die Westermoorer Dünen waren nicht immer so spärlich bewachsen und sichtbar wie heute. In den vergangenen Jahren wurden im Rahmen des EU-geförderten Integrierten LIFE-Projekts »Atlantische Sandlandschaften« die dort wachsenden Bäume und Pflanzen entfernt, um das Binnendünengebiet zu erhalten.

Damit es auch weiterhin frei bleibt, werden nun – wie auch in typischen Heidegebieten – Schafe und Ziegen eingesetzt, die junge Baumtriebe abfressen und so das Heranwachsen von Pioniergehölzen verhindern.

Weitere Infos: www.sandlandschaften.de

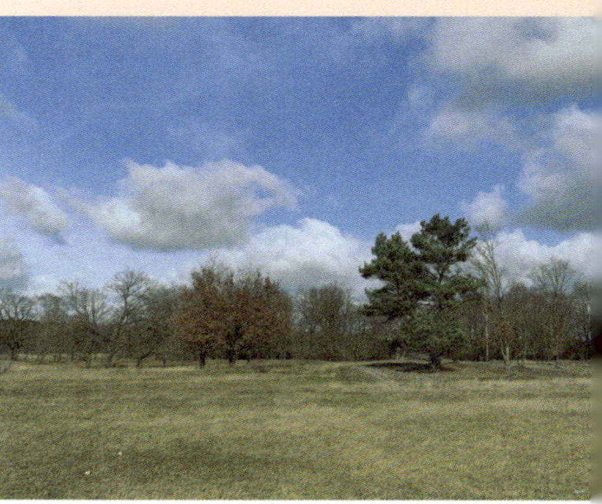

»Verdammt, ist das kalt!«, fluche ich, seufze erneut laut vor mich hin und setze zügig einen Fuß nach dem anderen in das eisige Nass. Nach wenigen Schritten reicht mir das Wasser bis zu den Waden, und ich habe schnell jegliches Gefühl in den Zehen verloren. Winkt mir da nicht ein Pinguin zu? Als ich am anderen Ufer ankomme, sind meine Füße taub und dreckig. Ich wische sie notdürftig mit den Socken ab und packe sie schnell wieder warm ein. »Wer das kann, kann auch Eisbaden«, denke ich und sehe mich bereits in der winterlichen Ostsee planschen. Ein Anflug meiner alten Selbstüberschätzung?

Zu meiner Überraschung sind die Füße bereits nach wenigen Schritten wieder mollig warmgelaufen. Kurz darauf entdecke ich, dass mein Weg über eine Wiese führt, die geradezu einer Seenplatte gleicht. Muss ich etwa heute schon mit dem Eisbaden beginnen? Doch zu meiner Erleichterung führt der Weg wie ein Steg über die mächtigen Pfützen hinüber, und ich kann trockenen Fußes weitergehen. Nach einer letzten Kurve erreiche ich einen befestigten Weg und eine schöne Pausenbank am ❖ **ehemaligen Unterstedter Wehr**, direkt am Ufer einer Wümme-Sohlgleite. Da ich mich weder hungrig noch erschöpft fühle, gehe ich daran vorbei und biege nach rechts auf die Straße *Zum Kumpwisch* ab. Ich passiere eine Kläranlage und werde dann nach links in den ❖ **Sternenweg** geleitet, den ich bereits vom Nordpfad »Rotenburger Wasserreich« kenne. Hier werde ich prompt von der Zivilisation erschlagen: Überall sind Sonntagsspaziergänger, Radfahrer und Familien mit Kindern unterwegs. Im Eiltempo bringe ich daher diese Etappe hinter mich, biege nach links und überquere auf der ❖ **Gothardbrücke** die Wümme.

Mit 11 km und knapp 3 Stunden habe ich nun fast die Hälfte der Wanderung hinter mir. Ich bin erstaunt darüber, wie verändert die Landschaft aussieht, obwohl meine letzte Wanderung hier kaum drei Monate zurückliegt. Wegen der Überschwemmungen schauen die Wiesen matschig und irgendwie unordentlich aus. Als ich kurz darauf den Waldrand und das Gelände einer Berufsschule erreiche, nehme ich die Abzweigung nach links und stehe bald beim ❖ **Spielplatz in der Ahe**, auf dem weniger Trubel herrscht als erwartet. Stattdessen begegnen mir unzählige Sonntagsausflügler, während ich dem Weg durch den ❖ **Forst »Ahe-Wald«** folge. Um mich von ihnen abzulenken, konzentriere ich mich auf meine Umgebung. An einigen Zweigen kann ich die ersten zarten Knospen entdecken, und mancherorts strecken bereits Krokusse ihre Köpfe aus dem Boden. Ich begrüße die jungen Frühlingsboten mit Freude.

Die Route führt mich zurück zum Waldrand und dann für ein langes Stück auf einer breiten Forststraße immer daran entlang. Unterwegs erinnert mich ein neu bepflanztes Wald-Grundstück mit vereinzelten Kiefern auf der angrenzenden Fläche an den Harz; wie vielfältig die Natur in diesem

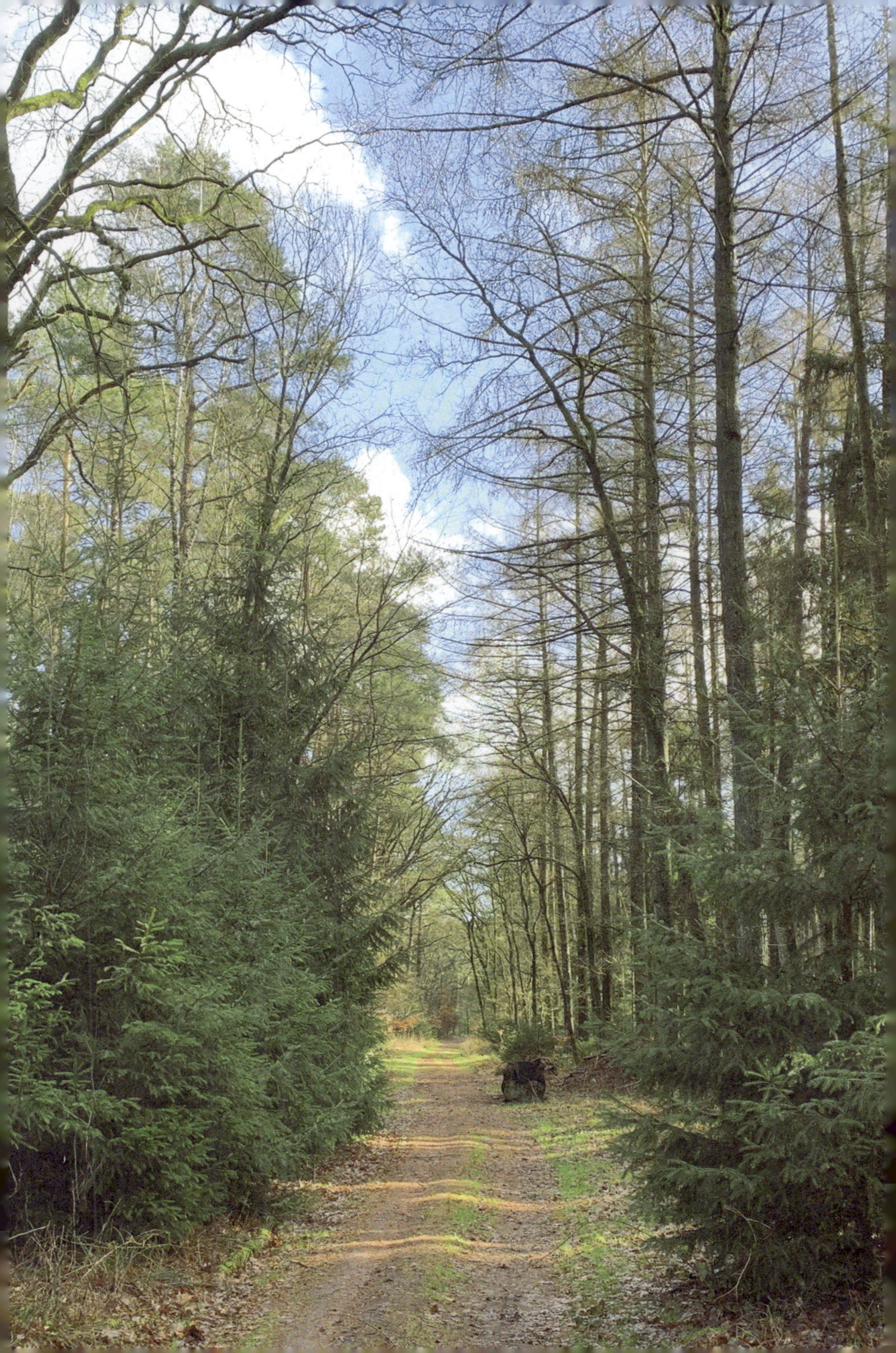

Landkreis ist, setzt mich wieder einmal in Erstaunen. Erneut unterquere ich die Bahnstrecke Verden–Rotenburg durch einen Tunnel und biege dahinter links auf einen Feldweg ab. Kurz darauf erreiche ich das Kunstwerk ❖ **»Lauf der Welt«** von Sabine und Christian Geddert. Es besteht aus drei schwungvoll angeordneten Eichenbohlen, über die eine messingfarbene Kugel geradezu zu tanzen scheint. Von der Wiese aus wandere ich weiter, immer am Waldrand entlang. Mal wird mir die Sicht durch Bäume versperrt, mal öffnet sich die Landschaft, und ich kann kilometerweit über die überschwemmten Wiesen blicken. Dann geht es wieder tiefer in den Forst. Hier schaffen kleine Gräben, die sich leise plätschernd durch den Waldboden graben, und umgestürzte Bäume mit Wurzeln imposanten Ausmaßes eine ganz besondere Atmosphäre.

Bald erreiche ich das ❖ **Waldklassenzimmer**. Der Name ist sichtlich Programm: Ein paar gepflegte Pultreihen mit passenden Bänken sowie Lehrerpult samt Tafel stehen vor einer Hütte. Mitten im Wald. »Wer hier unterrichtet wird, hat Glück gehabt«, denke ich und freue mich über diese schöne Einrichtung. Doch da das Areal eingezäunt ist, scheint eine Pause hier leider keine Option zu sein, obwohl mein Magen langsam grummelt. Erst später werde ich erfahren, dass der Zaun lediglich dem Schutz vor Wildverbiss dient und ich meine Pause dort ruhigen Gewissens hätte einlegen können. Stattdessen gehe ich weiter und biege bald an der Straße *Am Bullenberg* links auf einen schmalen Pfad ab, bis ich vor einem weiteren Kunstobjekt namens ❖ **»In die Luft gehen«** von Bernd Hanewinkel stehe. Ein dicker blauer Pfeiler, darauf eine bunte Treppe und an deren Ende eine menschliche Gestalt, die mitten im Lauf nach oben ins Leere schreitet. Weil die neben dem Kunstwerk platzierte Nordpfade-Relax-Liege gerade besetzt ist, gehe ich erneut ohne längeren Aufenthalt weiter.

Anscheinend ist dieser Wegabschnitt beliebt, denn nun begegnen mir wieder zahlreiche Hundeführer, Spaziergänger und mehrere Wandergruppen. Da mein Magen nach nunmehr 19,5 km und 5 Stunden kurz vor der Meuterei steht, mache ich es mir kurzerhand auf einem Baumstumpf bequem, esse mein Käse-Brötchen und schaue den Vorbeikommenden hinterher. Eine kurze Pause tut gut. Allzu viel Zeit gönne ich mir aber nicht, schließlich möchte ich heute auch noch ein paar Stunden mit meiner Familie genießen.

Mein nächstes Etappenziel ist nun wieder die Wümmeschleuse bei Hellwege. Doch bis dahin wandere ich erstmal ein scheinbar ewig langes Stück geradeaus, weiter am Waldrand entlang. Der Weg ist dennoch abwechslungsreich: mal sandig, mal matschig, mal mit altem Laub oder Gras bedeckt. Die Wümme liegt jetzt wieder zu meiner Linken hinter den Wiesen verborgen und lässt sich kaum noch blicken. Die Sonne steht schon tief, doch bis zum Sonnenuntergang habe ich dank der länger werdenden Tage noch ausreichend Zeit. Nach einer ganzen Weile erreiche ich die Straße *Kleiner Fährhof* und das gleichnamige Ferienhausgebiet. In vielen Gärten wird gewerkelt und repariert; hier scheinen sich alle für den Frühling klarzumachen.

Und dann, kurz bevor ich wieder Richtung Wümmeschleuse abbiege, passiert es: Eine riesige Pfütze von mindestens vier Metern Breite und Länge füllt die gesamte Straße aus und versperrt den Weg. Gerade, als ich an ihrem Rand entlangbalanciere, höre ich ein Mofa von hinten kommen. Der Fahrer scheint seine Gelegenheit erkannt zu haben und beschleunigt kurz vor der Pfütze nochmal. Ich ahne, was bevorsteht, und halte die Luft an – gerade noch rechtzeitig, bevor sich das schlammige Wasser in einem gewaltigen Schwall über mich ergießt. Jetzt dürfte ich ähnlich aussehen wie die Mountainbiker von heute Mittag. Das Karma hat zugeschlagen.

Doch anstatt mich zu ärgern, nehme ich die Sache mit Humor. Nass wie ein begossener Pudel, aber beschwingt biege ich nach links ab in die Wiesen, werfe von der Schleuse aus einen letzten Blick auf die Wümme, und folge dem *Schleusenweg* und dem *Viehweg* zurück zu meinem Auto. Höchste Zeit für eine warme Dusche im eigenen Heim.

Fazit des Tages: Lieber matschbespritzt als unterwandert.

Strecke: 14,1 km

Dauer: ca. 4 3/4 Std.

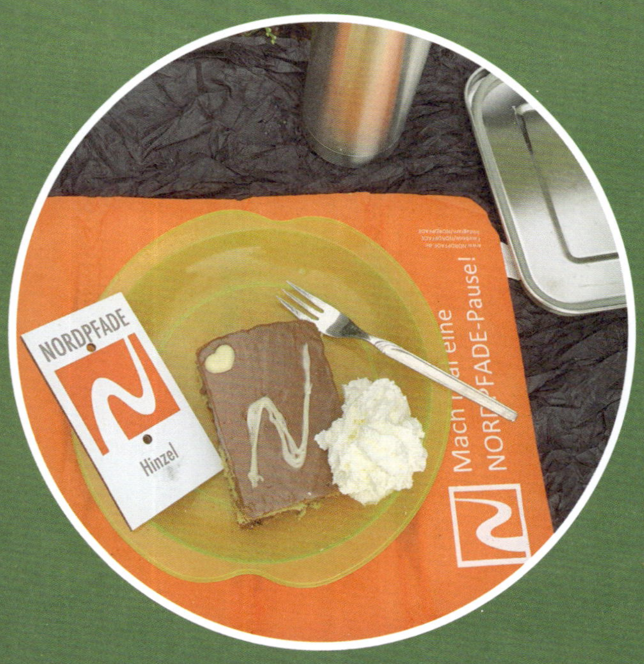

»Hinzel« – Wegepaten-Praktikum

Startpunkt 1: 27432 Bahnhof Oerel, Parkplatz am Wasserwerk, K 116

Es ist Ende Februar, und ich schaue skeptisch aus dem Fenster. Es regnet. Der Wetterbericht verheißt mit Sturm und Schneeregen nichts Gutes. Nervös ziehe ich die Regenhose über, gehe ein paar Probeschritte, begutachte mich im Spiegel und ziehe die Hose wieder aus. Dann laufe ich zum x-ten Mal zur Toilette, tausche meine Mütze gegen eine andere aus und mache mich schließlich auf den Weg. Warum ich so nervös bin? Heute steht meine 24. und damit finale Wanderung auf dem 14,1 km langen Nordpfad »Hinzel« bevor, und ich treffe mich mit »Mister Nordpfade« höchstpersönlich: Udo Fischer, Geschäftsführer des Touristikverbandes Landkreis Rotenburg (Wümme) e.V. und Mitbegründer der Nordpfade, wird mich auf dieser Abschlusstour begleiten. Werde ich mit seinem Tempo mithalten können? Werden wir, zwei nahezu Fremde, die Wanderung mit unangenehmem Schweigen verbringen müssen? Und kann ich mich benehmen, oder werde ich ihn versehentlich beleidigen?

Wir treffen uns an einem Pendlerparkplatz in Sottrum-Stuckenborstel, wo ich zu Udo ins Auto steige. Bereits die gemeinsame Fahrt zum kleinen Ort Oerel Bahnhof ist eine Offenbarung. Udo Fischer, ein sportlich aussehender Jungfünfziger mit Glatze, Brille und Dreitagebart, arbeitet seit über 20 Jahren für den Touristikverband und hat durch seine offene Art ein riesiges Netzwerk geschaffen. Ob Restaurantbesitzer, Anwohner, Bürgermeister, Künstler, Fernsehmoderator, Politiker – Udo kennt sie alle und weiß jede Menge spannende Geschichten zu erzählen.

Kurze Zeit später erreichen wir mit dem ❖ **Parkplatz am Wasserwerk** unseren Startpunkt. Eine junge Frau steigt dort just in ihr Auto, als Udo sie fröhlich grüßt und zugleich in seinen Kofferraum greift. »Hallo, ich hab' noch was für Sie!«, ruft er und drückt der verdutzten Frau die aktuelle Ausgabe des »nordwärts-Magazins« in die Hand. Ich stehe amüsiert daneben und staune über Udos erfolgreiche Marketingeinlage. Als Udo dann seine Wanderutensilien zusammenstellt, staune ich noch mehr: Neben Thermoskanne und Regenjacke finden Gartenschere, Mini-Kuhfuß, Markierungsplaketten und -aufkleber, Nägel sowie ein gefährlich aussehender Hammer ihren Weg in den Rucksack. Leichte Zweifel steigen in mir auf, und als Udo ganz nebenbei darauf hinweist, dass das Waldgebiet groß genug ist, um sich darin zu verlaufen, frage ich mich für einen Moment, ob es wirklich eine gute Idee ist, mit einem Unbekannten durch dichte Wälder zu streifen, der diverse Folterwerkzeuge mit sich führt …

Wir starten nach Nordwesten und tauchen augenblicklich in den wunderschönen Mischwald Hinzel ein. Zunächst wandern wir schnellen Schrittes voran und sind sofort ins Gespräch vertieft. Ich habe unzählige Fragen mitgebracht: Wer hatte die Idee für die Nordpfade? War es schwer, sie anzulegen? Und wer kümmert sich um ihre Pflege? Udo nimmt sich Zeit für ausführliche Antworten. Die Idee zu einem Wanderprojekt im Landkreis hatten er und sein Team bereits länger, sie wurden jedoch oft belächelt. »Wandern ohne Berge, Schlösser und Burgen setzt sich nicht durch«, lautete die mehrheitliche Meinung. Trotzdem nahm das Team des Touristikverbandes das Projekt 2010 offiziell in Angriff und konnte nach intensiver Planungsphase mit dem »Wolfsgrund« Ende 2013 den ersten Nordpfad eröffnen.

Ganz einfach war das Anlegen der Routen allerdings nicht, denn die Rotenburger Touristiker entschieden sich, den Nordpfaden die Qualitätskriterien des »Deutschen Wanderverbands« als Mindestanforderungen zugrunde zu legen. Folglich müssen die Strecken eine ganze Reihe von Merkmalen aufweisen, wie etwa viele naturnahe Wegabschnitte, gute Begehbarkeit, nutzerfreundliche Markierungen, abwechslungsreiche Landschaften, lokale Sehenswürdigkeiten, Rastplätze und Erlebnispotential. Hinzu kamen praktische Aufgaben: Vom Logo der Wanderwege über Markierungsfarben und Parkplätze bis hin zum Einholen der Nutzungserlaubnis von Landeigentümern, Naturschutz- und Forstämtern und vielen mehr. Erstaunlich, wieviel Arbeit in etwas stecken kann, das auf den ersten Blick so einfach ausschaut.

Plötzlich stoppt Udo und deutet auf einen Baum. »Da muss nach den Richtlinien des Wanderverbands noch ein Markierungszeichen hin, damit der Wanderer kurz hinter einer Kreuzung nochmal eine Bestätigung erhält, dass er auf dem richtigen Weg ist. Und zwar für beide Laufrichtungen.«

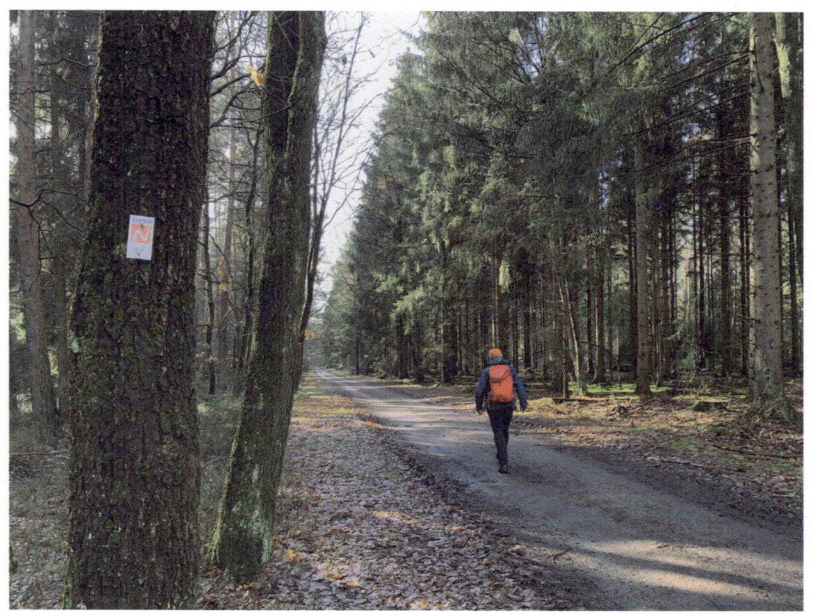

Ich schaue mich um und stelle fest: stimmt, hier fehlen Markierungen. Also zückt Udo Plaketten, Alu-Riffel-Nägel und Hammer. Dann prüfe ich die richtige Höhe und Platzierung der Markierung, und er schlägt die Nägel vorsichtig in die Borke. »So weit und kein Stück tiefer!«, ruft er mir zu und deutet auf den Nagel, der nur in der äußeren Rinde steckt und gut 3 cm hervorsteht. »So bleiben die empfindlichen Schichten unterhalb der Borke unbeschädigt, und die Plakette kann für zwei bis drei Jahre mitwachsen.«

Als wir uns wieder auf den Weg machen, erklärt Udo, dass die Pflege der Strecken unter anderem durch ihn und sein Team sowie durch Mitarbeiter aus den Mitgliedsgemeinden und Verkehrsvereinen erfolgt. Doch vor allem leisten die ehrenamtlichen »Wegepaten« einen großen Beitrag, indem sie regelmäßig »ihren« jeweiligen Nordpfad bzw. Teilabschnitt kontrollieren, Markierungszeichen ersetzen, Wegweiser reinigen und den generellen Zustand der Route prüfen. Darüber hinaus kann jeder Wanderer über die Nordpfade-Internetseite etwaige Wegstörungen oder Mängel melden und natürlich auch eigene Ideen einbringen.

Nachdem meine Neugier befriedigt ist, löchert Udo mich im Gegenzug mit zahlreichen Fragen über meinen Job, meine Familie und meine Wander-Highlights. Zwischendurch unterbrechen wir das Gespräch immer wieder, um einander auf besonders seltsam gewachsene Bäume, große sattgrüne Moosflächen und andere Schönheiten des abwechslungsreichen Waldgebiets aufmerksam zu machen. Oft bleiben wir synchron stehen, um dasselbe Motiv im Foto festzuhalten. Schnell wird mir klar: Hier treffen heute zwei Gleichgesinnte aufeinander. Neben der Freude über die Natur und kleine Details teilen wir auch denselben Humor, so dass wir sehr entspannt unterwegs sind.

Nach einer Weile wird Udo langsamer und lässt sich ein Stück zurückfallen. Ich bin leicht verwirrt, und da ich jetzt voran laufe, muss ich uns an der nächsten Kreuzung navigieren. Doch wo geht es lang? Ich kann keine einzige Nordpfade-Markierung entdecken. Udo schaut mich prüfend an – und dann fällt der Groschen. Er testet mich! »Hier fehlt ein Schild«, stelle ich triumphierend fest. »Mister Nordpfad« klopft mir anerkennend auf die Schulter, dann holt er Markierungszeichen aus dem Rucksack, und nach einer kurzen Diskussion über ihre Platzierung bringen wir sie gemeinsam an. Als frisch gebackene »Wegepaten-Praktikantin« achte ich ab jetzt besonders genau auf alle Markierungen und Wegweiser.

Als wir das ehemalige ❖ **Forstgebäude Hinzel** am Rande einer Wiese passieren, startet Udo einen kleinen Exkurs zum hiesigen Wald und seiner Vergangenheit als Sperrwaffenarsenal der Marine während des Zweiten Weltkriegs. Von den Zeitzeugen dieses Geschichtsabschnitts sieht man im friedlichen Wald zum Glück heute kaum noch etwas.

Das Marinesperrzeugamt

Aufgrund seiner Nähe zu den Kriegshäfen Bremerhaven und Cuxhaven wurde im Forst Hinzel in den 1930er Jahren das »Marinesperrzeugamt Heinschenwalde« errichtet, das der Herstellung und Lagerung von Sperrwaffen für die Marine diente. Die hierzu erforderlichen zahlreichen Lagerungsbunker wurden schon bald nach Ende des Zweiten Weltkriegs gesprengt, während die Betriebs- und Verwaltungsgebäude noch über Jahrzehnte hinweg diverse Nutzungen erfuhren, bis auch sie weitgehend abgerissen wurden.

Vom einst umfangreichen Netz der Schmalspurbahn, welche die vielen Bauten miteinander verband, zeugen heute nur noch stellenweise Hohlwege im dichten Waldgebiet.

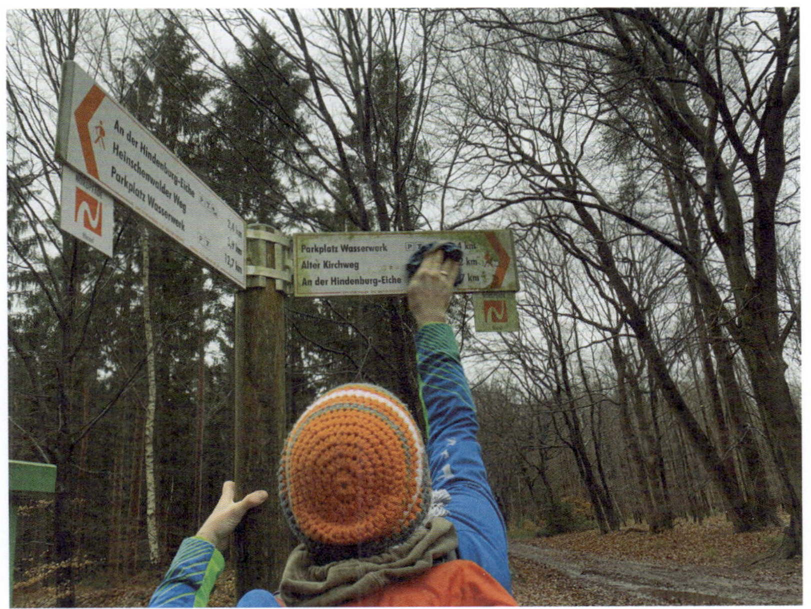

Das ernste Thema wird alsbald von einer Entdeckung abgelöst: ein grünspanbedeckter Nordpfade-Wegweiser in rund 2,30 m Höhe. Udo setzt seinen Rucksack ab und holt einen Lappen sowie seine Thermoskanne heraus. Ich beobachte gespannt, was folgt. Trinkt er jetzt erstmal einen Tee? Nein. Er gießt Tee auf das Tuch und beginnt mit der Putzarbeit. »Muss es dafür ein bestimmter Tee sein?«, frage ich belustigt. »Ostfriesentee. Damit reinigen wir auch unsere Badezimmer«, lautet seine ironische Antwort. Dann hält Udo mir den Lappen hin: »Hier, willst du die andere Seite putzen?« Witzbold. Mit meinen 1,60 m habe ich keine Chance, den Wegweiser auch nur zu berühren. Ich räche mich umgehend: »Du hast da noch was übersehen!«

Bald darauf erreichen wir den ❖ **Parkplatz Hindenburg-Eiche**. Dort erwarten uns kaputte Bänke – hier werden wir heute wohl keine Pause einlegen. Udo berichtet, dass an diesem Nordpfad unlängst drei Picknickbänke gestohlen wurden. Auch die Nordpfade sind also nicht vor Vandalismus gefeit: demolierte Schilder, abmontierte oder bekritzelte Wegweiser oder geklaute Bänke – Udo kann mir so einiges über die kriminellen Energien mancher Mitbürger berichten. Ratlos ist er hingegen, als ich ihn frage, welcher der umstehenden Bäume denn die Hindenburg-Eiche ist. Wir lassen unsere Blicke über den Platz schweifen, doch keiner der Bäume schaut imposant genug aus, um hier als Namensgeber gedient zu haben …

Wir begeben uns nun ernsthaft auf die Suche nach einer Pausenbank, denn mein Magen knurrt bereits so laut, dass Udo es mit der Angst zu tun bekommt. Dass der Werbeslogan »Du bist nicht du, wenn du hungrig bist« quasi für mich erfunden wurde, hat sich offenbar sogar bis zum Geschäftsführer des Touristikverbandes herumgesprochen. »Besonders weit sind wir aber noch nicht gekommen«, kommentiert er, als wir uns auf einer Bank an einer großen offenen Wiese mitten im Waldgebiet niederlassen. Tatsächlich haben wir mit etwa 5 km nicht mal die Hälfte der Strecke hinter uns, obwohl wir bereits seit 2,5 Stunden unterwegs sind. »Kannst du noch, oder sollen wir dir ein Taxi rufen?«, fragt Udo frech von der Seite. »Klar, ich bin schließlich Wanderprofi! Aber um dich mach' ich mir Sorgen. So eine Strecke ist in deinem Alter schließlich kein Klacks mehr«, schieße ich zurück.

Für die Pause habe ich etwas Besonderes vorbereitet: Ich zaubere Teller, Kuchengabeln, heiße Schokolade, eine Dose Sprühsahne und einen Schokoladenkuchen, dekoriert mit dem geschwungenen Nordpfade-N, aus meiner Tasche. Udo staunt nicht schlecht und macht sich über seinen Kuchen her, während ich meine ganze Selbstbeherrschung aufbringen muss, um nicht völlig sprühsahnesüchtig auszusehen – Udos Blick nach zu urteilen, gänzlich ohne Erfolg.

Nach der Pause kreuzen wir den ❖ **Heinschenwalder Weg** und wandern weiter durch dichtes Waldgebiet. Am Wegesrand stehen uralte, mächtige Buchen, die einem Märchenbuch entsprungen sein könnten. Ein Buchen-Paar ist in einer ewigen Umarmung zusammengewachsen. Eine andere Buche kuschelt zärtlich mit einer Eiche, eine dritte streckt einen Ast aus und liebkost ihre Nachbarin. Häufig scheinen mehrere Bäume aus einem Mutterstamm zu entspringen. Wie Kinder klettern wir zwischen ihnen herum, erkunden kleine Baumhöhlen und freuen uns über die Wunder der Natur.

Die Wege sind abwechslungsreich: Mal fest und breit, mal sandig, mal schmal, mal weich und laubbedeckt, mal grasbewachsen. Im gleichen

Rhythmus ändert sich auch der Wald von dunkelgrünen Nadelbäumen zu jungen Birken, dann wiederum zu einem traumhaften Mischwald mit Buchen, Kiefern und Eichen. An vielen Stellen liegt Totholz, das vom Zunderschwamm erobert wurde. Denn in diesem Forstgebiet werden abgestorbene oder kranke Bäume nicht gefällt oder entnommen, sondern dem Lauf der Natur überlassen.

Und immer wieder bleiben wir stehen, um imposante Bäume zu bewundern, Fotos zu machen, Schilder zu putzen oder auszubessern. Wir müssen es uns eingestehen: Wir sind die langsamsten Wanderer der Welt. Umso spannender sind dafür unsere Gespräche. »Heute wanderst du deinen letzten von 24 Nordpfaden, wie fühlst du dich?«, fragt Udo und schaut mich neugierig an. – »Mit dieser Wanderung endet der Sinn meines Lebens«, seufze ich theatralisch. Tatsächlich liegt darin ein kleines Stück Wahrheit: Acht Monate lang hatte ich nur das eine Ziel vor Augen, nämlich alle 24 Nordpfade kennenzulernen. Die Mission war klar: Ich muss bei Wind und Wetter rausgehen und wandern, ohne Kompromisse. Und jetzt? Werde ich in ein tiefes Loch fallen? »Du könntest alle Strecken nochmal andersherum laufen, dabei wirst du die Nordpfade komplett anders erleben«, schlägt Udo vor. Das möchte ich lieber einen Moment sacken lassen. Aber egal, was ich nach der heutigen Wanderung mit meiner freien Zeit anfangen werde, ich bin irre stolz auf meine Leistung und das Erreichen meines selbst gesteckten Ziels.

Inzwischen befinden wir uns in einem Mischwald mit vielen jungen Fichten. Udo deutet auf giftgrünes Kraut am Boden und fragt, ob ich es kenne. Oje, jetzt fliegt meine Inkompetenz in Sachen Naturkunde auf. »Besenheide?«, rate ich ins Blaue. – »Das ist Gagel, daraus kann man sogar Bier brauen. Das habe ich von einer Mitwanderin gelernt«, erklärt Udo. Ich mache ein Foto von dem Kraut und mit Hilfe einer Floristin stellt sich später heraus, dass es sich hierbei um Heidelbeerkraut gehandelt hat. Udo und ich, zwei Laien treffen aufeinander – eine Erkenntnis, die mir »Mister Nordpfad« noch sympathischer macht.

Bald darauf erreichen wir den ❖ **Waldrand Hinzel.** Als wir an dem Schild »Achtung! Totholz – Lebensgefahr« vorbeikommen, erwähne ich reflexartig, dass hier das falsche Signalwort verwendet wurde. Udo schaut mich fragend an, und zu spät merke ich, dass ich Opfer meiner Berufskrankheit geworden bin. Ich schalte in den Erbsenzähler-Modus und erkläre, dass Technische Redakteure für Warnhinweise genormte Signalwörter verwenden. Alles, was wehtut, wird mit drei Begriffen umschrieben, und zwar abgestuft danach, ob die Nichtbeachtung zu leichten Verletzungen (»Vorsicht«) oder zu schweren Verletzungen und Tod führen kann (»Warnung«) oder gar mit Sicherheit zu schweren Verletzungen oder Tod führen wird (»Gefahr«). Das Signalwort »Achtung« ist dagegen lediglich für mögliche Sachschäden vorgesehen. Von meinen Ausführungen scheint Udo sowohl beeindruckt als auch belustigt zu sein. Und in der Praxis dürfte allen Wanderern klar sein, dass ihnen Äste auf den Kopf fallen können, auch wenn sie nur mit einem »Achtung« gewarnt werden.

Nach einer Weile verlassen wir das dichte Waldgebiet und wandern auf dem *Freitager Weg* am ❖ **Trümmenmoor** entlang. Jetzt können wir weit über die Felder und Wiesen bis zum 5 km entfernten »Windpark Alfstedt« blicken. Die grauen Wolkenfelder geben inzwischen kleine blaue Himmelsstücke frei, und die Sonne arbeitet sich vorsichtig zu uns hindurch. Abgesehen von zwei kurzen Schauern bleiben wir von Regen verschont. Nach einem kleinen Stück biegen wir am Außengelände der ❖ **Baumschule Sylvester** rechts ab und bewundern im Vorbeigehen die vielen zukünftigen Weihnachtsbäume, die hier ganz ordentlich in Reih und Glied heranwachsen.

Unsere letzte Etappe führt über den ❖ **Alten Kirchweg** an offenen Feldern und Wiesen vorbei und zurück in das Waldgebiet Hinzel. Inzwischen habe ich wieder Hunger. Ein Blick auf die Uhr zeigt mir den Grund: Wir sind jetzt seit rund 5 Stunden unterwegs und haben etwa 11,5 km hinter uns gebracht, doch bis zum Auto sollte ich es auch ohne weitere Essenspause schaffen. Die Sonne gewinnt gerade ihren Kampf gegen die dicken Wolken und scheint zwischen den Laub- und Nadelbäumen hindurch. Überall glitzern Regentropfen an den Zweigen, blitzen erste zarte Knospen hervor und strahlt das satte Grün der Fichten.

Auf der restlichen Strecke bis zum Parkplatz putzen wir (oder vielmehr Udo) noch ein paar Wegweiser und überprüfen die Markierungen auf

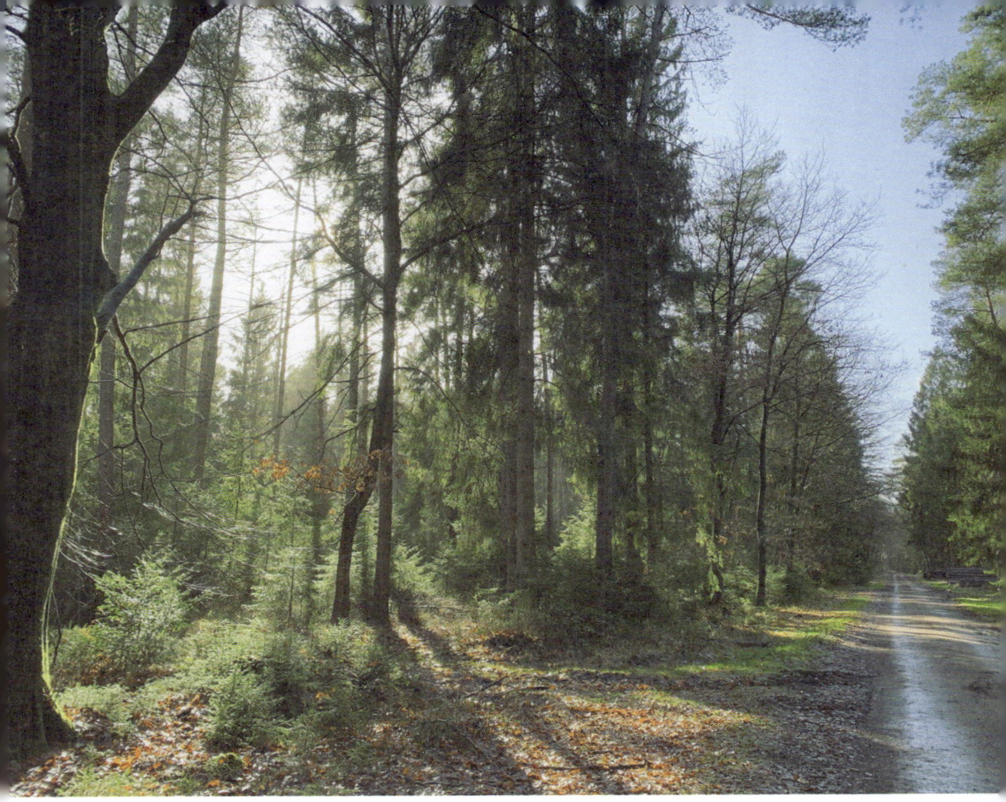

ihre Tauglichkeit für alle Laufrichtungen. »Das oberste Gebot lautet: Kein Wanderer soll verloren gehen oder versehentlich auf Abwege geraten«, erklärt Udo. Ein Glück, dass er mit mir heute den sogenannten »DAU« (den dümmsten anzunehmenden User) an seiner Seite hat. Ich gehe jede Wette ein, dass dieser Nordpfad von nun an zu 100 % unverlaufbar markiert ist.

Nach insgesamt 6 Stunden erreichen wir schließlich Udos Auto. Voller Freude und Stolz und mit einem Snack in der Hand nehme ich Udos Glückwünsche entgegen. 24 Nordpfade liegen hinter mir, damit darf ich offiziell in die »Hall of Nordpfade« einziehen. Und für dieses besondere Finale hätte ich mir keine bessere Wanderbegleitung als »Mister Nordpfad« alias Udo vorstellen können. Vielen Dank fürs Begleiten und die zahlreichen Einblicke in die unendliche Geschichte der Nordpfade.

Fazit des Tages: Jedes Ende ist auch ein Anfang.

24 Nordpfade – Ein Resümee

Nach acht Monaten habe ich es geschafft: 24 wunderschöne Nordpfade liegen hinter mir. Nicht jeden davon bin ich vollständig gelaufen, doch alle von ihnen habe ich betreten und zum Großteil bezwungen. Die Strecken führten mich an Mooren, Wäldern, Wiesen, Dörfern und Städten entlang oder durch sie hindurch, mal allein, mal mit Freunden oder der Familie. Und mit der letzten Tour endete das Projekt. Eigentlich. Denn nach dem Nordpfad ist vor dem Nordpfad. Unzählige Male habe ich die Nordpfade seitdem wieder besucht und fühle mich inzwischen tief verbunden mit ihnen. Mein Einzug in die »Hall of Nordpfade« ist nicht etwa das Ende dieser jungen Liebe, sondern erst ihr Anfang – dessen bin ich mir sicher.

Denn die Nordpfade haben mein Leben gleich auf mehreren Ebenen verändert. Mit dem Wandern ist ein neues und inzwischen heiß geliebtes Hobby in mein Leben getreten und hat mich voll in seinen Bann gezogen. Während es zu Beginn meiner Mission lediglich Mittel zum Zweck und nach wenigen Kilometern beschwerlich war, ist es heute so viel mehr. Die Natur wandernd zu erleben, die Ruhe zu genießen und dabei die Umgebung zu erkunden, diese Art der Entschleunigung habe ich bisher nur beim Wandern gefunden – auch wenn es ab 20 km wehtut.

Dabei sind die Nordpfade einer der besten Wege, den Landkreis Rotenburg (Wümme) zu entdecken. Obwohl ich bereits seit rund zehn Jahren hier lebe, kannte ich bisher nur einen Bruchteil meiner Wahlheimat. Nie wäre ich auf die Idee gekommen, das Moor bei Nartum oder das Gebiet rund um die Kreisstadt Rotenburg genauer zu erkunden. Und hätte ich jemals erfahren, wie schön die Oste ist oder dass hinter dem Vörder See eine noch viel spannendere Wiesenlandschaft liegt? Ich bezweifle es. Durch die Nordpfade habe ich mich intensiv mit dem Landkreis, mit der örtlichen Natur und Landschaft auseinandergesetzt und ganz neu lieben gelernt.

Und nicht nur in Rotenburg (Wümme) gibt es mit den Nordpfaden großartige Wanderwege. Niedersachsen, Deutschland und die gesamte Welt scheinen mit ihnen gepflastert zu sein; sie alle warten nur auf meine Erkundung. Hatte mich zur Halbzeit das absehbare Ende meiner Nordpfade-Mission noch traurig gestimmt, so weiß ich inzwischen, dass mein Wanderprojekt nie abgeschlossen sein wird. Ob »Hünenweg« durch das Cloppenburger Land, »Freudenthalweg« durch die Lüneburger Heide, Wattwanderung an der Nordseeküste oder ein Marsch um das Steinhuder Meer – meine Planungen laufen bereits auf Hochtouren und werden mich quer durch das wanderbare Niedersachsen führen. Aber ein Zurück zu den Nordpfaden hier vor meiner Haustür wird es dabei immer geben.

Nicht zuletzt haben die Nordpfade mir auch dabei geholfen, meinen Kindheitstraum zu erfüllen: den Berufswunsch »Autorin«. Kaum hatte ich den Entschluss zu meiner Nordpfade-Mission gefasst, schlug wie ein Blitz die Idee ein, darüber zu schreiben – und zwar ein echtes Buch statt bloß einer Betriebsanleitung. Rasend schnell nahm die Idee Gestalt an, und plötzlich hatte ich Unterstützung durch den Touristikverband Landkreis Rotenburg (Wümme) e.V. und den Bremer Verlag Edition Temmen. Hier ist nun das Ergebnis, und ich bin stolz darauf.

Eins möchte ich klarstellen: Mir ist auf den Nordpfaden kein Wunder widerfahren. Und seien wir mal ehrlich: das hatte ich auch nicht nötig. Das Haus glitzert weiterhin in den schönsten Pinktönen, die Arbeit wächst mir immer noch über den Kopf, und Zeit habe ich nach wie vor zu wenig. Alles kein Weltuntergang. Doch ich kann mit Fug und Recht behaupten: Die Nordpfade haben mein Leben zum Positiven verändert.

Die Deutsche Bibliothek verzeichnet diese Publikation in der Deutschen Nationalbibliografie; detaillierte bibliografische Daten sind im Internet unter www.dnb.de abrufbar.

Bildnachweis

BjörnWenglerFotografie: S. 24, 31, 74, 90, 177, 183 | Udo Fischer – Touristikverband LK Rotenburg: S. 14, 39 | Wiebke Krenz: S. 60 | Kunstsammlung des Landes Niedersachsen (Bezirksregierung Lüneburg, verwaltet durch den Landschaftsverband Stade, Museumsanlage Osterholz-Scharmbeck): S. 126 | Vanessa Rosenbrock: Foto der Autorin

Alle übrigen Fotos: Lucia Gefken

Die Karte auf der Umschlagklappe wurde freundlicherweise vom Touristikverband Landkreis Rotenburg (Wümme) e.V. zur Verfügung gestellt.

Lektorat: Meike Schwarz, Daniela Frankenstein
Herstellung: Daniela Frankenstein
Umschlaggestaltung: König und König Kommunikation GbR

3. Auflage 2025

Hohenlohestraße 21 – 28209 Bremen
Tel.: +49-(0)421-34843-0
info@edition-temmen.de
www.edition-temmen.de

Printed in Shanghai

ISBN 978-3-8378-3011-8